福建警察学院实训教程丛书

FUJIAN JINGCHA XUEYUAN SHIXUN JIAOCHENG CONGSHU

刑事办案同步仿真实训教程

主　　编：钟明曦

副 主 编：王　璐

参编人员：曹文安　陈茂华　孔庆梅　吴文平

厦门大学出版社　国家一级出版社
XIAMEN UNIVERSITY PRESS　全国百佳图书出版单位

图书在版编目(CIP)数据

刑事办案同步仿真实训教程／钟明曦主编.—厦门：厦门大学出版社，2018.10(2019.12重印)

（福建警察学院实训教程丛书）

ISBN 978-7-5615-7033-3

Ⅰ.①刑…　Ⅱ.①钟…　Ⅲ.①刑法－中国－高等学校－教材　②刑事诉讼法－中国－高等学校－教材　Ⅳ.①D924　②D925.2

中国版本图书馆 CIP 数据核字(2018)第 151799 号

出 版 人	郑文礼
责任编辑	李　宁
封面设计	李嘉彬
技术编辑	许克华

出版发行	厦门大学出版社
社　　址	厦门市软件园二期望海路 39 号
邮政编码	361008
总 编 办	0592-2182177　0592-2181406(传真)
营销中心	0592-2184458　0592-2181365
网　　址	http://www.xmupress.com
邮　　箱	xmup@xmupress.com
印　　刷	厦门兴立通印刷设计有限公司

开本	787 mm×1 092 mm　1/16
印张	13.75
插页	2
字数	320 千字
版次	2018 年 10 月第 1 版
印次	2019 年 12 月第 2 次印刷
定价	43.00 元

本书如有印装质量问题请直接寄承印厂调换

厦门大学出版社
微信二维码

厦门大学出版社
微博二维码

前　言

如何有效开展实训教学是法学教学中长期探讨的课题之一,尤其是刑事诉讼涉及的专门机关多,程序较为复杂,"刑事诉讼法学"这门课程的学习经常令学生有枯燥、混乱之感。为了帮助学生更好地理解刑事诉讼原理,对刑事诉讼基本知识及实践操作留下深刻印象,提升综合能力,我们尝试了许多有益的实训教学方法,同步仿真实训教学法是其中之一。

为适应警察院校"应用型"人才培养的目标,长期以来,我们在"刑事诉讼法学"课程教学中开展同步仿真实训教学,并不断总结经验予以完善。同步仿真实训教学法贴合当前实训教学研究的重点和方向,并且提出了一些解决方案,比如该教学法较好地解决了普通法学院校存在的实训教学学生参与度不足,实训内容缺乏系统性、完整性的问题;并且因材施教,不同的专业实训的侧重点会有所不同。2014年10月,我院"刑事诉讼同步仿真实训教学模式的构建与应用"获得福建省高等教育教学改革研究项目立项。本课题完成的研究内容主要是以下两项:一是有效地开展刑事诉讼的实训教学。现在我院法学专业和公安专业的"刑事诉讼法学"课程教学均已落实同步仿真实训教学法,通过实训,学生对"刑事诉讼法学"课程有直观的感受,能更深刻地掌握刑事诉讼法学的基本原理和知识,树立良好的诉讼意识、程序意识、证据意识和时效意识,学生的刑事办案能力得到培养和提高,达到实训的目的。二是形成实训教学的支撑、辅助材料,包括教学计划、大纲、教案以及教材。教学经验表明,我们的教学计划、教学大纲以及教案的制订符合实践教学的需要,对同步仿真实训教学法的具体实施有很好的指导作用。

本教程也是上述教改项目的成果之一。2017年5月开始,在公安实战部门的支持下,课题组以在实战部门收集的典型案例为蓝本开始实训教材的编撰工作。本教程详细介绍了一起故意杀人案件侦控辩审各方的主要工作,对各个具体办案环节进行了较详细的分解介绍,以该案为例说明刑事诉讼文书和证据材料的制作方法。教材内容实用,可操作性强,能够指引学生办理具体案件,能够满足刑事诉讼实训教学的需要。

本教程撰稿人及分工如下(以章节为序):

曹文安,法学学士,福建知信衡律师事务所律师,原福建警察学院教授,撰写第一章。

钟明曦,法律硕士,福建警察学院副教授,刑事法教研室主任,本书主编,撰写第二章,第三章第一、二、三节。

孔庆梅,法学硕士,福建警察学院副教授,撰写第四章。

陈茂华,法学硕士,福建警察学院副教授,刑事法教研室副主任,撰写第五章。

王璐,法学学士,福州市公安局刑侦支队大队长,本书副主编,负责本教程侦查部分的写作指导及审稿工作。

吴文平,法学学士,福建警察学院副教授,治安系主任,撰写第三章第四节,并负责本教程审查起诉部分的审稿工作。

另外,本教程还得到陈本钦检察官、林晨法官的指导,他们分别对本教程相关内容提出了宝贵的意见,在此表示诚挚谢意。

当然,由于本书的编撰者主要从事法学教学工作,实务经验不丰富,而且刑事案件类型繁多,即使同一性质的案件由于案情不同,采取的诉讼行为也各不相同,所以本书的编撰难免存在疏漏,有待在将来的实训教学中不断发现问题,予以弥补和修正。

钟明曦

2018 年 4 月 10 日

目　录

第一章 刑事诉讼同步仿真实训教学法

刑事办案同步仿真实训教学法是我们在多年的"刑事诉讼法学"课程教学中,根据"刑事诉讼法学"课程的特点创设和采用的一种教学方法。它是指在"刑事诉讼法学"课程教学过程中,在课堂讲授刑事诉讼法学基本原理和知识的同时,开展仿真实训教学,指导学生实际操作一起刑事案件的办理过程,将课堂讲授与实训教学紧密结合,以巩固学生对刑事诉讼法学基本原理、基本知识的掌握,提高学生运用法学原理分析和解决实际问题能力的教学方法。多年来,我们公安专业和法学专业在"刑事诉讼法学"课程教学中推广运用此教学法,取得了令人满意的教学效果,受到学生们的普遍欢迎。

一、刑事办案同步仿真实训教学法的形成背景

刑事诉讼法是程序法,是规定刑事诉讼的程序和方式的法律规范的总称。作为传授程序法知识和原理的"刑事诉讼法学"课程,具有知识点琐碎、实践性强等特点。为使学生真正掌握刑事诉讼的程序,培养学生办理刑事案件的诉讼意识、程序意识、证据意识和时效意识,最好的教学方法就是理论与实践相结合,在进行课堂讲授的同时,开展实训教学。古人云:"纸上得来终觉浅,绝知此事要躬行。"学生从书本上得到的知识终归是浅薄的,尚不能理解知识的真谛,要让学生理解原理,让知识在其脑海中留下深刻的印象,必须使其亲身去实践。学习程序法知识的最有效途径是亲自去实践。

在传统的"刑事诉讼法学"课程教学中,高校法律院系通常开展观摩和模拟法庭审判等实践性教学活动。这些实践性教学活动虽然也密切了理论与实践的联系,但其不足在于,一是实践教学的内容仅限于法庭审判阶段,对刑事办案的侦查、起诉阶段则未涉及;二是参加实践的学生人数有限,很难做到全员参与。

警察院校培养的是公安高级应用型警务人才,其中包括大量的刑事侦查人才。警察院校开设的"刑事诉讼法学"课程,其教学必须紧紧围绕这一培养目标展开,不仅要让学生知道法庭审判程序的操作,而且要使学生掌握审前程序,尤其是刑事侦查程序。为此,我们在借鉴传统"刑事诉讼法学"课程实训教学经验的基础上,决定将实训教学环节前移,不但开展模拟法庭审判活动,而且开展模拟受案、立案、侦查和起诉活动,让学生亲身进行一起刑事案件的办理,熟悉和基本掌握整个刑事案件的办案流程。同时改革实训小组的组成,使每一名学生都能参加到实训教学活动中来。因为学生是学习的主体,只有让每一名学生都参加到实训教学活动中来,才能达到"为了每一个学生的发展"的教育目标。

二、刑事办案同步仿真实训教学法的内涵

刑事办案同步仿真实训教学法的内涵是:同步;仿真;全员参与;科学考核,注重能力。

（一）同步

"刑事诉讼法学"课程的理论教学通常按照概述、基本原则、管辖、回避、辩护与代理、强制措施、附带民事诉讼、证据、立案、侦查、起诉、审判、执行、特别程序的顺序进行，而刑事办案的顺序则是受理案件、立案、侦查、起诉、审判和执行。如果完全按照实际办案的顺序开展课堂理论教学，其教学效果并不理想。因此，笔者在此所说的"同步"并非指课堂教学的内容顺序与实训操作的顺序完全同步，而是指根据教学计划和教学大纲的要求，以一典型案例为载体，"刑事诉讼法学"课堂理论教学与实训教学同步进行；在讲授刑事诉讼法学原理的同时，随堂点评与之相对应的实训操作，从而达到理论教学与实践教学基本同步，理论密切联系实践，以理论指导实践，实践检验理论，促进理论知识的吸收和消化，提高学生实际操作能力之功效。

（二）仿真

"仿真"是指实训教学完全仿照实际办案流程来设计，使用真实案例，从受理案件开始，开展立案、侦查、起诉，直至第一审审判结束，每一步均与公、检、法部门以及辩护人的实际办案流程一致。警察院校学生毕业后大多从事公安工作，而公安系统中不仅刑侦部门办理刑事案件，经侦、禁毒、国保、交警、边防甚至治安部门和派出所亦需承担刑事案件的侦查工作，因而警察院校毕业生中的绝大多数今后要从事案件侦查工作。在校期间开展仿真刑事办案教学活动，不但能使这些未来的侦查警官对刑事办案增强感性认识，而且为他们将来走上工作岗位后，迅速适应侦查工作奠定坚实的基础。

（三）全员参与

"全员参与"至少有两层含义，一是指该教学法要求每个教学单位（以50人为一教学单位）中的每个学生都必须参加到实训中来，每个学生在实训中均须承担一个诉讼角色；二是对学生的每一阶段的操作都及时进行随堂点评，包括由学生互相点评，让每位学生均能体验和掌握所有的操作步骤。传统的模拟法庭审判教学通常只有部分学生能参加。我们认为，只让部分学生参加的实训教学，其局限性是明显的。它不但不能充分调动全体学生参与教学的积极性，而且不利于学生对刑事诉讼法学理论知识的掌握。使那些没有参加到实训教学中来的学生不但失去操作锻炼的机会，而且会有被抛弃之感，影响整体教学质量和教学效果。因此，我们的刑事办案同步仿真实训教学法要求全员参与，充分调动全体学生学习的积极性，从而真正达到实训之目的。

（四）科学考核，注重能力

科学的考核对促进学生的积极参与，提高教学质量，实现教学目的具有重要意义。本教学法以能力因素为考核的核心，以学生提交的卷宗为载体，以卷面考核与态度考核为方式，以核心知识点为主要考核内容。

刑事办案同步仿真实训教学的目的不仅是使学生掌握"刑事诉讼法学"课程的基本知

识和基本原理,而且是使学生运用法学知识、原理分析解决问题的能力得到培养和提高,即提高学生的刑事办案能力。参加实训侦查组的学生,要在侦查终结时提交刑事侦查诉讼卷(含诉讼文书卷和证据材料卷)和侦查卷(含模拟侦查过程中的案情分析会议记录、侦查计划、讯问提纲、调查证据提纲及其他材料)。参加实训起诉组的学生,不但要按照实际办案中检察机关的要求制作起诉卷宗,而且要提交法庭审判时的讯问提纲、举证质证提纲、法庭辩论提纲等材料。参加实训审判组的学生需提交审判卷宗。参加实训辩护组的学生需要提交律师卷(包括侦查阶段会见笔录、阅卷笔录、辩护词、法庭辩论提纲等材料)。参加犯罪嫌疑人、被告人组的学生需提交侦查、起诉和审判阶段对讯问的答辩提纲、自我辩护词等材料。在实训教学中,教师要密切关注学生在模拟操作过程中的表现,学生参与实训教学的态度也是考核的一项内容。考核的主要内容是学生对核心知识点的掌握情况,如对受理案件、立案、侦查、起诉、审判等基本程序,刑事强制措施程序,证据的收集和运用程序等知识和原理的理解和运用情况。

三、刑事办案同步仿真实训教学法的操作步骤

(一)精选案例

精选案例是刑事办案同步仿真实训教学成功的基础。教师应在实训教学开始前精选案例。选择的案例应当具有真实性、典型性、相对复杂性和对抗性强等特点。真实性是指所选案例是在现实社会中真实发生过的,最好选择发生在本省本市且已经审判终结的案例。选择这样的案例进行实训操作可使学生有身临其境之感,仿真度更强。典型性是指所选案件要有代表性,必须是实践中经常会遇到的案件,例如抢劫、盗窃、故意杀人、诈骗等。为保证实训教学的效果,增强对抗性和教学难度,所选择的案例应当有一定的难度,太简单的案件会使学生感到无味,失去操作的兴趣,也无法实现模拟审判中的精彩对抗。但是案例亦不能太复杂,因为学生毕竟刚接触刑事办案,缺乏社会阅历和办案经验,太复杂的案例超过了他们能掌控的范围。因此选择的案例应具有相对复杂性和对抗性强的特点。

(二)科学分组

科学分组是刑事办案同步仿真实训教学成功的组织保证。我们在实训教学过程中,首先将一个教学单位的 50 名学生分为两个大组,每个大组 25 名学生。每个大组又分为犯罪嫌疑人(被告人)实训组、侦查实训组、起诉实训组、审判实训组和辩护实训组 5 个小组。每个小组的人数根据案情进行调配,通常由一名辩护人为一名犯罪嫌疑人(被告人)提供辩护;各实训小组均需选定一名同学担任组长,负责本小组的统筹工作。在法庭审判时,可由另一个大组的同学客串书记员、被害人、证人、鉴定人、法警等角色。

组长是教师与各实训小组沟通的桥梁,是每个实训小组的核心。组长不但要负责组织本小组的实训,例如明确本小组的实训分工,组织本小组讨论和分析案情,制订本小组的实训计划,而且要及时向教师报告本小组的实训情况,以便教师及时掌握各小组的实训进展、存在的问题等。一般由责任心强、工作细致、学习扎实的同学担任组长。

（三）同步仿真办案

在精选案例和科学分组的基础上，即可在进行课堂教学的同时，开始同步仿真办案教学活动，根据刑事诉讼程序，依次开展受案、立案、侦查、起诉和一审审判。

在受案、立案和侦查阶段，要求侦查实训小组的学生完成以下工作：一是要制作相关的诉讼文书和证据材料，最终形成刑事侦查卷宗。二是要求学生在受案和立案后，必须召开案情分析会，做好会议记录并制订侦查方案。三是要求学生在每一次讯问前均须制作讯问提纲，在每一次讯问后都要召开小组会，交流信息，共同研究案情，为下一步侦查制订计划。四是要求学生在侦查终结前制作证据比对表，以确定证据与案件事实之间、证据与证据之间是否一致，能否相互印证。

在起诉阶段，要求起诉实训小组的学生首先制作阅卷笔录。阅卷是侦查、检察人员和辩护律师的基本功。通过仿真阅卷，可以培养学生的阅卷能力，提高阅卷的水平。在阅卷后，学生须制作证据比对表，以审查判断证据与案件事实之间、证据与证据之间是否有矛盾，证据是否确实、充分。如果案件事实不清或者证据不足，起诉实训小组须制作退回补充侦查意见书，退回侦查实训小组补充侦查。如果案件事实清楚，证据确实、充分，依法需要追究刑事责任，则按照起诉程序制作相关法律文书，最后形成起诉卷宗，并向审判实训小组提起公诉。此外，起诉实训小组的学生还需制作法庭调查阶段的发问提纲、举证质证提纲和法庭辩论提纲。

在审判阶段，亦要求审判实训小组的学生制作阅卷笔录，召开庭前会议，进行法庭审判，形成庭前会议记录、法庭审判提纲和判决书等，最后形成审判卷宗。

辩护实训小组需要完成的仿真办案工作包括：制作相关法律文书；在侦查实训阶段，需要制作会见犯罪嫌疑人笔录、提交辩护意见；在审查起诉阶段至一审审判阶段，则需制作阅卷笔录、证据比对表、辩护词、发问提纲和举证质证提纲、辩论提纲，最后将这些材料汇总装订成辩护卷宗。

犯罪嫌疑人（被告人）实训小组的任务是：共同设计案件的细节，以保证最终交代的案情基本一致；配合侦查实训小组开展讯问活动，在每次被讯问前应制作答辩计划和提纲；配合辩护组开展法律帮助和辩护活动；出庭参加法庭审判；制作自辩状。

在实训的时间安排方面，受案、立案和侦查阶段通常安排 7 周，起诉阶段的工作要求在 4 周内完成（此阶段辩护实训小组与起诉实训小组交叉阅卷），一审审判则要求在接到起诉后 2 周内进行。

在仿真办案的各个阶段，学生制作的相关材料必须及时通过电子邮件发送到指导教师的邮箱，教师要及时进行审阅和批改，在下一次上课时进行随堂点评。

当然，仿真办案毕竟不是真实办案，承担犯罪嫌疑人、被告人角色的是学生，他们不但没有犯罪的心理，互相之间还可能经常"串供"，而且还学过不少法律和侦查知识，反侦查、反审讯水平不低，如果他们不配合，承担侦查角色的学生要想取得审讯的成功几乎是不可能的。因此，仿真办案要求学生既要真戏假做，又要假戏真做。真戏假做是指这只是仿真办案，而不是真实办案，因此，当"侦查人员"对"犯罪嫌疑人"的思想工作做得到位时，或者

"犯罪嫌疑人"对"侦查人员"出示的证据无法狡辩时,"犯罪嫌疑人"就必须老实交代"罪行"。假戏真做则是要求学生必须把仿真实训当成真实办案,要认真对待,尤其是"犯罪嫌疑人"不得太过于主动地配合侦查,不得第一次讯问就"竹筒倒豆子"般全部交代,能狡辩或该狡辩的时候必须狡辩;要善于发现和充分利用侦查、起诉实训小组在案件事实、证据和程序等方面存在的漏洞。

(四)随堂点评

点评是刑事办案同步仿真实训教学的关键环节。由于学生并未实际办理过刑事案件,没有办案经验,而是边学习理论知识边实训,因而不熟悉办案程序,操作中存在各种各样的问题、出现种种错误都是正常的。教师不仅要宽容这些错误,而且要允许学生犯这些错误。教师要与学生一道对存在的错误进行及时的分析,使学生知道错在何处,为什么会犯此错误,应当如何纠正这些错误。学生实际上是在不断的纠错中掌握知识的。刑事办案同步仿真实训教学要求教师对学生的操作进行及时的点评,因而通常采取随堂点评的方式。随堂点评不但能保证及时纠错,而且可以保证全员的参与性。因为每个学生在实训教学中通常只能承担一个角色,对其他角色则缺乏体验。通过随堂点评,就可使其他学生对自己未体验的办案活动增强感性认识,避免在以后的办案活动中犯同样或类似的错误。

经过多年的实践,刑事办案同步仿真实训教学法渐趋成熟,并形成配套的实训计划、实训大纲、实训教程。随着时代的发展、诉讼制度的变革,我们将与时俱进,不断尝试新的教学方法,丰富实训形式和内容,为培养公安高级应用型人才而努力。

附件:

教学进度表(含课内实训)

课程名称 __刑事诉讼法学__ 课时 __总课时64,实训课时16__
年级 _____ 专业 _____ 区队 _____

周	课程内容(章　节)		实训内容	课时	授课方式
第1周	绪论			4	讲授
第2周	第一章	马克思、恩格斯的刑事诉讼观		4	讲授、讨论
	第二章	刑事诉讼构造与刑事诉讼主体			
第3周	第三章	刑事诉讼基本原则	确定实训案件,撰写实训方案	4	讲授、实训
第4周	第四章	管辖	实训分工并讨论实训案件的管辖	4	讲授、实训
	第五章	回避			
第5周	第六章	辩护与代理	辩护实训组制作相关诉讼文书	4	讲授、讨论
第6周	第七章	证据与证明		4	讲授、实训
第7周	第七章	证据与证明	实训各组分析案件涉及的证据	4	讲授、讨论

续表

周	课程内容（章　节）	实训内容	课时	授课方式
第 8 周	第八章　强制措施	侦查实训组制作相关强制措施文书	4	讲授、实训
第 9 周	第八章　强制措施		4	讲授、讨论
第 10 周	第九章　刑事附带民事诉讼 第十章　期间与送达		4	讲授、讨论
第 11 周	第十一章　立案 第十二章　侦查	提交受、立案相关实训材料	4	讲授、实训
第 12 周	第十二章　侦查	提交讯问笔录、询问笔录、鉴定意见等诉讼文书、证据材料	4	讲授、实训
第 13 周	第十三章　起诉	侦查卷宗装订	4	讲授、实训
第 14 周	第十四章　审判程序	提交起诉卷宗、辩护卷宗	4	讲授
第 15 周	第十四章　审判程序	模拟法庭	4	实训
第 16 周	第十五章　各种判决、裁定的执行 第十六章　特别程序	提交实训报告	4	讲授

第二章　立案阶段

[案件发生]20＊＊年3月8日8时31分,喜＊拨打110电话报警称:20＊＊年3月8日早上,某村里的几个老年人如往常一样去＊＊省＊＊市＊＊镇＊＊村山上梳翠庵里打麻将娱乐时,却发现该庵门没法打开,便找到居住在附近的他问庵里情况。他就与老人们一同前往梳翠庵,透过门缝发现庵里地面上有血迹,也没看见平常管理梳翠庵的焦＊云,他感觉出事了,便打110电话报警。(本案下文代称"3·8"案件)

第一节　立案概述

一、立案的任务和流程

立案是刑事诉讼的开端程序,也是每一个刑事案件必须经过的程序。它的任务是决定是否开始追究刑事犯罪,即对立案的材料来源进行审查,确定有无犯罪事实,是否需要追究刑事责任从而作出立案与否的决定。

立案是一个完整的诉讼过程,分为三个步骤:受案、审查或者初查、作出是否立案的决定。具体流程见图 2-1:

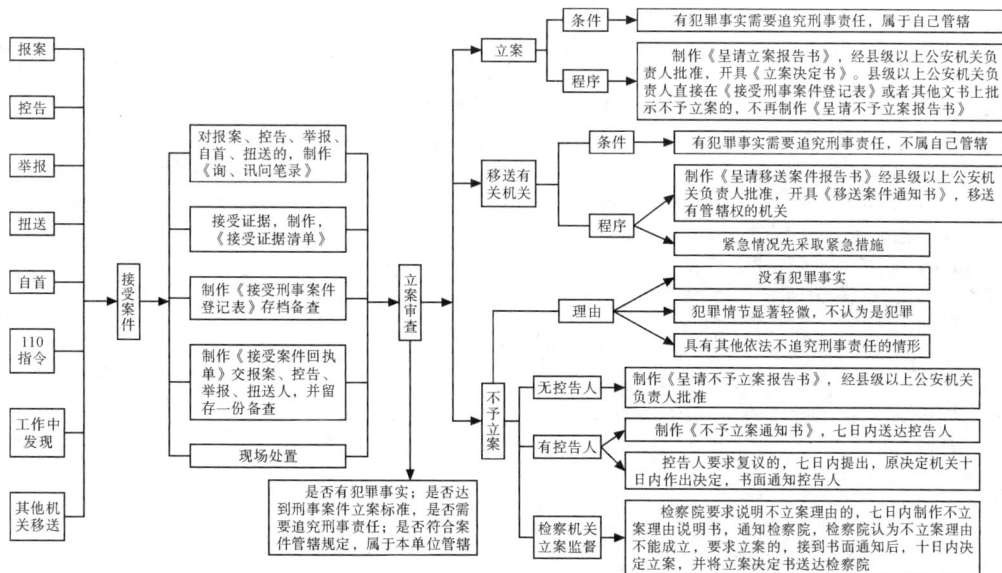

图 2-1　立案流程图

二、立案的法律依据

公安机关办理刑事案件,立案的相关规定主要有:《刑事诉讼法》第 103 条至第 115 条,《公安机关办理刑事案件程序规定》第 166 条至第 182 条,以及公安部针对立案的管辖问题、立案的标准问题等而发布的规定,如最高人民检察院、公安部先后于 2006 年、2008 年、2012 年发布了三个《关于公安机关管辖的刑事案件立案追诉标准的规定》。

第二节 受 案

一、受案工作的基本内容

受案,即对立案材料的接受。受案主要开展下列工作:(1)立即接受、热情接待、认真处理。(2)告知报案人、扭送人、控告人、举报人应实事求是地提供有关情况。尤其应当向控告人、举报人说明诬告应负的法律责任。(3)询问案件有关情况,并制作笔录,必要时应当录音或者录像。(4)接受扭送人、报案人、控告人、举报人、自动投案人提供的有关证据材料,制作接受证据材料清单,必要时,应当拍照或者录音、录像,并妥善保管。(5)填写《接受刑事案件登记表》,并出具回执。

二、"3·8"案件的受案

本案为 110 电话警情,20 ＊ ＊ 年 3 月 8 日 8 时 31 分喜 ＊ 拨打 110 电话报警称发现案件。110 接处警中心及时将案情通报主管领导,并安排警力赶赴现场。对此案有管辖权的 ＊ ＊ 市公安局刑侦支队办理了受案手续,制作受案登记表存档,并将受案回执交给报案人。

表 2-1 110 接警单详情

110 接警单详情

接警单号 350100101502080 ＊ ＊ ＊ ＊	接警单位 ＊ ＊ 市公安局指挥中心	接警人 陈 ＊ ＊
接警时间 20 ＊ ＊ -3-8 8:31:04	接警方式 电话报警	接警录音号 14793 ＊ ＊ ＊
报警电话 1380 ＊ ＊ ＊ ＊ 62	机主姓名	机主地址
报警人 喜 ＊	性别	联系电话 1380 ＊ ＊ ＊ ＊ 62
报警人联系		
地址或单位		
案发地址 ＊ ＊ 村 ＊ ＊ 山半山腰庵内		
警情类别 求助	警情类型 非紧急求助	警情细类
报警内容 从门缝看到此处有很多血,有个老人倒地,其他情况不详。		
完成状态		
报警地址		
嫌疑人数		
作案手段		
厂牌文字		
颜色描述		
特征描述		
逃逸方向		

表 2-2　受案登记表

**市公安局刑事侦查支队三大队 　　　　　　　　　　　　 * 公（刑）受案字〔20＊＊〕00001 号

案件来源	□110 指令□工作中发现□报案☑投案□移送□扭送□其他						
报案人	姓　名	喜＊	性别	男	出生日期		1968 年 1 月 5 日
	身份证件种类	身份证	证件号码			35011119680105＊＊＊＊	
	工作单位	无		联系方式		1386066＊＊＊＊	
	现住址	＊＊省＊＊市＊＊镇＊＊村春兰里 46 号					
移送单位		移送人			联系方式		
接报民警	陈＊	接报时间	20＊＊年 3 月 8 日 16 时 59 分		接报地点		＊＊市公安局指挥中心

　　简要案情:报案人喜＊于 20＊＊年 3 月 8 日 8 时 31 分拨打 110 电话报警称:20＊＊年 3 月 8 日早上,其村里的几个老年人如往常一样去＊＊省＊＊市＊＊镇＊＊村山上桄翠庵里打麻将娱乐时,发现该庵门没法打开,便找到居住在附近的他问庵里情况,他就与老人们一同前往桄翠庵,透过门缝发现庵里地面上有血迹,而平常管理桄翠庵的焦＊云也没看见,他感觉出事了,便打 110 电话报警。

受案意见	□属本单位管辖的行政案件,建议及时调查处理 √属本单位管辖的刑事案件,建议及时立案侦查 □不属于本单位管辖,建议移送＿＿＿＿＿＿＿＿＿＿处理 □不属于公安机关职责范围,不予调查处理并当场书面告知当事人 □其他＿＿＿＿＿＿＿＿＿＿ 受案民警:陈＊,杨＊＊　　　　　　　　　20＊＊年 3 月 8 日
受案审批	拟同意承办人意见,呈上级领导审批。 受案部门负责人:　　　陈＊＊　　　20＊＊年 3 月 8 日

（编者注:此文书一式两份,一份留存,一份附卷。）

表 2-3 受案回执

受 案 回 执

___喜 *___ ：

你(单位)于 ___20 * *___ 年 _3_ 月 _8_ 日报称的 ___20 * * .3.8 故意杀人案___ 一案我单位已受理(受案登记表文号为 * 公(刑)受案字〔20 * *〕00001 号)。

你(单位)可通过 _____电话_____ 查询案件进展情况。

联系人、联系方式： ___陈 *   0591-8772 * * * *___ 。

* *市公安局刑事侦查支队(受案单位印)

二〇 * *年三月八日

报案人、控告人、

举报人、扭送人：

年　月　日

(编者注：此文书一式两份，一份附卷，一份交报案人、控告人、举报人、扭送人。)

第三节　初　查

一、初查的任务和方法

侦查机关对于接受的案件或者发现的犯罪线索，应当迅速进行审查，对于在审查中发现案件事实或者线索不明的，必要时，经办案部门负责人批准，可以进行初查。初查要围绕立案条件开展调查取证工作，即查清是否有犯罪事实发生，是否应当依法追究刑事责任。初查过程中可以依照有关法律规定采取询问、查询、勘验、鉴定和调取证据材料等不限制被调查对象人身、财产权利的措施。

"3·8"案件在受案后，根据案件情况主要采取的初查工作是现场勘查。

二、现场勘查

1. 现场勘查的法律依据

现场勘查即侦查人员对犯罪分子实施犯罪的地点以及遗留有犯罪痕迹和物品的场所进行勘验和检查。对有犯罪现场可查的刑事案件，侦查工作通常从现场勘查开始。现场勘查的法律依据主要有：《刑事诉讼法》第 126 条至第 133 条，《公安机关办理刑事案件程序规定》第 208 条至第 216 条，以及《公安机关刑事案件现场勘验检查规则》(公通字〔2015〕31 号)。

2. 现场勘查的基本程序

现场勘查是一个系统的工作,内容包括:现场保护、实地勘查、现场访问、现场搜索与追踪、现场实验、现场分析、现场处理、现场复验与复查等内容。

(1)现场保护。任何单位和个人,都有义务保护犯罪现场,并且立即通知公安机关派员勘验。发案地派出所、巡警等应当妥善保护犯罪现场和证据,控制犯罪嫌疑人,并立即报告公安机关主管部门。保护现场的时间从发现刑事案件现场开始,至现场勘查结束。对于不能完成勘验、检查的现场,可以延长保护时间,以便再次勘查。

现场保护的基本步骤是:①核实情况,迅速上报。②划定保护范围。③设置警戒线和告示牌。④禁止无关人员进入现场。除了抢救伤员、保护物证等紧急情况外,不允许任何人进入现场,以保持现场的原始状态。⑤根据现场情况,采取紧急措施。包括救助伤员、排除险情、排除障碍、制止犯罪、监视犯罪嫌疑人、追缉堵截犯罪嫌疑人等。⑥详细记录到达现场时所观察到的情况和所采取的行为。⑦初步访问,登记在场的证人。⑧向到达现场的侦查人员汇报有关情况。

(2)现场实地勘查。勘查现场应当遵循下列程序规定:①现场勘查由县级以上公安机关侦查部门组织实施,进行现场勘查的侦查人员不得少于2人,并且应当具备现场勘查的专业知识和技能,具有现场勘查资格。在必要的时候,可以指派或者聘请具有专门知识的人,在侦查人员的主持下进行勘验、检查。②应当邀请一至两名与案件无关的公民作为见证人。③应当拍摄现场照片、绘制现场图、制作笔录,由参加勘查的人和见证人签名。对重大案件的现场勘查,应当录像。

(3)现场访问。现场访问与现场勘查同步开展,以收集有关犯罪现场的情况和线索。现场访问应符合以下要求:①访问对象一般包括报案人、案件发现人、当事人、被害人及其亲属和其他知情人。对两个以上被访问人进行询问时,应当分别进行。②现场勘查中,对重要知情人、流动性较强的知情人和伤病情严重的被害人,应当及时询问。③询问的侦查人员不得少于2人。④询问时,应当注意保守侦查秘密,不得向被访问人泄露案情。⑤为被访问人提供客观陈述的条件,严禁使用威胁、引诱或其他非法手段对被访问人进行询问。⑥对每一个对象的访问都应当依法制作询问笔录。⑦询问未成年证人,应当通知其法定代理人到场。

(4)现场勘查与访问结束后,勘查人员应当根据现场访问、现场实地勘查等工作所获得的资料和有关犯罪信息,进行现场分析,为开展侦查活动提供客观依据。

(5)现场分析结束后,现场勘查的指挥员应当根据具体情况,作出对现场、尸体保留与否的决定,依法处理现场痕迹、物品。

(6)现场勘查结束后,侦查人员必须将采集的现场信息进行整理和分类,全面、客观、及时、准确地存储到相关的信息系统中,以便更好地利用这些信息。

3. "3·8"案件的现场勘查

"3·8"案件由＊＊市公安局指挥中心接警后,即刻通知发案地公安机关刑侦大队民警前往现场保护,市公安局刑侦支队接到110指挥中心的警情后,立即组织警力到达现场,在了解情况和观察现场并进行初步处置的基础上,同步展开现场实地勘查和现场访问工作,现场访问的对象为报案人,发现案情的其他在场人,被害人的儿子、儿媳妇等知情人。

该案经现场实地勘查和现场访问,形成如下现场勘查笔录和 6 份询问笔录,这里选取两份询问笔录为例。

表 2-4　现场勘验笔录

＊公(刑)勘〔20＊＊〕K35010014＊＊＊＊＊＊＊＊0001

现 场 勘 验 笔 录

现场勘验单位:＊＊市公安局刑侦支队技术处

指派/报告单位:＊＊市公安局刑侦支队总值班室

时间:20＊＊年 3 月 8 日 10 时 30 分

勘验事由:＊＊市＊＊区＊＊村山上的梳翠庵发生一起命案,要求刑侦支队勘验现场,接报后,＊＊市公安局刑侦支队陈＊＊支队长带领技术处处长唐＊＊、痕检技术员杨＊＊、林＊、黎＊＊、法医技术员孙＊、洪＊＊、孙＊＊、孔＊、影像技术员董＊、赵＊＊、柳＊＊、DNA 技术员郑＊、李＊、黄＊＊等侦技人员赶赴现场,于 20＊＊年 3 月 8 日 11 点 30 分到达现场。

现场勘验开始时间:20＊＊年 3 月 8 日 11 时 30 分

现场勘验结束时间:20＊＊年 3 月 8 日 17 时 30 分

现场地点:＊＊市＊＊区＊＊村山上的梳翠庵

现场保护情况:现场已由＊＊市公安局＊＊分局刑侦大队民警沈＊拉设警戒带保护

天气:阴☑/晴□/雨□/雪□/雾□,　温度:　10℃　湿度:　57%　风向:　东北风

勘验前现场的条件:变动现场□/原始现场☑

现场勘验利用的光线:自然光☑/　灯光☑/

现场勘验指挥人:　唐＊＊　单位　＊＊市公安局刑侦支队技术处　职务　处长

现场勘验情况:据＊＊市公安局＊＊分局刑侦大队民警沈＊介绍:20＊＊年 3 月 8 日 8 时 30 分许,报警人喜＊,男,年龄:47;身份证号:3501＊＊＊＊＊＊＊＊＊;住址:＊＊镇＊＊村春兰里＊＊号;电话号码:138＊＊＊＊＊＊；打电话报警称在＊＊区＊＊村梳翠庵内发现血迹,遂打电话报警,我们在现场勘查中邀请刘＊＊(男,出身年月:1937 年＊月＊＊日,地址:＊＊镇＊＊村 159 号)和石＊＊(男,出身年月:1966 年＊月＊日,地址:＊＊镇＊＊村＊＊街 20 号)为现场勘验见证人。

勘验检查情况:

梳翠庵位于＊＊市＊＊镇＊＊村上,＊＊村的东向与北向为＊＊景区,西向为＊＊火车站,南向为＊＊山,梳翠庵院内由三部分组成,东西相连为大雄宝殿与伽蓝殿,北连帝君祠。其中帝君祠与大雄宝殿之间有一天井衔接。梳翠庵东侧与山路相连的有南侧与北侧的两扇门,其中南侧门为正门,该门呈关闭并锁上状,从梳翠庵的北侧门进入即帝君祠,帝君祠北面东侧与西侧各有一扇 460cm×360cm 的房间,中间有一个面积为 520cm×360cm 的佛堂。帝君祠东西两侧各有一扇 200cm×90cm 的门,其中东侧门(梳翠庵北侧门)为内开门,西侧门为外开门,帝君祠的大厅由东至西依次摆有圆桌、方桌、香炉、躺椅(南北方向)、方桌、椅子等物。

帝君祠佛堂东侧房间的灯呈开启状,房门倒靠在南墙与冰箱上,房间内靠东墙有一张 190cm×130cm 的床,南墙上有一扇窗户,窗前靠南墙有一张桌子、一美菱牌冰箱;靠北墙有一简易床架、一个木架,在该床架和木架上堆放有纸盒、衣服、袋子等杂物,在房间地面上有一男性儿童尸体,该尸体头

续表

南脚北呈卧状，其上身着紫黄色花毛衣，下身着白底花秋裤，双脚未穿鞋袜(尸体详细情况见法医尸检报告)。靠东墙的床上西北角有一个白底红色花纹枕头和一条粉色枕巾(实物提取，编号1、2)，在该枕头上发现有一部黑色华为手机(实物提取，编号为3)，在床的东南角有一个白底红色花纹枕头和一条黄色枕巾(实物提取，编号4、5)。在儿童尸体和床的中间的地面上有一只紫色的左脚拖鞋，在尸体西侧地面上有一根长83cm，直径为3cm弯曲的镀锌管，在该管上提取血迹与擦拭物各一处(棉签擦取，编号6、7)，在靠南墙的桌子上有一咖啡色钱包(实物提取，编号为8)钱包里有人民币100元的八张，一元的五张，五角的一张，一元硬币一个以及一张姓名为焦＊云的身份证；靠桌子西侧有一根长98cm×5.5cm沾有血迹的木棍(实物提取，编号为9)，斜靠在桌子上，在该木棍上提取血迹与擦拭物各一处(棉签提取，编号10、11)。在桌子的西侧为美菱牌冰箱，在冰箱门前地面有两块猪肉。冰箱西侧有一长210cm×70cm的红色铁门斜靠在门口的门框和冰箱上，将该铁门扶正后，在铁门的右上角提取血迹两处(棉签擦取，编号12、13)。在房间门口发现有一黑色塑料袋、一顶红色毛线帽(实物提取，编号14)、一只紫色的右脚拖鞋、一条沾有血迹的毛巾实物提取(编号15)，两个浅蓝色的枕头套(实物提取，编号16、17)，一个矿泉水瓶、一部小米手机和九个调料瓶。在房间的西南角斜立着扁担、木棍等物。

在房间门口的南侧地面上有一处65cm×60cm的血泊(棉签擦取，编号为18)。在该房门口通道的圆桌的凳子上有一铝桶，桶内有少量水，一个水瓢。在房门口西侧的红色方形桌上有蛋壳碎。红色方形桌与其南侧的香炉之间的地上有三处血迹(棉签擦取，编号为19、20、21)，在香炉西侧地面上发现有一处血迹(棉签擦取，编号为22)。

在房间西侧的佛堂内有佛像、香台、功德箱等物。在佛堂西侧的储物间内堆放有猪饲料等物，在储物间门口有两张躺椅(躺椅上有喷染血迹)，在躺椅上有两个纸箱，提取其中品牌为年香玉的纸箱(实物提取，编号23)，在躺椅南侧有一具男性尸体，该尸体头西北，脚东南呈卧状，上身着黑色运动裤，下身着蓝色内裤，双脚未穿鞋袜(尸体详细情况见法医尸检报告)。该身体身下有一处面积为70cm×80cm的血泊，在尸体的头部北侧有一张沾有血迹的凳子，在尸体下肢的南侧有一张沾有血迹的凳子、一只右脚拖鞋和一处血迹(棉签擦取，编号24)。在尸体北侧有一张沾有血迹的红色凳子，一只左脚拖鞋和一根长200cm×4.5cm的木棍，该木棍的一端压在左脚拖鞋上。

在帝君祠与大雄宝殿之间为一面积为1400cm×800cm的天井，天井的东西两侧均有一列上下互通的台阶。由台阶向上北面为上层天井，面积为1400cm×800cm，在该层天井放有香炉、桌子等物。由台阶向下为一面积1400cm×520cm的下层天井，在下层天井有一1100cm×200cm的假山园林水池。

下层天井的南墙的东侧以及中间各有一扇由北往南开的门，其中中间的220cm×140cm的双开大门呈关闭并锁上状。东侧铁门下方有一50cm×20cm的开口；进门即面积2100cm×1400cm的大雄宝殿，在南墙上有一扇门，门呈关闭并锁上状；在西侧有一扇220cm×70cm的木门通往大雄宝殿。

进入面积为2100cm×140cm的伽蓝殿，伽蓝殿的南侧为一天井，天井上方有防盗天窗，天井南墙上有一扇开双门，门呈关闭并锁上状；天井的东、西、南侧均有佛像等物。天井的北侧有一香台，在香台北侧有一间佛龛与香台相连，佛龛东西两侧均有一220cm×70cm的外开门，打开门，在门口处各有一尊佛像；从西侧门进入佛龛，佛龛内有一佛台，在该像台上有五尊东西方向摆放的佛像，在佛像台上的西侧发现有一个美人鱼牌的PVC电器胶带包装塑料壳、一个黑色康佳牌充电器、一包纸巾、一个褶皱红梅牌烟盒，在烟盒的外包装塑料膜上提取指纹(拍照固定提取，编号25)；烟盒中有一个红梅牌烟头(实物提取，编号26)。在佛像台西侧过道的地面上发现有两个红梅牌烟头(实物提取，编号27、28)。在伽蓝殿西南侧过道的地面上发现一枚足迹(拍照固定提取，编号29)。

续表

现场除了帝君祠的房间内的灯呈开启状,其余的灯均为关闭状。

对现场的外围进行搜索检验,在帝君祠东侧的门口路面上发现有可疑斑迹三处(棉签擦取,编号为30-1、30-2、30-3),在枕翠庵东侧山路面上发现两处可疑斑迹(实物提取,编号为31-1、31-2),沿着该山路向东有一个亭子以及一个垃圾桶,在亭子的椅子以及地面上发现可疑斑迹各一处(棉签擦取,编号为32、33),在垃圾桶内发现有纸巾两团(实物提取,编号为34-1、34-2)。

除此之外,还对现场进行拍照、录像及绘制现场图,并捺印尸体的十指指纹。

现场勘验制图 __4__ 张;照相 __88__ 张;录像 __15__ 分钟;录音 __0__ 分钟。

现场勘验记录人员:

笔录人:杨**、林*、黎**_____

制图人:杨**、黎**_____

照相人:董*、赵**、柳**_____

录像人:董*、柳**_____

录音人:_____

现场勘验人员:

本人签名:唐**　单位 __**市公安局刑侦支队技术处__　职务 __处长__

本人签名:郑*　单位 __**市公安局刑侦支队技术处__　职务 __副处长__

本人签名:杨**　单位 __**市公安局刑侦支队技术处__　职务 __民警__

本人签名:林*　单位 __**市公安局刑侦支队技术处__　职务 __民警__

本人签名:黎**　单位 __**市公安局刑侦支队技术处__　职务 __民警__

本人签名:董*　单位 __**市公安局刑侦支队技术处__　职务 __民警__

本人签名:赵**　单位 __**市公安局刑侦支队技术处__　职务 __民警__

本人签名:柳**　单位 __**市公安局刑侦支队技术处__　职务 __民警__

本人签名:孙*　单位 __**市公安局刑侦支队技术处__　职务 __民警__

本人签名:洪**　单位 __**市公安局刑侦支队技术处__　职务 __民警__

本人签名:孙**　单位 __**市公安局刑侦支队技术处__　职务 __民警__

本人签名:李*　单位 __**市公安局刑侦支队技术处__　职务 __民警__

本人签名:黄**　单位 __**市公安局刑侦支队技术处__　职务 __民警__

现场勘验见证人:

本人签名:刘**　性别 __男__　出生日期 __1937__ 年 __*__ 月 __**__ 日,住址 __**镇**村159号__

本人签名:石**　性别 __男__　出生日期 __1966__ 年 __*__ 月 __*__ 日,住址 __**镇**村**街20号__

20**年3月8日

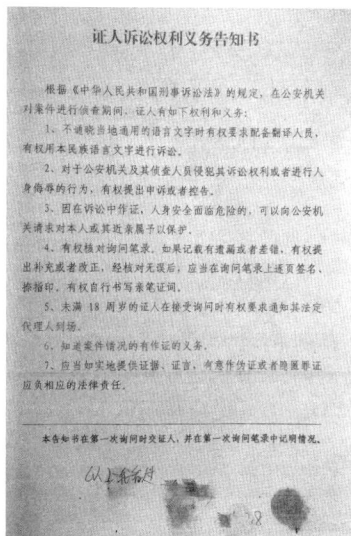

图 2-2 证人诉讼权利义务告知书

表 2-5 询问笔录

询 问 笔 录

询问时间 20＊＊ 年 3 月 8 日 12 时 0 分至 20＊＊ 年 3 月 8 日 14 时 0 分

询问地点 ＊＊市＊＊区＊＊村

询问人 黄 ＊ 工作单位 ＊＊市公安局刑侦支队二大队

记录人(签名) 何 ＊ 工作单位 ＊＊市公安局刑侦支队二大队

被询问人 喜＊(指纹) 性别 男 出生日期 1968 年＊月＊日

户籍所在地 _____

现住址 ＊＊市＊＊区＊＊村＊＊46 号

被询问人身份证件名称及号码 350＊＊＊＊＊＊＊＊＊＊＊＊＊＊

联系方式 13＊＊＊＊＊＊＊＊＊

(口头传唤的被询问人 月 日 时 分到达,月 日 时 分离开,本人签名确认: _____)

问:我们是＊＊市公安局刑侦支队民警(出示工作证),现就案件的有关情况向你询问,你必须如实回答,不得隐瞒或作虚假陈述,否则你将负相应的法律责任,明白了吗? 这是《证人权利义务告知书》,请你阅读并签字。

答:我明白了。

问:你的姓名、年龄等基本情况。

答:我叫喜＊,男,1968 年＊月＊日出生,已婚,汉族,文盲,现在桄翠庵附近养鸡,现住在＊＊市＊＊区＊＊村＊＊46 号,联系方式:13＊＊＊＊＊＊＊＊＊。

问:你是否知道 20＊＊年 3 月 8 日,发生在＊＊市＊＊区桄翠庵的案件的情况?

答:3 月 8 日早上 8 点左右,我从家里到桄翠庵附近的养鸡场,过了一会儿,到桄翠庵玩的十几个老人家喊我赶紧到桄翠庵里看看。我跟着去看看,发现庵门关着,庵门内有很多血,我立刻就打桄翠庵的“经理”张＊＊的手机,然后我又打了 110 报警电话。大概过了半个小时左右,张＊＊就赶过来了,他让我爬到树上看看庵内的情况,我从庵外的树上看见老焦躺在庵内的地板上,一动不动,旁边有血。接着我从树上爬下来,跟张＊＊说老焦躺在庵内大厅的地板上。这时候警方就把现场封锁住。接着 120 急救车也赶过来了。当时,民警让我到庵内帮忙把人抬到 120 车上,我到了卧室内看见老焦的老婆坐在床上,老焦在孙子躺在卧室内地板上。之后,老焦的老婆就被送到医院。

续表

问:你是什么时候在椛翠庵附近办了这个养鸡场的,说一说具体情况。

答:我是 9 年前在椛翠庵附近办了这个养鸡场的,养鸡场内只有我一个人管理,平时我都住在山下的家里,一般早上 7 点多上山,晚上 8 点左右下山回家,我这个养鸡场,养有鸡、鸭、羊,有时候我会在鸡场过夜。

问:你和老焦的关系如何?

答:我和老焦的关系还可以,平时见面都有互相打招呼,老焦上下山的时候,都会在鸡场内休息。

问:你是否知道老焦平时和他人是否有矛盾?

答:我没有听说老焦和其他人有发生矛盾。

问:你是否清楚老焦在庵内生活的情况?

答:我只知道老焦在庵内负责管理,平时也只有老焦一个人,星期六、星期天,老焦的老婆会到庵内陪老焦,其他我不清楚。

问:平时都有什么人到椛翠庵?

答:一般是到椛翠庵上香的人,很多,还有就是爬山的人,有时候也会到椛翠庵内休息。

问:当天喊你去椛翠庵的老人是谁?

答:这十七个老人,有男有女,经常都是星期六到椛翠庵内玩,当天也是他们先发现庵内有血,喊我过去。

问:这些到椛翠庵上香、休息的人,平时有没有与老焦发生过争执?

答:我不清楚。

问:老焦的家庭情况你是否清楚?

答:我只知道老焦有一对儿女,平时周末他的老婆会到庵内陪他,其他不清楚。

问:老焦是否和其他人有经济纠纷?

答:我不知道。

问:你说一下,20＊＊年 3 月 7 日,你是什么时候离开鸡场的?

答:3 月 7 日当天,我早上 5 点多上山到养鸡场,晚上 8 点多下山回家。晚上因为下小雨,就没有到鸡场。

问:3 月 7 日当天,你是否有看见老焦?

答:有,我看见早上老焦到市场买菜,回到椛翠庵时,我还和他打招呼,之后就没有看见他了。

问:那当天你是否有发现什么异常的情况?

答:没有。

问:3 月 7 日晚上,你离开鸡场后,是否注意还有其他人在椛翠庵?

答:我没有到椛翠庵里面,不清楚庵内是否还有其他人。当天晚上 8 点,我离开时,还下着小雨,山上都没有见有其他人。

问:你还有什么需要补充的?

答:没有了。

问:以上说的是否属实?

答:属实。

问:以上笔录你看过,是否和你说的相符?

答:以上笔录由民警向本人宣读,本人确认无误。

喜＊(签名、指纹)

侦查员:黄＊、何＊(签名)

(编者注:被询问人要在每页签名并按指纹,涂改处、骑缝处需按被询问人指纹。)

表 2-6　询问笔录

询 问 笔 录

询问时间 20**年 3 月 8 日 14 时 02 分至 20**年 3 月 8 日 16 时 38 分

询问地点 **市**区**村

询问人 龚**,商** 工作单位 **市公安局刑侦支队二大队

记录人(签名) 何* 工作单位 **市公安局刑侦支队二大队

被询问人 张**(指纹) 性别 男 出生日期 1935 年

户籍所在地 **市**镇**村 198 号

现住址 **市**镇**村 198 号

被询问人身份证件名称及号码

联系方式 13*********

(口头传唤的被询问人＿＿月＿＿日＿＿时＿＿分到达,＿＿月＿＿日＿＿时＿＿分离开,本人签名确认:＿＿＿＿＿＿＿＿)

问:我们是**市公安局民警(出示工作证),现就有关案件问题对你进行询问,请你如实回答,若有意隐瞒或者捏造事实要负相应的法律责任,明白了吗? 这是《证人权利义务告知书》,请你阅读并签字。

答:我明白。

问:你的姓名、年龄等基本情况。

答:我叫张**,男,汉族,1935 年出生,户籍地:**镇**村 198 号,小学文化,无业,电话:13**＊＊＊＊＊＊＊。

问:你现在有无职业?

答:我没有职业。

问:你平时在做什么?

答:我平时没有其他事情,周边五个村委托我管理**村边上的枕翠庵,别人都叫我经理。

问:枕翠庵平时由谁看管?

答:我自己没有在庵内看管,只是负责枕翠庵的管理,具体日常看管由一对南平的夫妻负责。

问:枕翠庵是什么时候建的?

答:枕翠庵的历史较为久远,大约有近千年的历史,到了大约一九八几年的时候,****周边的五个村,**村、**村……一起出资重建了枕翠庵,并从那时候开始,由我负责管理。

问:那你说的一对南平夫妻是什么时候开始看管枕翠庵的?

答:大约 9 年前,这对夫妻到枕翠庵找到我,问我有没有什么工作可以做,我告诉他们我这里没有其他工作可以做,如果愿意他们夫妻可以待在枕翠庵里看管。就这样这夫妻两个就留下来看管枕翠庵了。

问:这夫妻两人的基本情况?

答:我只知道那个丈夫姓焦,我平时叫他老焦,年龄大约 60 岁,老婆叫什么名字我不知道。

问:这夫妻两人在这里看管枕翠庵,平时的生活来源情况?

答:一开始几年,由我们重建枕翠庵的五个村共同出钱,大约一个月 400 多元工资,由我来发放,另外平时庵里的香火钱也由我每次清点完交给他们做平时的生活费,他们平时在庵内还可以卖一些香纸之类的,也有一些收入,近两年由于几个村子没有支付工资了,我也就没有再给他们发工资了,也正因为这样,我把庵内功德箱的钥匙直接交给老焦,让他们自己去收功德箱内的钱当作工资。

续表

问:平时庵内还住了谁?

答:头几年庵内就住老焦夫妻两个,到了三年前,老焦的孙子出生,老焦老婆平时周一到周五就到**镇其儿子住处去照顾孙子,周五晚上就把孙子带到桄翠庵和老焦一起生活。

问:除此之外,平时是否有其他人会住在庵内?

答:除了老焦夫妻和他的孙子有住在庵内,没有发现有其他人住在庵内,或在庵内留宿,再加上我平时也有规定老焦如果有外人留宿,必须跟我通气,这么多年他都没有跟我说过有什么人在庵内留宿。

问:你刚才说到老焦的孙子,那他儿子在哪里你知道吗?

答:老焦有一个儿子,一个女儿,儿子住在**镇,在一个什么公司上班,具体情况不清楚。老焦的女儿也在**市,具体做什么我也不了解。

问:老焦的儿子或女儿有没有来过桄翠庵?

答:老焦的儿子和女儿都有来过桄翠庵看他们夫妻两个。

问:老焦的儿子和女儿有没有在桄翠庵留宿过?

答:我没有发现老焦的儿子或是女儿有在庵里留宿过。他们平时上来就是看看老焦夫妻或是帮忙做点事情。

问:老焦夫妻平时为人如何?

答:在我的印象里老焦夫妻两个平时为人很好也很老实,从来没有发现他们夫妻两个和别人吵过架。

问:老焦夫妻平时和周边几个村的村民及来往香客有否闹过矛盾?

答:老焦夫妻两个人很老实,没有发现他们和周边的村民及来往香客有闹过矛盾,而且平时有人来烧香的时候,他们夫妻两个对别人都很热情。

问:老焦夫妻和他们的儿女相处如何?有没有什么矛盾?

答:这我不太了解。

问:你知道今天发生了什么事情吗?

答:我知道,今天早上8点多的时候,在桄翠庵附近养鸡鸭的喜*打我电话说桄翠庵出事了,让我赶紧上山。我到山上后看见警察也到了,才知道老焦和他孙子都在庵内被人杀死了,老焦的老婆也受了重伤被送到医院抢救了。

问:你最近一次见到老焦夫妻是什么时候?

答:我前天早上9点多的时候,和刘**、胡**、林**等五位朋友上来到桄翠庵给庵内供奉的五神公做卫生。那时候看见老焦夫妻两个和那个小孙子都在庵里,之后两天我没有到庵里,也就没有看见了。一直到今天早上发生事情的时候才知道他们出事了。

问:这几天有没有听说老焦夫妻有和别人吵架?

答:没有听说。

问:老焦夫妻俩有没有因为什么事情吵架?

答:我没发现。

问:昨天有没有人在庵里看见老焦夫妻?

答:我和胡**等五个老人前天因为快过年了,在农历十二月十八即上周五的时候上来做卫生,卫生做完后我拿了三百块钱给老焦,让他去买点供奉的菜来供奉五神公,交代完后我们几个就没有上来了。

续表

问:庵内的香客都是些什么人?
答:平时到桅翠庵烧香的香客大部分是我们周边五个村的村民,还有在周边开石雕厂的商人,另外还有一些登山的游客也会到庵里烧香。
问:最近到庵内烧香的香客多不多?
答:平时烧香的香客最多的时候是在春节期间,另外每个月(农历)初一和十五、十六的时候也较多,这几天已经是过了十五六了,天也较冷,烧香的没几个人。
问:庵内有没有值钱的东西?
答:庵内没有值钱的财物,唯一值点钱的就是铜制的几个大香炉,庵里的神像在前几天也是刚镀的金。
问:桅翠庵之前是否有发生过什么案件?
答:八九年前桅翠庵的香炉都被小偷偷走了,就发生过这么一次案件。发生后被偷的香炉也没有追回。
问:这两天老焦有没有打过你电话或直接对你说过什么事?
答:没有。
问:以上笔录你仔细看看是否与你说的一样?
答:以上笔录我看过,与我说的相符。(手签)
被询问人:张＊＊ 20＊＊年3月8日 侦查员:商＊＊,龚＊＊

第四节　立　案

一、初查后的处理

在前述初查的基础上,侦查机关应当根据案情分别作出以下处理:(1)认为有犯罪事实发生,但不属于自己管辖的案件,应当立即报经县级以上公安机关负责人批准,制作移送案件通知书,移送有管辖权的机关处理;对于不属于自己管辖又必须采取紧急措施的,应当先采取紧急措施,然后办理手续,移送主管机关。(2)对告诉才处理的案件,公安机关应当告知当事人向人民法院起诉。对被害人有证据证明的轻微刑事案件,公安机关应当告知被害人可以向人民法院起诉;被害人要求公安机关处理的,公安机关应当依法受理。(3)对于不够刑事处罚需要给予行政处理的,依法予以处理或者移送有关部门。(4)认为没有犯罪事实,或者犯罪情节显著轻微不需要追究刑事责任,或者具有其他依法不追究刑事责任情形的,不予立案,并且将《不立案通知书》送达控告人。(5)认为有犯罪事实,需要追究刑事责任且属自己管辖的,经县级以上公安机关负责人批准予以立案。

二、"3·8"案件的立案决定及程序

本案经过初查,侦查人员认为有杀人犯罪事实发生,依法应当追究刑事责任,并且属于本单位管辖,应当立案。作出立案决定,应当提交呈请立案报告,经侦查机关负责人审批同意后,制作立案决定书,并出具立案告知书交给报案人、控告人、举报人等。

表 2-7　呈请立案报告

领导批示	同意。 　　　　　　　　　　　　陈＊＊(＊＊市公安局印) 　　　　　　　　　　　　20＊＊年 3 月 11 日
办案部门意见	拟同意承办人意见,呈上级领导审批。 　　　　　　　　　　　　陈＊＊ 　　　　　　　　　　　　20＊＊年 3 月 11 日

呈请立案报告

现根据初步调查情况,呈请对 20＊＊.3.8 故意杀人案立案侦查,理由如下:

报案人喜＊于 20＊＊年 3 月 8 日 8 时 31 分电话报警称,20＊＊年 3 月 8 日早上,＊＊省＊＊市＊＊镇＊＊村的几个老年人如往常一样去＊＊村山上的栊翠庵里打麻将娱乐,却意外发现栊翠庵的庵门没有正常开门,使劲敲门庵里也没有响应。这些老人找到居住在附近的喜＊询问,栊翠庵是否出现意外情况。喜＊便跟随老人们来到栊翠庵。喜＊便透过门缝发现庵里地面上有血迹,而平常管理栊翠庵的焦＊云也没看见,他感觉出事了,便拨打 110 电话报警。接到报警电话后,＊＊市公安局、＊＊分局领导带领刑侦民警赶赴＊＊镇＊＊村山上栊翠庵进行现场初步勘验与现场访问。经初步调查,发现管理栊翠庵的人员焦＊云(男,63 岁,＊＊省＊＊市人,身份证 35＊＊＊＊＊＊＊＊＊＊＊＊＊＊)被杀死在栊翠庵的走廊上,其孙子焦＊＊(男,3 岁,＊＊省＊＊市人,身份证 35＊＊＊＊＊＊＊＊＊＊＊＊＊＊)被人杀死在栊翠庵卧室内,其妻子刘＊凤(女,58 岁。＊＊省＊＊市人,身份证 35＊＊＊＊＊＊＊＊＊＊＊＊＊＊)头部被击伤昏倒在卧室床上。

经初查,我单位认为有犯罪事实发生,需要追究刑事责任,且属于管辖范围,根据《中华人民共和国刑事诉讼法》第一百一十条之规定,立故意杀人案进行侦查。

妥否,请批示。

　　　　　　　　　　　　呈请单位:＊＊市公安局刑事侦查支队三大队
　　　　　　　　　　　　呈　请　人:陈＊,杨＊＊
　　　　　　　　　　　　二〇＊＊年三月八日

表2-8 立案决定书

＊＊市公安局

立 案 决 定 书

＊公(刑)立字〔20＊＊〕00001 号

根据《中华人民共和国刑事诉讼法》 第一百一十条 之规定,决定对 20＊＊.3.8 故意杀人 案立案侦查。

＊＊市公安局(印章)

二〇＊＊年三月八日

(此联附卷)

表2-9 立案告知书

立 案 告 知 书

＊公(刑)立字〔20＊＊〕00001 号

喜＊ :

20＊＊.3.8日故意杀人一案,我局认为该案属于我单位管辖,现依法立为刑事案件进行侦查,特 此告知。

＊＊市公安局(印章)

20＊＊年3月8日

本告知书已收

被告知人:喜＊

采取其他方式告知或者有特殊情况未告知的,注明情况:＿＿＿＿＿＿＿＿＿＿＿＿＿＿＿＿。

二〇＊＊年三 月 八 日

(编者注:本文书一式两份,一份附卷,一份交报案人、控告人、举报人、扭送人。)

第三章 侦查阶段

根据现行《刑事诉讼法》的规定,我国刑事侦查程序具有审问式侦查模式的基本特征,同时兼采对抗式侦查模式的一些做法,其特点是(1)侦查机关享有专属侦查权,除了逮捕由人民检察院审查批准外,其他所有侦查措施的采取都由侦查机关自行决定;(2)允许律师在侦查阶段介入诉讼为犯罪嫌疑人辩护,但是律师在侦查阶段的辩护权利有限。所以侦查阶段的诉讼活动包括三部分内容:一是侦查机关的侦查工作;二是律师的辩护工作;三是检察院的审查批准逮捕工作。

第一节 侦查机关的工作

一、侦查的基本内容及要求

侦查是侦查机关采取一系列侦查行为,以收集证据,查明犯罪事实以及抓获犯罪嫌疑人的诉讼活动。侦查行为包括专门调查工作和有关的强制性措施,专门调查工作主要是指《刑事诉讼法》所规定的讯问犯罪嫌疑人、询问证人、勘验检查、搜查、查封扣押、查询冻结、辨认、鉴定、技术侦查措施、隐匿身份实施侦查和控制下交付、通缉等活动;有关的强制性措施,既包括《刑事诉讼法》规定的五种强制措施,也包括在进行专门调查工作中必要时采用的强制性方法,如强制检查、强行搜查、强制扣押等。

侦查应当围绕具体犯罪的构成要件开展调查取证工作,每一种侦查措施的采取都有其明确的目的,即要取得证据以查明犯罪构成要件的某一方面;侦查应当遵循程序合法原则,包括:主体合法、程序合法。强制侦查行为都是要式侦查行为,每一种侦查行为的采取都应当完成审批程序,取得相应的诉讼文书;侦查还应遵循比例原则,只有在任意侦查行为不能完成侦查任务的情况下,才采取强制侦查行为。

二、"3·8"案件的侦查方向及采取的侦查行为说明

本案案发后,在前期现场实地勘查、现场访问等工作所获的资料和有关的犯罪信息的基础上,侦查人员进行了详细的现场分析和现场重建,初步确定了以下侦查方向,并采取相应的侦查行为:

1. 查获犯罪嫌疑人

查清何人实施了犯罪行为,是侦查的首要目标。本案首先通过通信基站数据分析、手机定位等侦查手段锁定犯罪嫌疑人乌＊风并实施了抓捕;通过调取案发前后发案地沿途

监控视频、现场指纹足迹比对、现场遗留痕迹的 DNA 比对鉴定,进一步锁定犯罪嫌疑人乌＊风;由被害人对犯罪嫌疑人乌＊风进行辨认;调取犯罪嫌疑人乌＊风的身份信息、前科等劣迹材料。

2. 查清犯罪行为实施过程

查清犯罪行为实施过程即查清犯罪嫌疑人于何时、何地、基于何种动机、何种目的、实施了何种犯罪行为。通过讯问犯罪嫌疑人,问明作案动机、作案经过等,形成犯罪嫌疑人供述;询问被害人,问明案发经过,形成被害人陈述;对犯罪嫌疑人进行人身检查以查清作案过程中是否有搏斗受伤等,形成人体检查笔录;搜查犯罪嫌疑人的住处,扣押物证、书证,形成搜查笔录;让犯罪嫌疑人对犯罪现场、涉案物品进行辨认,形成辨认笔录;调取犯罪嫌疑人银行账户明细,查清其近期账户变动及经济状况,以查清其犯罪行为及作案动机;调取犯罪嫌疑人的手机通信记录,以查清犯罪嫌疑人案发前后行踪,印证其供述;询问犯罪嫌疑人的亲友等,特别是近期交往密切的人员,对犯罪嫌疑人的平时表现、经济情况和生活工作状态进行调查以核实其作案动机和目的,形成证人证言。

3. 查明犯罪后果

查明犯罪嫌疑人的行为产生何种危害后果,对定罪量刑具有重要意义。本案对两名死者、一名伤者进行法医鉴定,确定伤亡原因;通过被害人家属对死者的辨认确认被害人身份;询问被害人,了解财物损失情况,并由被害人对相关财物进行辨认。

三、"3·8"案件采取的具体侦查措施

"3·8"案件根据侦查的需要采取了下列侦查措施:[①]

(一)技术侦查

1. 技术侦查的基本规定

技术侦查是对犯罪嫌疑人、被告人以及与犯罪活动直接关联的人员进行记录监控、行踪监控、通信监控、场所监控等,是一种秘密侦查手段。根据《刑事诉讼法》第 148 条至第 152 条、《公安机关办理刑事案件程序规定》第 254 条至第 261 条的规定,公安机关采取技术侦查措施应当符合下列要求:(1)对危害国家安全犯罪、恐怖活动犯罪、黑社会性质的组织犯罪、重大毒品犯罪或者其他严重危害社会的犯罪案件,根据侦查犯罪的需要,可以适用技术侦查措施。(2)采取技术侦查措施,应当制作呈请采取技术侦查措施报告书,报设区的市一级以上公安机关负责人批准,制作采取技术侦查措施决定书。(3)必须严格按照批准的措施种类、适用对象和期限执行。(4)决定自签发之日起 3 个月以内有效。对复杂、疑难案件,经过批准,可以延长,但每次延长不得超过 3 个月。在有效期限内,对不需要继续采取技术侦查措施的,办案部门应当立即书面通知负责技术侦查的部门解除技术侦查措施;负责技术侦查的部门认为需要解除技术侦查措施的,报批准机关负责人批准,制作解除技术侦查措施决定书,并及时通知办案部门。(5)对采取技术侦查措施过程中知

---

① 下文大体上根据该案各项侦查措施采取的先后顺序进行编列,有些侦查行为是同时开展的。

悉的国家秘密、商业秘密和个人隐私,应当保密。采取技术侦查措施收集的材料,应当严格依照有关规定存放,不得用于诉讼以外的其他用途;对获取的与案件无关的材料,应当及时销毁,并制作销毁记录。(6)使用技术侦查措施收集的材料作为证据时,可能危及有关人员的人身安全,或者可能产生其他严重后果的,应当采取不暴露有关人员身份和使用的技术设备、侦查方法等保护措施。

2."3·8"案件的技术侦查

"3·8"案件通过通信基站数据分析、手机定位监控措施,锁定犯罪嫌疑人乌＊风。由于通信基站数据分析是一种大数据侦查手段,其是否属于技术侦查措施理论上尚有争议,立法规定也不明确,所以本案将其作为一种任意侦查手段,未办理相关审批手续。[①] 本案经通信基站数据分析锁定可疑手机号码,经审批对该手机进行了通信及行踪监控,并在抓获乌＊风后,及时书面通知技术侦查部门解除技术侦查措施。本案采取技术侦查措施,形成如下诉讼文书:

表 3-1　呈请采取技术侦查措施报告书

呈请采取技术侦查措施报告书

为侦破我局 20＊＊.3.8 故意杀人案,现呈请采取技术侦查措施,理由如下:

20＊＊年 3 月 8 日上午 8 时许,接到群众报警称:＊＊市＊＊镇＊＊村桄翠庵发生杀人案件,庵内管理人员焦＊云(男,63 岁,＊＊省＊＊市人,身份证 35＊＊＊＊＊＊＊＊＊＊＊＊)和其孙子焦＊＊(男,3 岁,＊＊省＊＊市人,身份证 35＊＊＊＊＊＊＊＊＊＊＊＊)被杀死在桄翠庵内,其妻子刘＊凤(女,58 岁,＊＊省＊＊人,身份证 35＊＊＊＊＊＊＊＊＊＊＊＊＊)头部受重伤。我局立即启动命案侦破机制并立案。

为查明犯罪嫌疑人,根据《中华人民共和国刑事诉讼法》第一百四十八条之规定,特呈请对手机号码 18＊＊＊＊＊＊＊＊＊进行通信及行踪监控。

妥否,请批示。

呈请单位:＊＊市公安局刑事侦查支队三大队

呈请人:陈＊＊,杨＊＊

二〇＊＊年三月八日

---

① 笔者认为,通信基站数据分析具有技术性、秘密性、侵权性的特征,具有技术侦查的属性,应当属于技术侦查手段。

表 3-2 采取技术侦查措施决定书

＊ 市 公 安 局

采取技术侦查措施决定书

（副　本）

＊公（刑）决技字〔20＊＊〕0033 号

因侦查犯罪需要,根据《中华人民共和国刑事诉讼法》第一百四十八条、第一百四十九条之规定,现决定自　20＊＊　年　3　月　8　日至　20＊＊　年　4　月　8　日,对　20＊＊.3.8 故意杀人　案的　手机号码18＊＊＊＊＊＊＊＊＊　　　　　　　　　　　　　　　　采取记录监控/行踪监控/通信监控/场所监控技术侦查措施。

＊＊市　公安局（印）

20＊＊ 年 3 月 8 日

（编者注：技术侦查决定书共有三联,正本交负责技术侦查的部门,副本由办案部门存档,另有存根联。）

（二）调取视听资料等证据

1. 调取证据的基本规定

在办案过程中,侦查机关发现有关单位和个人持有与案件有关的证据时,有权向有关单位和个人收集、调取证据。有关单位和个人应当如实提供证据。其法律依据主要是《刑事诉讼法》第 52 条以及《公安机关办理刑事案件程序规定》第 58 条至第 63 条。

调取证据应当符合以下基本规定:(1)需要调取证据的,由办案部门制作呈请调取证据报告书,经县级以上公安机关负责人批准,制作调取证据通知书等。(2)执行时侦查人员不得少于二人。侦查人员向证据持有单位或者个人送达调取证据通知书,并要求其在通知书副本上签名。拒绝签名的,应当注明。必要时,应当采用录音或者录像等方式固定证据内容及取证过程。(3)调取的物证、书证、视听资料应当是原物原件。原物不便搬运、保存或者依法应当返还被害人的,可以拍摄足以反映原物外形或者内容的照片、录像。书证取得原件确有困难的,可以是副本或者复制件。物证的照片、录像或者复制品,书证的副本、复制件,视听资料、电子数据的复制件,应当附有关制作过程及原件、原物存放处的文字说明,并由制作人和物品持有人或者物品持有单位有关人员签名。(4)向有关单位收集、调取的书面证据材料,必须由提供人签名,并加盖单位印章;向个人收集、调取的书面证据材料,必须由本人确认无误后签名。(5)制作询问笔录。向有关人员问明证据的来源、内容、保存情况等,并制作询问笔录。(6)对于调取的财物和文件,应当会同财物、文件的持有人查点清楚,当场制作调取证据清单一式三份,写明财物或者文件的名称、编号、规格、数量、重量、质量、特征及其来源,由侦查人员和证据持有人签名后,一份交证据持有人,一份交公安机关证据保管人员,一份与调取证据通知书副本一并存入诉讼卷。

2."3·8"案件的调取证据

"3·8"案件调取案发地枙翠庵下山沿途的监控视频,查明犯罪嫌疑人乌＊风案发前后行踪轨迹,并且为了进一步巩固监控视频证据,由犯罪嫌疑人乌＊风对视频影像进行辨认,形成辨认笔录。本案后续侦查过程中,侦查人员以同样的办案程序,向＊＊宾馆调取犯罪嫌疑人乌＊风在该宾馆的住宿记录及监控视频,向＊＊市道路运营管理处调取了本案相关出租车 GPS 行驶轨迹,以证明犯罪嫌疑人乌＊风案发前后的行踪,并印证犯罪嫌疑人乌＊风的供述;向＊＊医院调取了被害人刘＊风的 120 出诊、处置记录,以及刘＊风在＊＊医院接受治疗的病历等相关材料,以证明犯罪后果。

本案调取监控视频证据,形成以下诉讼文书及证据资料。

表 3-2　呈请调取证据报告书

领导 批示	同意。 　　　　　　　　　　林＊＊（＊＊市公安局刑事侦查支队印） 　　　　　　　　　　20＊＊年 3 月 11 日
办案 部门 意见	拟同意承办人意见,呈上级领导审批。 　　　　　　　　　　　　　　　　　　陈＊＊ 　　　　　　　　　　　　　　　　　　20＊＊年 3 月 11 日

呈请调取证据报告书

　　现呈请调取我局正在侦查的案件 20＊＊.3.8 故意杀人案有关证据,理由如下:

　　20＊＊年 3 月 8 日上午,群众报警称＊＊省＊＊市＊＊镇＊＊村枙翠庵发生杀人案件。经出警民警采取现场勘验、现场访问等侦查工作后发现,枙翠庵的管理人员的焦＊云及其孙子焦＊＊被杀死在枙翠庵内,其妻子刘＊风头部被击伤昏倒在卧室床上。

　　为了及时固定证据,查获犯罪嫌疑人,根据《中华人民共和国刑事诉讼法》第五十二条之规定,特呈请调取案发前后往返枙翠庵沿途的相关监控视频。

　　妥否,请批示。

　　　　　　　　　　　　　　　　　　呈请单位:＊＊市公安局刑事侦查支队三大队
　　　　　　　　　　　　　　　　　　呈　请　人:陈＊＊,杨＊＊
　　　　　　　　　　　　　　　　　　二〇＊＊年三月八日

（编者注:调取证据通知书共三联,正本交证据持有人,副本附卷,另有存根联。）

表 3-3　调取证据通知书

＊＊市公安局

调取证据通知书

（副　本）

＊公(刑)调证字〔20＊＊〕00055 号

　　张＊琴　　：

　　根据《中华人民共和国刑事诉讼法》第五十二条之规定,我局侦办的　　20＊＊.3.8 故意杀人　案需调取你处下列有关证据:　　贵住宅外部安装的监控探头于 20＊＊ 年 3 月 7 日—8 日的监控　视频　。

　　伪造证据、隐匿证据或者毁灭证据的,将受法律追究。

公安局(印)

二○＊＊年三月十一日

　　本通知书已收到。

证据持有人:张＊琴(签字)

20＊＊ 年 3 月 11 日

(编者注:调取证据通知书共三联,正本交证据持有人,副本侦查机关附卷,另有存根联。)

表 3-4　调取证据清单

编　号	名　　称	数　量	特　征	备　注
1	监控视频	1	U 盘拷贝	桄翠庵下山监控视频

证据持有人:张＊琴　　　　保管人:　　　　　　　　办案单位(盖章)

　　　　　　　　　　　　　　　　　　　　　　　办案人:陈＊＊,杨＊＊

20＊＊ 年 3 月 11 日　　　　年　月　日　　　　　20＊＊ 年 3 月 11 日

(编者注:本清单一式三份,一份附卷,一份交证据持有人,一份交公安机关保管人员。)

表 3-5　情况说明

情况说明

　　20＊＊年3月11日＊＊市公安局刑侦支队侦查员到我住处拷贝住宅外部监控探头录制的一段监控录像,时间为:20＊＊年3月7日10:00至20＊＊年3月8日2:30的监控录像,监控录像时间与北京时间一致。

　　本人电话:13＊＊＊＊＊＊＊＊＊,住址:＊＊市＊＊镇＊＊村＊＊号。

证据持有人:张＊琴(指印)

20＊＊年3月11日

(三)拘传

1. 拘传的基本规定

拘传是将未被羁押的犯罪嫌疑人、被告人强制带到指定地点接受讯问的一种强制措施。其法律依据主要是《刑事诉讼法》第64条以及《公安机关办理刑事案件程序规定》第74条至第76条。

拘传应当符合以下程序要求:(1)办案部门应当填写呈请拘传报告书,并附有关材料,报县级以上公安机关负责人批准后,签发拘传证。(2)拘传应当在犯罪嫌疑人所在的市、县内的地点进行。(3)拘传时,应当向犯罪嫌疑人出示拘传证,并责令其在拘传证上签名、捺指印。对于抗拒拘传的,可以使用戒具,强制其到案。执行拘传的办案人员不得少于2人。(4)犯罪嫌疑人到案后,应当责令其在拘传证上填写到案时间;拘传结束后,应当由其在拘传证上填写拘传结束时间。犯罪嫌疑人拒绝填写的,侦查人员应当在拘传证上注明。(5)一次拘传的时间不得超过12个小时,案情重大、复杂,需要采取拘留、逮捕措施的,拘传持续的时间不得超过24小时,不得以连续拘传的形式变相关押犯罪嫌疑人。在拘传期间,应当保证犯罪嫌疑人饮食和必要的休息时间。(6)需要对被拘传人变更为其他强制措施的,应当在拘传期间内作出批准或不批准的决定;拘传时限届满仍不能作出批准决定的,应当立即结束拘传。

2. "3·8"案件的拘传

"3·8"案件通过技术侦查手段锁定犯罪嫌疑人乌＊风,并通过跟踪、守候监视等对乌＊风实施抓捕,并将其拘传到案。本案抓获乌＊风形成《呈请拘传报告书》《拘传证》《呈请延长拘传时限报告书》等诉讼文书。

表 3-6　呈请拘传报告书

领导批示	同意。 陈＊＊（＊＊市公安局印） 20＊＊年3月8日
办案部门意见	拟同意承办人意见,呈上级领导审批。 林＊＊ 20＊＊年3月8日

呈请拘传报告书

我局正在侦查的 20＊＊.3.8 故意杀人案,需要对犯罪嫌疑人乌＊风刑事拘传。现将有关情况报告如下:

一、犯罪嫌疑人基本状况

犯罪嫌疑人乌＊风,男,别名/绰号乌大头,1985 年 8 月 30 日生,身份证号码 35＊＊＊＊＊＊＊＊＊＊＊＊＊＊＊＊,汉族,大学专科,＊＊省＊＊县人,户籍地＊＊省＊＊县＊＊乡＊＊村＊＊＊号,现住址＊＊省＊＊市＊＊＊路＊＊宾馆 345 号。

二、简要案情

报案人喜＊于 20＊＊年 3 月 8 日 8 时 31 分电话报警称,20＊＊年 3 月 8 日早上,＊＊省＊＊市＊＊镇＊＊村的几个老年人如往常一样去＊＊村山上的枕翠庵里打麻将娱乐,却意外发现枕翠庵的庵门没有正常开门,敲门也没有回应。这些老人找到居住在附近的喜＊询问。喜＊便跟随老人们来到枕翠庵,透过门缝发现庵里地面上有血迹,而平常管理枕翠庵的焦＊云也没有看见,他感觉出事了,便拨打 110 电话报警。

三、初查情况

接到报警后,＊＊市公安局领导带领刑侦民警赶赴＊＊镇＊＊村山上的枕翠庵进行现场初步勘验与现场访问。经初步调查,发现枕翠庵的管理人员的焦＊云(男,63 岁,＊＊省＊＊市人,身份证 35＊＊＊＊＊＊＊＊＊＊＊＊＊＊＊＊)被杀死在枕翠庵的走廊上,其孙子焦＊＊(男,3 岁,＊＊省＊＊市人,身份证 35＊＊＊＊＊＊＊＊＊＊＊＊＊＊＊＊)被人杀死在枕翠庵卧室内,其妻子刘＊凤(女,58 岁。＊＊省＊＊县人,身份证 35＊＊＊＊＊＊＊＊＊＊＊＊＊＊＊＊)头部被击伤昏倒在卧室床上。经进一步侦查发现,犯罪嫌疑人乌＊风在案发时间段到过枕翠庵现场,且案发后不知去向,有重大作案嫌疑。

综上所述,犯罪嫌疑人乌＊风涉嫌《中华人民共和国刑法》第二百三十二条规定的故意杀人罪。因案情重大、复杂,根据《中华人民共和国刑事诉讼法》第六十四条之规定,特呈请拘传犯罪嫌疑人乌＊风,拘传到案地点为＊＊市公安局执法办案中心,拘传时限为十二小时。

妥否,请批示。

呈请单位:＊＊市公安局刑事侦查支队三大队
呈　请　人:陈＊＊,杨＊＊
二〇＊＊年三月八日

表 3-7　拘传证

＊＊市公安局

拘　传　证

＊公(刑)拘传字〔20＊＊〕00001 号

根据《中华人民共和国刑事诉讼法》第六十四条之规定,兹决定对犯罪嫌疑人　乌＊风　(性别男,出生日期　1985 年 8 月 30 日　,住址　＊＊市＊＊县＊＊乡＊＊村＊＊＊号　)执行拘传。

＊＊市公安局(印)

20＊＊年 3 月 8 日

本证已于　20＊＊　年　3　月　9　日　0　时向我宣布。

被拘传人：　乌＊风　(捺指印)

拘传到案时间　20＊＊　年　3　月　9　日　1　时。

被拘传人：　乌＊风　(捺指印)

拘传结束时间　20＊＊　年　3　月　9　日　21　时。

被拘传人：　乌＊风　(捺指印)

(说明:拘传证共三联,正本交被拘传人,副本附卷,另有存根联。)

表 3-8　呈请延长拘传时限报告书

领导批示	同意。 陈＊(＊＊市公安局印) 20＊＊年 3 月 9 日
办案部门意见	拟同意承办人意见,呈上级领导审批。 陈＊＊ 20＊＊年 3 月 9 日

呈请延长拘传时限报告书

我局正在侦办 20＊＊.3.8 故意杀人案,需要延长犯罪嫌疑人乌＊风刑事拘传时间至 24 小时。现将有关情况报告如下:

一、犯罪嫌疑人基本状况

犯罪嫌疑人乌＊风,男,别名/绰号乌大头,1985 年 8 月 30 日生,身份证号码 35＊＊＊＊＊＊＊＊＊＊＊＊＊＊＊,汉族,大学专科,＊＊省＊＊县人,户籍地:＊＊省＊＊县＊＊乡＊＊村＊＊＊号,现住址＊＊省＊＊市＊＊＊路＊＊宾馆 345 号,20＊＊年 3 月 9 日被拘传。

续表

二、简要案情

报案人喜*于20**年3月8日8时31分电话报警称,20**年3月8日早上,**省**市**镇**村的几个老年人如往常一样去**村山上的栊翠庵里打麻将娱乐,却意外发现栊翠庵的庵门没有正常开门,使劲敲门庵里也没有响应。这些老人找到居住在附近的喜*询问栊翠庵是否出现意外情况。喜*便跟随老人们来到栊翠庵。喜*透过门缝发现庵里地面上有血迹,而平常管理栊翠庵的焦*云也没有看见,他感觉出事了,便拨打110电话报警。接到报警后,**市公安局领导带领刑侦民警赶赴**镇**村山上的栊翠庵进行现场初步勘验与现场访问。经初步调查,发现栊翠庵的管理人员的焦*云(男,63岁,**省**市人,身份证35*********)被杀死在栊翠庵的走廊上,其孙子焦**(男,3岁,**省**市人,身份证35*********)被人杀死在栊翠庵卧室内,其妻刘*凤(女,58岁,**省**县人,身份证35*********)头部被击伤昏倒在卧室床上。经进一步侦查发现,犯罪嫌疑人乌*风在案发时间段到过栊翠庵现场,且案发后不知去向,有重大作案嫌疑。

三、初查情况

犯罪嫌疑人乌*风拘传到案后,供述其于3月7日下午2点前往**庙拜佛,因未带香火钱于下午四五点下山返回半途的栊翠庵拜佛。在栊翠庵内遇刘*凤在打扫,乌*风便躲藏在佛龛背后。乌*风躲着直到刘*凤打扫完毕,关了庵门才出来拜佛。等到天黑后,乌*风从藏身处出来,寻找出口时,遇到焦*云。焦*云看见乌*风后,喊"有人抢劫"并持木棍驱赶乌*风,乌*风顺手取了一根4厘米粗细的木棍朝焦*云头部、身上击打,把他打倒在地面。因见刘*凤也看见了他,乌*风就撞开卧室大门,用棍子敲击刘*凤头部、背部,也将其打倒在地。打倒刘*凤后,乌*风看见小孩焦**坐在卧室床铺上哭,就过去抱起焦**捂他的嘴。但焦**还在哭,乌*风就顺手拿起枕头捂焦**口鼻,直至其没有声息。杀人后,乌*风搜索焦*云的卧室,在卧室架子上一钱包内取了几百元钱,约在3月8日凌晨1时许逃离栊翠庵。

综上所述,犯罪嫌疑人乌*风的行为已触犯了《中华人民共和国刑法》第二百三十二条之规定,涉嫌故意杀人罪。因案情重大、复杂,需要对其采取拘留、逮捕措施,根据《中华人民共和国刑事诉讼法》第六十四条之规定,特呈请对犯罪嫌疑人乌*风拘传延长时限至二十四小时。

妥否,请批示。

呈请单位:**市公安局刑事侦查支队三大队

呈　请　人:陈**,杨**

二○**年三月九日

(四)搜查

1. 搜查的基本要求

搜查,是指侦查人员对犯罪嫌疑人以及可能隐藏罪犯或者犯罪证据的人的身体、物品、住处和其他有关的地方进行搜索检查的一种侦查活动。根据刑事诉讼法和有关规定,搜查应当遵守下列程序:

(1)呈批。搜查前,办案部门制作呈请搜查报告书,报县级以上公安机关负责人批准后签发搜查证,搜查前要准备好搜查笔录、扣押清单等法律文书,执行搜查的侦查人员不得少于 2 人。

在执行逮捕、拘留的时候,遇有紧急情况,不用搜查证也可以进行搜查。

(2)进行搜查,必须向被搜查人或者其家属出示搜查证,并要求被搜查人或其家属在搜查证的附注部分注明向其宣布的时间并签名。被搜查人或者其家属拒绝签名的,侦查人员应当在搜查证上注明。为了防止被搜查人逃跑或者转移、销毁被搜查的物品,必要时可以在被搜查的场所周围设置武装警戒或者封锁通道,以保证搜查的顺利进行。

(3)搜查时,应当有被搜查人或者他的家属、邻居或者其他见证人在场,并且对被搜查人或其家属说明阻碍、妨碍公务应负的法律责任。可以要求有关单位和个人交出可以证明犯罪嫌疑人有罪或者无罪的物证、书证、视听资料等证据,遇到阻碍搜查的,侦查人员可以强制搜查。

搜查妇女的身体,应当由女工作人员进行。

(4)对搜查中查获的犯罪证据及其放置地点,应当当场拍照后予以扣押,拍摄的照片应当加上文字说明附卷。侦查人员应会同物品或文件的持有人和见证人,当场进行清点、开列清单,分别签字或盖章。清单一式两份,一份交物品或文件的持有人保存,一份附卷备查。如果持有人拒绝签名或盖章,除应在笔录上注明外,还应将扣押财物和文件连同持有人一起拍照,附卷备查。扣押的财物和文件要妥善保管,不得遗失和损坏。需要扣押但又不便即时提取的物品,应予封存或责令持有人暂时保管,并拍照附入案卷。必要的时候可以对搜查的过程录像。

(5)搜查的情况应当制作笔录,由侦查人员和被搜查人或者他的家属、邻居或者其他见证人签名。如果被搜查人拒绝签名,或者被搜查人在逃,他的家属拒绝签名或者不在场的,侦查人员应当在笔录上注明。

2."3·8"案件的搜查

"3·8"案件在抓捕犯罪嫌疑人乌＊风的同时,侦查人员搜查了乌＊风的人身及其住处,以获得赃物等相关证据。

表 3-9　呈请搜查报告书

领导批示	同意。 陈＊＊(＊＊市公安局印) 20＊＊年 3 月 8 日
办案部门意见	拟同意承办人意见,呈上级领导审批。 林＊＊ 20＊＊年 3 月 8 日

呈请搜查报告书

我局正在侦办 20＊＊.3.8 故意杀人案,需要对犯罪嫌疑人乌＊风的人身及其所居住的宾馆房间进行搜查。现将有关情况报告如下:

续表

一、犯罪嫌疑人基本状况

犯罪嫌疑人乌＊风,男,别名/绰号乌大头,1985年8月30日生,身份证号码35＊＊＊＊＊＊＊＊＊＊＊＊＊＊＊＊,汉族,大学专科,＊＊省＊＊县人,户籍地:＊＊省＊＊县＊＊乡＊＊村＊＊＊号,现住址＊＊省＊＊市＊＊路＊＊宾馆345号。

二、简要案情

报案人喜＊于20＊＊年3月8日8时31分电话报警称,20＊＊年3月8日早上,＊＊省＊＊市＊＊镇＊＊村的几个老年人如往常一样去＊＊村山上的梽翠庵里打麻将娱乐,却意外发现梽翠庵的庵门没有正常开门,使劲敲门庵里也没有响应。这些老人找到居住在附近的喜＊询问梽翠庵是否出现意外情况。喜＊便跟随老人们来到梽翠庵。喜＊透过门缝发现庵里地面上有血迹,而平常管理梽翠庵的焦＊云也没有看见,他感觉出事了,便拨打110电话报警。

三、初查情况

接到报警后,＊＊市公安局领导带领刑侦民警赶赴＊＊镇＊＊村山上的梽翠庵进行现场初步勘验与现场访问。经初步调查,发现梽翠庵的管理人员的焦＊云(男,63岁,＊＊省＊＊市人,身份证35＊＊＊＊＊＊＊＊＊＊＊＊＊＊＊)被杀死在梽翠庵的走廊上,其孙子焦＊＊(男,3岁,＊＊省＊＊市人,身份证35＊＊＊＊＊＊＊＊＊＊＊＊＊＊＊)被人杀死在梽翠庵卧室内,其妻子刘＊凤(女,58岁,＊＊省＊＊县人,身份证35＊＊＊＊＊＊＊＊＊＊＊＊＊＊＊)头部被击伤昏倒在卧室床上。经进一步侦查发现,犯罪嫌疑人乌＊风在案发时间段到过梽翠庵现场,有重大作案嫌疑。

综上所述,犯罪嫌疑人乌＊风的行为已触犯了《中华人民共和国刑法》第二百三十二条之规定,涉嫌故意杀人罪。为及时收集证据,根据《中华人民共和国刑事诉讼法》第一百三十四条之规定,特呈请对犯罪嫌疑人乌＊风所居住的＊＊宾馆345房间进行搜查,并在拘传乌＊风后对其人身进行搜查。

妥否,请批示。

呈请单位:＊＊市公安局刑事侦查支队三大队

呈 请 人:陈＊＊,杨＊＊

二○＊＊年三月八日

表 3-10　搜查证

＊市公安局

搜　查　证

＊公(刑)搜查字〔0018〕号

因侦查犯罪需要,根据《中华人民共和国刑事诉讼法》第一百三十四条之规定,我局依法对　犯罪嫌疑人乌＊风的人身及其住处＊＊市＊＊路＊＊宾馆345房间　进行搜查。

＊＊市公安局(印)

20＊＊年3月8日

本证已于　20＊＊　年3月9日0时向我宣布。

被搜查人或其家属或其他见证人:乌＊风(签名)见证人:陈＊＊(＊＊宾馆经理,电话:13＊＊＊＊＊＊＊＊＊)

此联附卷

表 3-11　搜查笔录

搜　查　笔　录

时间　20＊＊　年_3_月_9_日_0_时_10_分至_20＊＊_年_3_月_9_日_0_时_45_分

地点　＊＊市＊＊路＊＊宾馆345房间

侦查人员姓名、单位　陈＊　、侯＊＊　,＊＊市公安局刑侦支队三大队

根据20＊＊　年_3_月_9_日＊＊市　公安局签发的＊公(刑)搜查字　〔0018〕号搜查证,对犯罪嫌疑人乌＊风的人身及其居住的　＊＊市＊＊路＊＊宾馆345房间　进行搜查。

见证人姓名、住址、单位陈＊＊,住＊＊省＊＊市＊＊路＊＊号,＊＊宾馆经理,电话:13＊＊＊＊＊＊＊＊＊

搜查的简要情况20＊＊年3月8日上午,群众报警称＊＊省＊＊市＊＊镇＊＊村椋翠庵发生杀人案件。经出警民警采取现场勘验。现场访问等侦查工作后发现,椋翠庵的管理人员焦＊云(男,63岁),其孙子焦＊＊(男,3岁)被人杀死,其妻子刘＊凤(女,58岁)被人打伤头部于椋翠庵卧室。经公安机关进一步侦查发现,3月8日住宿在＊＊路＊＊宾馆345房间的人员有作案嫌疑,随即侦查员于3月8日23时许赶到,对345房间的相关人员进行调查。在调查过程中,侦查员查明＊＊宾馆345房间的住客名为乌＊风,身份证号:35＊＊＊＊＊＊＊＊＊＊＊＊＊＊,福建省＊＊县人。乌＊风供认其就是20＊＊年3月8日凌晨在＊＊镇椋翠庵里行凶的凶手,20＊＊年3月9日0时许,侦查员在＊＊市＊＊广场＊＊宾馆将犯罪嫌疑人拘传到案,并且搜查了乌＊风的人身。乌＊风同时供述了其行凶时穿着的衣服,鞋子等衣物就在345房间里,侦查员随即在＊＊宾馆345房间找到了军绿色羽绒服外套壹件,黑色皮鞋壹双。另外侦查员在345房间内还找到乌＊风现使用的黑色带有蓝色边条纹“KONKA”牌手机壹部,该手机为一机双卡手机,两个手机号码分别为13＊＊＊＊＊＊＊＊＊＊＊,13＊＊＊＊＊＊＊＊＊＊＊,机身IMEI:3525＊＊＊＊＊＊＊＊＊2;红梅牌香烟壹包;乌＊风在＊＊宾馆住宿凭证壹张;人民币现金肆佰陆拾壹元整。

续表

在离开宾馆时,乌＊风办理了退房手续,退还住宿押金人民币壹佰肆拾贰元整。

上述的乌＊风相关的物品、财物,侦查员均进行了提取扣押,提取扣押过程均在见证人的见证下进行,犯罪嫌疑人乌＊风对提取过程无异议。

(以下空白)

侦查人员:侯＊＊,陈＊,杨＊＊

被搜查人或其家属:乌＊风

见证人: 陈＊＊

记录人: 杨＊＊

20＊＊年3月9日

表 3-12　扣押清单

编号	名称	数量	特征	备注
1	牛仔长裤	壹条	蓝色,有"SPRIT-Denia"字样	犯罪嫌疑人乌＊风身上衣物
2	羽绒服	壹件	"波司登"牌,军绿色,长袖外套	＊＊宾馆345房间内查获
3	皮鞋	壹双	黑色,鞋底有圆形花纹	＊＊宾馆345房间内查获
4	宾馆住宿登记凭证	壹张	华居宾馆345房间20＊＊年3月8日住房记录,上有"乌＊风"的签名	＊＊宾馆345房间内查获
5	人民币现金	肆佰捌拾壹元	100元面额2张、50元面额5张、20元面额1张、5元面额1张、1元面额6张	＊＊宾馆345房间内查获
6	人民币现金	壹佰肆拾贰元	＊＊宾馆退房所剩押金:100元面额1张,10元面额4张,1元面额2张	
	(以下空白)			
持有人:乌＊风 20＊＊年3月10日	见证人: 年 月 日	保管人: 年 月 日		办案单位(盖章) 办案人:侯＊＊,陈＊ 20＊＊年3月10日

本清单一式三份,一份附卷,一份交持有人,一份交公安机关保管人员。

(五)讯问犯罪嫌疑人

1. 讯问犯罪嫌疑人的基本要求

侦查人员应当对犯罪嫌疑人进行讯问,以获取犯罪嫌疑人供述和辩解。规范公安机关侦查讯问行为的法律规定主要有:《刑事诉讼法》第116条至第121条,《公安机关办理刑事案件程序规定》第193条至第204条,《公安机关讯问犯罪嫌疑人录音录像工作规定》(公通字〔2014〕33号)。

讯问应当符合以下程序要求:(1)讯问必须由2名以上侦查人员进行。(2)对犯罪嫌疑人传唤、拘传到案后应立即讯问,对于被拘留或者逮捕的犯罪嫌疑人,应当在拘留、逮捕后的24小时内进行讯问。(3)犯罪嫌疑人被送交看守所羁押以后,应当在看守所内进行讯问。对不需要逮捕、拘留的犯罪嫌疑人,可以传唤到犯罪嫌疑人所在市、县内的指定地点或者到他的住处进行讯问,但是应当出示人民检察院或者公安机关的证明文件。(4)讯问犯罪嫌疑人应当个别进行。(5)讯问聋、哑的犯罪嫌疑人,应当有通晓聋、哑手势的人参加,并且将这种情况记明笔录。讯问未成年犯罪嫌疑人,应当通知未成年人的法定代理人或其他合适成年人到场。(6)严禁刑讯逼供和以威胁、引诱、欺骗以及其他非法的方法获取犯罪嫌疑人的供述。不得强迫犯罪嫌疑人证实自己有罪。(7)对于讯问应当如实记载,并形成讯问笔录。笔录记录内容要全面、准确、清楚,与同步录音录像相一致。既要记录犯罪嫌疑人供述认罪的情况,也要记录翻供辩解的内容;记录要如实反映犯罪嫌疑人供述的原意,特别是对于涉及定罪定性的重要情节、重要供词,应尽可能地记录原话,对于涉及黑话、方言、特殊内容的词语也要用括号作说明解释;犯罪嫌疑人有回答的要记录,拒绝回答、沉默的场面也要记录,对于讯问过程中犯罪嫌疑人的表情、语气、体态语等也要用括号作准确适当的描写。讯问结束时,笔录应交犯罪嫌疑人核对,没有阅读能力的要向其宣读。核对无误后,在笔录的末尾由犯罪嫌疑人签明对笔录的意见:"以上笔录我看过(或向我宣读过),和我说的相符"并在笔录逐页末尾右下角签名(盖章)或按指印。如记录有差错、遗漏,应当允许犯罪嫌疑人更正或者补充,并在改正补充的文字上按指印。如果拒绝签名(盖章)或按指印,记录员应在笔录中注明。讯问笔录的书写应当用钢笔、毛笔或其他能长期保持字迹的书写工具。侦查人员也应当在笔录上签名。犯罪嫌疑人请求自行书写供述的,应当准许。必要的时候,侦查人员也可以要求犯罪嫌疑人亲笔书写供词。(8)对于侦查讯问应当同步录音录像。录音录像应当全程不间断进行,保持完整性,不得选择性录制,不得剪接、删改。录制完毕后,要用文字载明案由、对象、内容、录制时间、地点以及音像带的规格、名称、长度等,由有关人员签名,并妥善保管。

讯问应当有目的、有计划、有步骤地进行,并注意运用正确的讯问策略和方法。根据讯问次数的不同,讯问内容也有所不同。法律对第一次讯问,即初审规定了严格的法律程序,主要包括以下几个方面的内容:(1)问明犯罪嫌疑人的基本情况,包括姓名、曾用名、化名、出生年月日、民族、籍贯、文化程度、现住址、工作单位、职务与职业、家庭情况、社会经历、是否受过刑事处罚或行政处分,是否有精神病等情况。(2)告知犯罪嫌疑人有关的诉讼权利和义务,应当向犯罪嫌疑人宣读《犯罪嫌疑人诉讼权利义务告知书》或者交其阅读。(3)讯问犯罪嫌疑人是否有犯罪行为,让他陈述有罪的情节或者作无罪的辩解。第一次讯问笔录要做详细,有较为详细的自述经过,表达的是嫌疑人自然的叙述事情的起因、经过和结果,避免为突出犯罪构成要件而进行明显的内容删选,当然也不是对嫌疑人每句原话的摘录,对语言进行适当整理,突出重点,尤其是对定罪、量刑有关的情节都应该有反映。

记录过程中,要注意嫌疑人的文化水平、表达特点,叙事过程尽量要和嫌疑人的自身特点相匹配。(4)根据供述的情况进行具体提问。在记录自述经过之后,应对其中涉及的重点事实进行讯问,主要是围绕着具体罪名的犯罪构成以及影响量刑的事实,再单独重点予以明确记录。一般来说,讯问的内容是围绕犯罪的"七何"要素进行,问明犯罪人的情况,犯罪的时间、地点、动机、目的、起因、手段、后果等,尽可能通过讯问完整地再现犯罪过程。(5)适时结束第一次讯问。应根据犯罪嫌疑人具体表现而采用不同的方式方法结束第一次讯问。通常有两种方式,一是给犯罪嫌疑人减轻思想上的压力;二是给犯罪嫌疑人加大思想上的压力。数次讯问犯罪嫌疑人的,每次讯问应当侧重点不同,角度不同,讯问内容忌多次重复。

2."3·8"案件的讯问犯罪嫌疑人

"3·8"案件的犯罪嫌疑人乌＊风被拘传到案后,侦查机关立即对其展开讯问工作,形成如下讯问笔录以及同步录音录像,与犯罪嫌疑人诉讼权利义务告知书一并存档。

表 3-13　讯问笔录

讯 问 笔 录

时间:20＊＊年 3 月 9 日 1 时 36 分至20＊＊年 3 月 9 日 9 时 01 分
地点:＊＊市公安局执法办案中心＊号预审室
讯问人　程＊、江＊　　　　工作单位:＊＊市公安局刑侦支队三大队
记录人　刘＊＊　　　　　　工作单位:＊＊市公安局刑侦支队三大队
犯罪嫌疑人　乌＊风　性别　男　出生日期 1985 年 8 月 30 日
身份证件种类及号码　　35＊＊＊＊＊＊＊＊＊＊＊＊＊＊
联系方式　13＊＊＊＊＊＊＊＊
户籍所在地　＊＊省＊＊县＊＊乡＊＊村 123 号
现住址　　＊＊市＊＊＊＊宾馆

问:我们是＊＊市公安局刑侦支队民警(出示工作证),现在你被依法拘传,我们要对你进行讯问,你要如实回答我们的问题,对与本案无关的内容,你有拒绝回答的权利,我们将对本次讯问过程进行同步录音录像,你听明白了吗?

答:听明白了。

问:根据《中华人民共和国刑事诉讼法》的规定,你在被讯问期间有相应的权利和义务(递上犯罪嫌疑人权利义务告知书),你看一下。如果你无法阅读,我们可以向你宣读,是否清楚了?

答:我可以自己阅读。(认真阅读《犯罪嫌疑人权利义务告知书》3分钟)

问:你是否明白自己的权利义务?

答:明白了。

问:根据法律规定,你有权申请回避,你是否申请?

答:不申请。

问:根据法律规定,你有权委托辩护人,你是否委托?

答:如果有需要的话,我会委托家人为我聘请律师的。

续表

问:如果你经济困难,可以申请法律援助?你是否申请?
答:我知道了,我考虑一下。
问:你的身体是否有疾病?(编者注:这个讯问目的的主要是知晓嫌疑人是否有传染性疾病,讯问人员可以提前防范)
答:没有。
问:你有无精神病史或是家庭精神病遗传史?
答:都没有。
问:你现在精神状态如何,可以接受我们的讯问吗?
答:现在精神状态还可以,可以接受讯问。
问:你的个人基本情况,包括姓名、性别、出生年月日、身份证号码、民族、文化程度、工作单位及职务、户籍地、住址、是否曾受过刑事、行政处罚及处罚的具体情况。
答:我叫乌╳风,男,曾用名乌大头,汉族,1985年8月30日出生,大专文化,籍贯:╳╳省╳╳县,户籍地:╳╳省╳╳县╳╳乡╳╳村123号。现暂住╳╳市╳╳宾馆,无业,身份证号码:35╳╳╳╳╳╳╳╳╳╳╳╳╳╳╳,联系电话:13╳╳╳╳╳╳╳╳╳。以前没有受过法律处罚。(编者注:若有,应记明处罚的原因、时间、处罚单位、处罚情况、释放时间等内容。)
问:你是否为人大代表或者政协委员?
答:不是。(编者注:若是,应记明担任哪一级人大代表或政协委员)
问:说一下你的家庭成员情况。
答:父亲乌╳╳,70岁,在老家务农,联系电话:05╳╳╳╳╳╳╳╳╳,母亲陈╳╳,60岁,在老家务农。
问:说一下你入学、工作的简要经历。
答:7～12岁就读于╳╳小学,12～15岁就读于╳╳中学初中部;15～18岁就读于╳╳一中高中部;18～21岁就读于╳╳卫生学校;21岁至今先后在北京卖过手机、在山东卖过运动鞋、在广东中山做过二手房中介、在广西南宁办集成吊顶厂;2014年12月到╳╳市,现无业。(编者注:此问题主要针对身份或年龄有疑问的案件;如果犯罪嫌疑人对年龄没有辩解,或户籍年龄为22周岁以上且体貌特征明显超过22周岁的,可以不讯问入学、工作简要经历。)
问:你今天因何事被带至公安机关?
答:我知道是因为3月8日凌晨的时候,在╳╳镇╳╳村附近山上的桄翠庵打死两个大人和一个小孩的事情被你们公安机关抓获的。
问:按照我国刑法规定,犯罪嫌疑人如实供述自己罪行的,可以从轻处罚;因其如实供述自己罪行,避免特别严重后果发生的,可以减轻处罚。你听懂了吗?
答:我听懂了。
问:你把3月8日在桄翠庵打死人的事情经过讲一下。
答:好的。3月7日上午10点多的时候,我在╳╳广场公交车站坐11路车想去╳╳庙拜佛,大概11多的时候,我在╳╳公交车站下车,下车后我穿过一条小路,再穿过╳╳桥下,就到了╳╳村,然后我就顺着╳╳山庄围墙旁边的登山道上山了。在我经过桄翠庵的时候,我有在桄翠庵边上的一个亭子里休息,我看到有一个老太婆牵着一个小男孩,我就问那个老太婆桄翠庵旁边那条登山道可以去哪里,她告诉我可以去╳╳山,也可以去╳╳庙,那个小孩就问那个老太婆我是谁,那个老太婆就说我是登山的,我还问了老太婆小孩多大了,她告诉我小孩3岁了,我还开玩笑说3岁怎么长这么大了,当时我看到路边有卖土鸡蛋的牌子,我还问那个老太婆土鸡蛋怎么卖,她告诉我一斤25元,我说等我下山的时候来买,于是我就顺着桄翠庵旁边的那条登山道上山了。大概下午两三点的时候,我登到╳╳

续表

庙的墙角下,准备去吃素面的时候,发现身上没带钱,只剩下 1.5 元了,我听到有很多人的声音,觉得那么多人不好意思开口叫人白送给我香和纸钱来拜佛,于是我就下山准备到人少的枕翠庵那里拜佛,当时我是顺着另外一条登山道下山的,等我到枕翠庵的时候,差不多已经下午四五点,刚开始我在枕翠庵最前面的两个大殿里看了看,没过多久,我就听到有个老太婆的声音,准备过来关门,我害怕被她看到了,于是我就躲在面对枕翠庵左边的那个的大殿佛龛后面又躲了一阵后才出来在佛像前面的垫子拜佛。

问:当时你怎么想到去 ＊＊ 庙拜佛?后来为什么又去了枕翠庵拜佛?

答:我一直以来都有去寺庙烧香拜佛的习惯,2014 年 12 月份我来 ＊＊ 市的时候随身有带 2 万多元,准备找工作,后来觉得原先都是自己开店,从来没有打工过,觉得打工没面子,就想等过完年再看看,于是我就开始买彩票,想博一下赚点钱,除了我的住宿费外,其他的钱基本上都被我用来买彩票了,但最终都没赚到钱,于是我就想到 ＊＊ 庙拜佛能有好的运气。3 月初的一天下午,我自己一个人登 ＊＊ 庙,但那天登到 ＊＊ 庙的时候已经很迟了,没有拜佛就回去了,所以 3 月 7 号的时候,我就想再去 ＊＊ 庙上面拜佛,但是等到我到 ＊＊ 庙的墙角下,准备去吃素面的时候,发现自己身上没带钱,只剩下 1.5 元了,我觉得 ＊＊ 庙那里人太多,不好意思开口叫人白送香和纸钱给我,所以我就想下山到人少的枕翠庵拜拜佛。

问:你是怎么知道 ＊＊ 庙和枕翠庵那里可以拜佛的?

答:之前我在 ＊＊ 市读书的时候,就已经经常登 ＊＊ 庙了,对 ＊＊ 庙非常熟悉,另外也有去过枕翠庵,所以我知道 ＊＊ 庙和枕翠庵那里是可以拜佛的。

问:你刚才交代 3 月初的一天下午去 ＊＊ 庙拜佛,那次有没有去过枕翠庵?

答:没有,当时我是下午准备去 ＊＊ 庙拜佛的,但那天登到 ＊＊ 庙的时候已经很迟了,没有拜到佛就回去了。那天我登山的线路都没有经过枕翠庵,我也没有拐去枕翠庵。

问:那除了 3 月 7 日到过枕翠庵外,之前还有没有到过枕翠庵?

答:这次我是去年 12 月份来 ＊＊ 市的,只有 3 月 7 日这一次到枕翠庵,再之前就是我在 ＊＊ 市读卫生学校的时候有和同学一起去过,那是十几年前的事情了。

问:既然你是准备去拜佛的,为什么身上没有带钱?

答:我这个人经常丢三落四,记性也不好,很多时候也没在意自己身上带多少钱。我 3 月 7 日登 ＊＊ 庙,也是准备吃素面的时候才发现自己身上只剩下 1.5 元的。

问:你当时为什么会躲在枕翠庵的大殿佛龛后面?

答:当时我觉得枕翠庵里没什么人,就想自己能在里面拜佛,把心里想说的话慢慢地在佛前说出来。后来我听到那个老太婆要过来关门,心里害怕被她发现,所以我就躲在面对枕翠庵左边的大殿佛龛后面,想等她走了再出来拜。

问:你为什么不直接和那个老太婆说你是来拜佛的?

答:因为我拜佛要说的话很多,再说天黑了,那个老太婆要关门了,肯定不让我待在里面拜佛的。

问:那你躲在佛龛后面都做了些什么?

答:当时我躲在佛龛后面就是抽了两三根香烟,还有就是心里想些事情。

问:你当时抽的是什么牌子的香烟?

答:我抽的是红梅牌的香烟。

问:你一共抽了多少根的红梅牌香烟?

答:我记得有两三根香烟。

问:你身上带的香烟都抽完了吗?

续表

答:都抽完了。

问:你抽完这些香烟的烟蒂和包装盒现在何处?

答:我抽完香烟就顺手把烟蒂扔在佛龛后面的地板上了,至于香烟的包装盒我现在不记得扔在哪里了。

问:你当时去桅翠庵的时候,还有携带其他随身物品吗?

答:我当时有带一部康佳牌的手机,一个手机充电器,还有打火机和一包纸巾。

问:为何你登山拜佛要随身带着手机充电器?

答:因为我那天没有住在宾馆里,所以就把手机充电器带在身上,方便充电。

问:那你那个手机充电器现在何处?

答:我当时有把手机充电器放在我躲的那个佛龛台面上,后来因为我被关在大殿里,心里想着怎么出去,就把手机充电器忘在佛龛台面上了。

问:继续交代?

答:那个老太婆把桅翠庵的门关上后,我担心她又会下来,所以我又在佛龛后面躲了一段时间,具体当时躲了多长时间现在不记得了,我确定那个老太婆不会再下来,于是我就在大殿里开始拜佛了,我记得在桅翠庵前面的两个大殿里大概有拜了一两个小时的时间,等我拜完准备走的时候,发现桅翠庵的大门都被锁住了,于是我就在大殿里转来转去寻找出口,后来我发现在面对桅翠庵右边那个大殿的最右边角落有一扇铁门,我发现那个铁门的右下角有一个缺口,可以把头伸出去,本来我是打算从那个缺口钻出去的,后来发现身子出不去,等我把身子收回来的时候,那个铁门也跟着往里动,这时我把头抬起来,看到原来那个铁门是往大殿里面开的,而且没有上锁。(编者注:这种不易发现的案件细节对于证明犯罪有重要意义,在讯问中要特别注意。)于是我就从那扇铁门往台阶上走,原本我是打算顺着台阶上去,从房间旁的一个铁门出去,但我看到那个房间里的灯还亮着,心里就特别紧张,也很害怕,担心正对着房间台阶上去容易被人发现,于是我就绕到另外一边的台阶上去,心想快快地从房间门口跑出去不容易被人发现。正当我走到台阶平台上面的时候,一个老头子就从房间里冲了出来,看到我就大喊大叫,而且喊得很大声,外面的狗也在狂叫,那时候他说的不是普通话,我也听不懂他在喊什么,心里一想到他可能在喊"有人抢劫"之类的话,就越来越紧张。那个老头子从房间里冲出来后,在一根柱子旁边拿了一根很长的木棍朝我打过来,我躲避了一下,就顺手从左边纸箱旁拿起一根长1.2~1.3米,直径大概4厘米的木棍,用木棍的一头朝那个老头的头部和身体等部位敲击,大概连续敲了很多下,直把那个老头敲倒在地上,当时那个老头被我敲倒在地上的时候,我听到他很大的呻吟,嘴里好像还说着什么。我把那个老头打倒在地后,看到房间里那个老太婆把房间铁门锁上,那时候我心里非常害怕,担心那个老太婆中午的时候见过我,还和我说过话,会认得我,于是我就很用力用我的肩膀把房间的铁门撞开,没想到我就撞了一下就把那整扇铁门撞倒下来,我看到那个老太婆手里正拿着一部黑色的手机,心里害怕她会打电话报警,于是我就冲上去从她手里把手机抢过来扔在床铺上,我听她嘴里也是很大声的叫喊着,于是我就拿手里刚才敲打老头子的那根木棍继续往老太婆的头部和背部敲打,直把她也打倒在地,当时那个老太婆被我打倒在地上,原先被我撞开的那扇铁门好像斜压在她的身上。

问:你把老头子和老太太的情况讲一下?

答:那个老头子年龄大概60岁,有白头发,个子偏矮,身高大概有1.6米,体型偏胖;老太婆年龄有50多岁,身高1.5米多,中等体型。

问:当时老头子和老太婆穿着什么样的衣服?

答:当时我整个人都懵了,心里也很紧张、害怕,用木棍敲打老头子和老太婆的时候也是闭着眼睛

续表

的,现在根本想不起来当时老头子和老太婆穿什么样的衣服了。

问:你怎么知道房间旁边的那个铁门可以出去?

答:我之前在＊＊市读书登＊＊庙的时候,有去过枕翠庵的厕所,知道那个厕所就在房间旁边的铁门外面,我想主人要上厕所,不可能铁门是反锁的,肯定可以从枕翠庵里面把铁门打开出去的。

问:你当时心里害怕、紧张什么?

答:我也不知道。

问:你当时把那个老头打成什么样了?

答:当时我很紧张,就拿着那根木棍朝那个老头的头部和身体部位很用力地敲击,一直把他打倒在地,我记得那个老头被我打倒在地的时候,是脸朝上、脚朝房间旁的那个铁门方向、头朝我上来的那个台阶方向,我把老头打倒在地后就立即冲过去撞房间的铁门了,也没有留意他具体被我打成什么样,当时我有听到他在呻吟。

问:当时那个老头有没有被你打出血来?

答:我不知道。

问:当时那个老太婆都已经把房间的铁门关上了,你完全可以从旁边的铁门出去了,为何还要把房间的铁门撞倒,继而用木棍敲打对方?

答:当时我心里想那个老太婆把铁门关上了,对我有威胁,因为我上午登山的时候有和她说过话,她会认得我,担心她会报警抓我。

问:你说你当时有从那个老太婆手里抢过来一部手机?

答:是的,当时我把铁门撞开后,那个老太婆就在门后面,我看她手里拿着一部黑色的手机,担心她打电话报警抓我,所以我就抢过来,顺手扔在床铺上了。

问:你当时把那个老太婆打成什么样了?

答:我当时也是拿着打老头子的那根木棍敲打那个老太婆的,她被我打倒在房间的门口,头在房间的外面、脚在房间的里面,后来我离开的时候,从老太婆身边走过去时看到她的头部附近的地板上流了很多血。

问:你当时是怎么把房间铁门撞开的?

答:我是用我的肩膀把房间的铁门撞开的,但我现在不记得是用哪一边的肩膀了。

问:你把铁门撞开后,有没有将铁门进行移位?

答:我把铁门撞开后,铁门刚开始斜靠在墙边,我用棍子打老太婆的过程中,记得好像有用脚踩了几下那扇铁门,后来那扇铁门有压在那个老太婆的背上。

问:你把那个老太婆打倒在地上之后呢?

答:我把老太婆打倒后,我看到上午登山时老太婆牵的那个小男孩坐在床铺上一直哭,我就过去把那个小孩抱起来,我看到那个小孩还在哭,我就用一只手去捂住他的嘴巴,不让他哭,捂了一会儿,他还在哭,那时候我听到那个老太婆嘴里好像还在说些什么,于是我就抱着那个小孩走过去看看那个老太婆会不会爬起来,看到那个老太婆没有爬起来,嘴里也不知道说些什么,再加上小孩又在哭,我心里就更害怕了,于是我就顺手把那个小孩放在房间靠近冰箱的地板上,然后我到床铺拿了一个枕头过来盖住那个小孩的头部,把枕头按了下去,一直按到小孩没有声音了才把手松开,之后我就把枕头扔在床铺上了。

问:你去捂小孩的时候,手里还有拿那个木棍吗?

答:没有,我把那个老太婆打倒在地后,我记得把那个木棍靠在什么物体旁边,但具体靠在什么地方现在不记得了。

续表

问:当时那根木棍是怎么靠的?

答:我记得我手握的一头朝上,另一头朝下,靠在什么物体旁边。

问:当时木棍上有无血迹之类的东西?

答:我不知道,那时候我也没注意。

问:为何那个小孩坐在床上哭,你要用枕头捂他?

答:当时那个小孩一直哭,外面的狗也一直在叫,我担心被人发现了,所以我就想用枕头把他捂住,不让他出声。

问:你当时是怎么用枕头捂小孩的?

答:我把小孩放在地板上的时候,我在床上拿了一个枕头,刚开始是用双手拿住枕头的两端将枕头盖住小孩的头部,后来小孩一直在哭,于是我就用双手对准小孩的嘴巴和鼻子部位把枕头按下去,刚开始是轻轻地按住,后来有用很大力气按住。

问:你当时双手对准小孩的嘴巴和鼻子部位把枕头按下去,一共按了多长时间?

答:具体多长时间我也不知道,反正那个小孩没有声音了,我才把双手松开。

问:你是否知道这样做会有什么后果?

答:我知道这样做会把人捂死。

问:那你当时为什么要那么做?

答:我当时也没有想太多,反正就想着不要让那个小孩发出声音。

问:那你后来把那个小孩弄成什么样?

答:我用枕头捂完那个小孩后,那个小孩就躺在地板上,我觉得那个小孩当时还有气在,好像喉咙口还有声音发出来。

问:之后呢?

答:那时候我整个感觉很渴,于是我就把房间里的冰箱打开,想看看里面有没有什么可以喝的,冰箱里堆了很多东西,都是吃的,没有喝的,由于我翻动得比较快,把冰箱里的一些东西翻落在地上,具体是什么东西我也没有在意,然后我就去床头旁边的架子上找衣服,想找一件可以穿的衣服,正当我在找衣服的时候,看到架子上有一个钱包,我打开钱包看到里面有很多钱,于是我就顺手从钱包抽了一部分钱走,然后我把钱包放在电视旁边的桌面上,之后我就把一件男式棉袄穿在身上,并在房间里拿了一把折叠伞,喝了点房间外面水桶里的水,从房间旁边的铁门出去了,然后沿着上午登山的原路返回,那时候大概凌晨一点多钟。

问:你当时把冰箱里面的什么东西翻落在地上?

答:我就记得冰箱里面有很多东西,印象中有鸡爪、猪蹄,具体的也记不清。

问:你当时为何想在房间里找衣服?

答:我当时就是想下山的时候,穿着别人的衣服,拿着雨伞,可以避开路上的摄像头,这样你们就不容易找到我。所以我在房间拿了一件男式的棉袄和一把折叠雨伞。

问:那件男式棉袄和折叠雨伞现在何处?

答:我在下山的过程中,就把雨伞扔掉了,具体扔在哪里我也不记得了,当时心里就是害怕;那件男式棉袄被我扔在★★酒店附近一个小区门口的垃圾桶里了。

问:你说你在找衣服的时候,还找到了一个钱包?

答:是的。

问:当时钱包里有什么东西?

答:我记得钱包里有很多钱,百元面值的有好几张,还有很多零钱。

续表

问：你当时拿了多少钱走？
答：我当时就是顺手一拿，有几张百元面值的，也有很多零钱，大概有大几百元，具体数目也没有数过。
问：你当时有没有把钱包里的钱都拿走？
答：没有。我印象中还有挺多的钱在钱包里，我就放在电视旁的桌子上。
问：为何没有将钱包里的钱都拿走？
答：我这次不是为了钱才去做这个事情的，当时我就是想身上没钱了，拿点钱打车回去，还可以买些东西吃。
问：你后来去了哪里？
答：我下山后，一直走到快到＊＊酒店附近的一个小区门口，顺手把那件男式棉袄丢在垃圾桶里，然后拦了一辆出租车回到＊＊城市广场，在＊＊城市广场附近的一家便利店，我买了两瓶营养快线饮料，之后我又拦了另外一辆出租车去＊＊宾馆，在路上的时候，我打电话给宾馆开房间，住在345房间，到了3月8日晚上就被你们公安抓了。
问：你是否记得当时乘坐出租车的车牌号？
答：当时乘坐什么样的出租车、车牌号多少、付了多少车费，我现在都不记得。
问：你当时穿什么样的衣服、裤子和鞋子？
答：我当时穿一件军绿色的羽绒服，一条牛仔裤和一双黑色的皮鞋。
问：现在这些衣服、裤子和鞋子在什么地方？
答：我在＊＊宾馆被你们公安机关抓的时候，当时穿的衣服、裤子和鞋子都被你们公安人员提取走了。
问：你回到宾馆后，有去过其他地方吗？
答：3月8日下午的时候，我有在＊＊人才储备中心附近的一家五金店买了一把墙纸刀，后来晚上还和几个网友（具体的名字不知道，只知道网名，存在我的手机QQ里）一起到省图书馆附近的一家店吃火锅，花了160元，吃完晚饭回到宾馆的时候就被抓了。
问：为什么你要去买墙纸刀？
答：因为我后悔做了那些事情，我想买墙纸刀自杀，但我一直在挣扎，我想见父母最后一面，后来我就把墙纸刀扔在路边的垃圾桶里了。
问：你当时拿走的那些钱现在在何处？
答：吃饭花了160元，开宾馆花了300元，还有花掉的一些钱也不记得了，剩下的钱在我被抓的时候都被你们公安人员查扣了。
问：我们今天先问到这里，你还有什么要补充的吗？
答：没有。
问：今天你讲的是不是事实，是不是你真实意思的表达？
答：是事实。
问：你核对一下笔录，如果记载有遗漏或者差错，你可以提出补充或者改正。确认笔录没有错误后，请签名、捺印。
答：以上共＊页笔录看过，与我所说相符。（犯罪嫌疑人手写）
犯罪嫌疑人：乌＊风（签名捺印） 　　　　20＊＊年3月9日
讯问人：程＊，江＊（签名）　　　　　　　　　　　　记录人：刘＊＊（签名）

犯罪嫌疑人诉讼权利义务告知书(图片)

同步录音录像(图片)

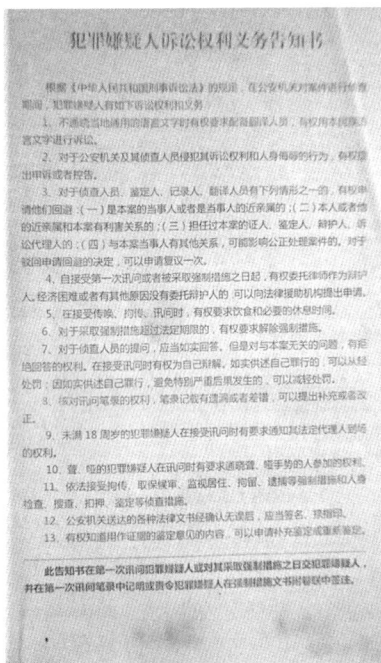

图 3-1

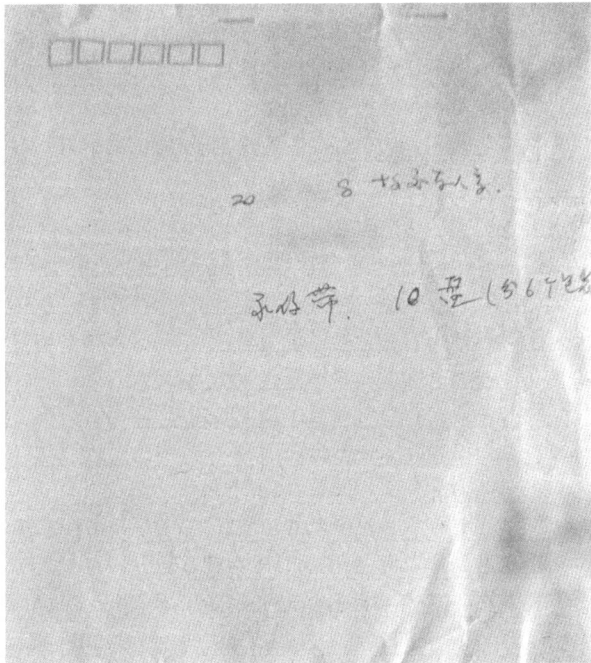

图 3-2

以上是"3·8"案件对犯罪嫌疑人乌 * 风的第一次讯问笔录,该案侦查期间共形成讯问笔录 9 份。第二次讯问是在犯罪嫌疑人乌 * 风辨认现场后进行的,时间是 20 ＊＊ 年 3 月 9 日 20 时 40 分至 20 ＊＊ 年 3 月 10 日 3 时 20 分,讯问地点是 ＊＊ 市公安局执法办案中心。本次讯问,在犯罪嫌疑人陈述案情的过程中,侦查人员围绕犯罪动机、主观方面有针对性地进行讯问,通过讯问排除了嫌疑人为谋财而害命的动机,确认嫌疑人对死亡结果持放任心态的主观故意。

第三次讯问时间是 20 ＊＊ 年 3 月 10 日 4 时至 20 ＊＊ 年 3 月 10 日 4 时 10 分,地点是 ＊＊ 市公安局执法办案中心,主要内容是向犯罪嫌疑人宣布刑事拘留并询问其意见。

第四次讯问时间是 20 ＊＊ 年 3 月 10 日 15 时 36 分至 20 ＊＊ 年 3 月 10 日 16 时 40 分,地点是 ＊＊ 市第一看守所预审室,讯问内容是犯罪行为实施过程,重点是犯罪主观方面。本次讯问起到巩固前 2 次讯问笔录的作用。

第五次讯问时间是 20 ＊＊ 年 3 月 17 日 15 时 32 分至 20 ＊＊ 年 3 月 17 日 16 时 48 分,地点是 ＊＊ 市第一看守所预审室,内容是向乌 * 风宣布逮捕并询问其意见,并再一次讯问犯罪嫌疑人实施犯罪的过程。

第六次讯问时间是 20 ＊＊ 年 3 月 17 日 16 时 51 分至 20 ＊＊ 年 3 月 17 日 17 时 05 分,地点是 ＊＊ 市第一看守所预审室,内容是告知鉴定意见并询问其意见。

第七次讯问时间是 20 ＊＊ 年 3 月 27 日 9 时 30 分至 20 ＊＊ 年 3 月 27 日 11 时 26 分,

地点是＊＊市第一看守所预审室,主要针对犯罪嫌疑人实施犯罪行为的过程中不符合常理的地方进行讯问,让犯罪嫌疑人进一步解释实施犯罪行为的动机、目的,另外对其杀人后劫取被害人财物的动机、数量及去向等进行讯问,排除抢劫定性。

第八次讯问时间是20＊＊年4月16日15时40分至20＊＊年4月16日16时55分,地点是＊＊市第一看守所讯问室,内容一是巩固之前的供述,二是确认犯罪嫌疑人是否申请法律援助。

第九次讯问时间是20＊＊年4月24日10时45分至20＊＊年4月24日11时35分,地点是＊＊市第一看守所讯问室,内容是送达鉴定意见通知书,告知鉴定意见并询问其意见,并再一次讯问案件细节,如犯罪行为实施完毕后来往的人员情况等。

（六）询问证人、被害人

1. 询问证人、被害人的基本要求

询问证人、被害人应遵循的法律规范主要有:《刑事诉讼法》第122条至125条,《公安机关办理刑事案件程序规定》第205条至207条。

询问证人、被害人应当注意以下事项:(1)在询问前,侦查人员应当熟悉案件的有关情况和材料,了解证人、被害人的身份,以及证人、犯罪嫌疑人、被害人之间的关系,明确询问的目的,确定需要查清的问题,做好充分准备。(2)询问证人、被害人,可以出示工作证件后在现场进行;到证人、被害人所在单位、住处或者证人、被害人提出的地点进行的,应当经办案部门负责人批准,制作询问通知书,并出示询问通知书和工作证件;在必要的时候,也可以通知证人、被害人到公安机关提供证言。(3)询问证人、被害人应当个别进行。(4)询问证人、被害人时,应当告知其依法享有的各种诉讼权利和应当履行的诉讼义务,尤其要告知他应当如实地提供证据、证言和有意作伪证或者隐匿罪证要负的法律责任。(5)询问不满18岁的证人、被害人,应当通知其法定代理人到场;询问聋、哑证人、被害人,应当有通晓聋、哑手势的人做翻译,并将这种情况记入笔录;询问不通晓当地语言文字的人、外国人,应当为其聘请翻译。(6)询问证人、被害人,一般应先让证人、被害人就其所知道的情况作连续的详细叙述,然后根据其叙述结合案件中应当判明的事实和有关情节,向证人提出问题。侦查人员不得向证人、被害人泄露案情或者表示对案件的看法。(7)对证人、被害人的叙述,应当制作笔录,交证人、被害人核对或者向他宣读。如果记载有遗漏或者差错,证人、被害人可以提出补充或者改正。证人、被害人承认笔录没有错误,应当签名或者盖章,侦查人员也应当在笔录上签名。应当允许证人、被害人进行书面陈述。

2.“3·8”案件的询问证人、被害人

“3·8”案件侦查人员在案件初查阶段,在案发现场询问了报案人、其他案发现场人员、被害人的家属、被害人的工作联系人,形成询问笔录6份。在后续侦查阶段,为查清案发过程,询问了被害人,制作被害人笔录1份;为寻找被犯罪嫌疑人丢弃的本案物证,询问了环卫工人,制作笔录2份;为查明案发后犯罪嫌疑人的行动轨迹,询问了犯罪嫌疑人的网友,制作笔录3份;为查明犯罪嫌疑人的经济情况,询问了与犯罪嫌疑人有经济来往的同学朋友,制作笔录 2 份;为查明犯罪嫌疑人的个人情况、精神状况,询问了其亲属、乡邻,制作笔录 4 份;为了查明犯罪嫌疑人案发后的逃跑路线,询问了出租车司机,制作询问笔录 2 份。

这里举其中一例说明询问笔录及相关诉讼文书的制作方法和格式。

表 3-14　询问笔录

询 问 笔 录①

时间:20＊＊年 3 月 8 日 17 时 30 分至 20＊＊年 3 月 8 日 19 时 10 分

地点:＊＊市＊＊镇＊＊村

侦查员姓名、单位(签名)余＊、陈＊＊,＊＊市公安局刑事侦查支队

记录员(签名)余＊,单位:＊＊市公安局刑事侦查支队

被询问人:焦＊德,男,1984 年 12 月 1 日出生,联系方式:13＊＊＊＊＊＊＊＊＊

问:我们是＊＊市公安局刑事侦查支队的民警(出示工作证件),现依法向你询问有关案件的相关情况,你应当如实回答,对与本案无关的问题你有权拒绝回答,你明白吗?

答:我听明白了。

问:现向你宣读《证人权利义务告知书》(向当事人宣读《证人权利义务告知书》,交将《证人权利义务告知书》交予当事人签字),你对你的权利义务是否已经了解清楚?

答:我知道了。

问:讲一下你的个人基本情况。

答:我叫焦＊德,男,1984 年 12 月 1 日出生,户籍地:福建省＊＊市＊＊区＊＊镇＊＊村＊＊号,现住:＊＊镇＊＊小区＊座＊＊室,工作单位:＊＊＊公司,联系方式:13＊＊＊＊＊＊＊＊＊,大学文化。

问:你何时到＊＊市的?

答:我是 20＊＊年前后到＊＊市打工的

问:你与刘＊凤、焦＊云、焦＊＊三人是什么关系?

答:刘＊凤是我妈妈,焦＊云是我爸爸,焦＊＊是我儿子。

问:现告知你我们公安机关今天白天接到报案称＊＊村山顶的桄翠庵内发现两具男性尸体,以及一个女性受伤人员,经查两具男性尸体分别是焦＊云、焦＊＊,女性受伤人员是刘＊凤,你知道了吗?

答:我知道了。

问:你有多少亲戚在＊＊市生活或者工作,说说他们的基本情况?

答:我在＊＊市的亲戚有:1.我爸爸焦＊云:19＊＊年＊月＊日出生,手机:13＊＊＊＊＊＊＊＊＊,在桄翠庵当管理员;2.我妈妈刘＊凤:……3.我姐姐＊＊＊:……4.姐夫＊＊＊:……5.我老婆＊＊＊:……6.我儿子焦＊＊:……(编者注:说明各人的出生日期、工作单位、联系方式。)

问:你父母亲是什么时候到＊＊市来的?

答:他们是 20＊＊年＊月底到＊＊市来的。

问:你父母亲到＊＊市后在哪里工作。

答:我父母亲一到＊＊市就到＊＊村山上的桄翠庵里做管理人员。

问:你父母亲在桄翠庵里主要负责什么工作?

答:平时负责管理寺庙的安全,有香客来烧香时帮忙香客做做杂事,打扫寺庙等。

---

① 本次询问是侦查人员出示工作证件后在现场进行的,所以无须制作询问通知书。

续表

问:你父母亲在枕翠庵里做管理人员的工资是多少?

答:他们在枕翠庵做管理人员是没有工资的,平时他们在里面可以卖些香烛纸钱之内的,赚的就是平时的生活费。还有就是周末会有四五个比较固定的人到山上的庙里去打麻将,有时开一桌麻将桌有时开两桌,他们一般都是从早上 8 点多开始在庙里打麻将打到下午四五点下山,中午在枕翠庵里煮面吃或者煮饭吃,我爸妈帮他们煮面或者煮饭并收他们一些加工费。还有就是有的香客民间过节期间要在庙里放贡品做祭祀,他们会提前一两天给我爸打电话叫我爸帮忙去买贡品,并把贡品做好摆好放在庙堂里让香客来做祭拜,这样我爸也可以赚一点小钱,所以我爸妈在枕翠庵里做管理人员是没有工资的。

问:你爸妈是通过谁介绍到枕翠庵去做管理人员的?

答:好像是家里的亲戚介绍来的。

问:你爸妈在负责管理枕翠庵期间都是住在寺庙里面吗?

答:是的,他们都是住在里面,枕翠庵前堂是烧香的拜佛的地方,后院就是我爸妈的生活区,总共有两间卧室。

问:你爸妈在枕翠庵做管理人员有几年时间了?

答:他们从 20＊＊ 年 ＊ 月底接手管理枕翠庵至今已经有 9 年左右的时间了。

问:你平时有住在枕翠庵里吗?

答:我结婚前偶尔会去枕翠庵住几天,但是不多,20＊＊ 年 ＊ 月我结婚后就没有在枕翠庵里住过了。

问:你父母亲平时有没有跟什么人发生过口角或者矛盾?

答:都没有。我父母亲都是老实人,他们平时接物待人做得都很好,要不然也不会在枕翠庵做了那么多年。就是 2014 年七八月份的时候枕翠庵管委会的张＊＊想赶我爸妈离开枕翠庵,但是我爸妈没有亲耳听到＊＊＊这样说,这话是我爸听香客说的。

问:张＊＊为何要赶你爸妈离开枕翠庵?

答:因为我爸妈在枕翠庵做得很好,大家来烧香的香客都是称赞我爸妈做事做得很好,有时候有些在＊＊村做生意的老板或者其他一些做生意的大老板到枕翠庵还愿时都会主动给我爸妈一些红包,有几次都被张＊＊看到,所以张＊＊会不高兴。本来这些还愿的钱是丢进庙里的功德箱里的然后隔一段时间张＊＊就会来庙里打开功德箱把里面的香油钱拿走,但是有的来还愿的老板不愿意把钱丢进功德箱,他们更愿意把钱以红包的形式给我父母亲,因为他们觉得我父母亲做事做得很好很感谢我父母。

问:你父母有没有因为这些事跟张＊＊发生过口角?

答:以前从来都没有跟张＊＊吵过架,20＊＊ 年有没有我就不知道了,因为 20＊＊ 年我儿子出生后就很少到枕翠庵,平时我妈妈也都是在我＊＊镇的家里帮我带小孩,只有周末才会上山帮我爸打理一下庙里的事。

问:你爸妈在枕翠庵一个月能赚多少钱?

答:不一定,有的时候三四千,有的时候四五千,平均一个月赚三千多块钱应该有。

问:你爸妈平时赚的钱是存在银行里还是放在枕翠庵的宿舍里?

答:我不太清楚这些事,我只知道平时我爸会放一点货款在身上,用来进一些香烛,或者是帮忙别人买贡品之类的,但是一般放个一两千块钱在身上。

问:说一下枕翠庵里的功德箱平时是由谁来管理的?

答:我知道我爸有一把功德箱的钥匙,平时遇到初一、十五或者其他一些祭祀活动有很多香客来

续表

敬香时或者有一些大老板来还愿时都会投钱进功德箱,每次功德箱开启的时候管委会的人都会在场,他们把钱清点好后就带走了。还有一种情况是有一些香客不愿意把钱投进功德箱,他们就直接把钱拿给我爸,让我爸帮他们去买香油并定期帮忙添加香油。

问:说一下你爸妈妈平时在桄翠庵里的生活规律?

答:前几年我还没有生小孩时都是我爸妈两人长期居住在桄翠庵里面,平时打扫寺庙的卫生,卖些香烛纸钱之内的东西,周末时帮来寺庙打麻将的人煮煮饭或者煮煮面。他们两个老人一般早上6点多开寺庙门,打扫下寺庙门口的登山道,擦擦供桌之类的,到了晚上五六点钟这样就关寺庙门了,具体关门时间看季节,夏天天黑得晚就晚点关,冬天天黑的早就早点关。20＊＊年＊月＊日我儿子出生,之后我妈妈就到＊＊镇我买的套房里帮我带小孩,一般只有周末两天才会上山帮我爸爸一起打理寺庙。这两年我妈一般都是周六早上6点钟从＊＊镇坐公车到＊＊村村口,然后走路上山,到周日下午三四点钟这样下山,从＊＊村坐公交车回＊＊镇。

问:这次你妈妈是何时上山的?

答:这次我妈妈去桄翠庵的时间比较久,有一周左右时间。20＊＊年＊月＊日我妈带着我儿子一起上山,直到今天你们公安机关通知我说我们父母以及儿子遇害。

问:你儿子以前有去过桄翠庵吗?

答:有,总共去过三次,前两次都是周末去两天回家了,这次在寺庙的时间比较长,头尾待了一个星期。

习:为何这次你妈妈带着你儿子在桄翠庵待了那么长时间?

答:因为现在年底了,我和我老婆单位加班比较频繁,没时间在家陪小孩,还有一个就是我妈怕我爸一个人在山上做事情太累,所以也想在山上多待几天,给我爸帮帮忙,所以我妈这次就带着我儿子一起上山住的时间比较久。

问:你回忆一下你最后一次跟你爸妈联系是什么时候。

答:20＊＊年3月7日晚19点37分,我给我妈打电话,我妈没接,19点38分我妈回电话给我,我们通话了三四分钟。

问:你回忆一下你最后一次跟你妈妈通话三四分钟都说了什么?

答:我妈跟说我了带小孩的事,她说带小孩很累,都没有睡觉之类的,还有就是说了桄翠庵寺庙管委会的几个领导3月7日有到庙里给神像洗脸净身,还说下周一(指3月9日)想把小孩子送下山,但是周一有人在庙里定了一桌贡的菜,我爸周一要下山买菜,所以周一要帮忙我爸做事,等到周二再带我儿子下山。我们就说了这些,说到一半时不知道是不是山上信号不好还是我妈手机没电的原因通话就中断了,之后我就没有再回拨过去了。

问:你跟你老婆平时有没有在单位或者社会上与人结怨?

答:都没有。

问:你爸妈之间的感情如何?

答:他们之间感情很好。

问:你爸妈双方有没有谁有涉及外遇之类的事情。

答:没有。

问:你爸妈在外是否与人有经济纠纷?

答:没有。

问:你以及你老婆还有你姐姐、姐夫跟你父母亲之间的关系相处得如何?

答:我们一家人的关系都非常好。

续表

问:你认识那些到桅翠庵里打麻将的常客吗？ 答:我一个都不认识。 问:你最后一次到桅翠庵寺庙是什么时候？ 答:我记不清了,我有好几个月没上去了。 问:你以上所说是否属实？ 答:属实。 问:以上笔录你看一下,与你所说是否相符？ 答:以上笔录我看过,与我所说相符。焦＊德20＊＊.3.8	
侦查员:余＊,陈＊＊	

（编者注:这份笔录格式正确,语言规范,提问全面且有针对性,值得学习。）

表 3-15 呈请询问通知报告书

领导 批示	
办案 部门 意见	同意 陈＊＊ 20＊＊年 4 月 7 日

呈请询问通知报告书

根据 20＊＊.3.8 故意杀人案的侦办需要,拟对本案被害人家属焦＊德进行询问,理由如下:

20＊＊年 3 月 8 日上午 8 时许,接到群众报警称:＊＊市＊＊镇＊＊村桅翠庵发生杀人案件,庵内管理人员焦＊云(男,63 岁,＊＊省＊＊市人,身份证 35＊＊＊＊＊＊＊＊＊＊＊＊)和其孙子焦＊＊(男,3 岁,＊＊省＊＊市人,身份证 35＊＊＊＊＊＊＊＊＊＊＊＊)被杀死在桅翠庵内,其妻子刘＊凤(女,58 岁。＊＊省＊＊县人,身份证 35＊＊＊＊＊＊＊＊＊＊＊＊)头部受重伤。我局立即启动命案侦破机制并立案侦查,发现犯罪嫌疑人乌＊风有重大作案嫌疑。3 月 8 日 23 时许,我队在＊＊市＊＊路＊＊宾馆345 房间抓获犯罪嫌疑人乌＊风,经审查,乌＊风对其在＊＊镇＊＊村山上桅翠庵杀人作案、并于杀人后从被害人的钱包中拿走几百元现金的犯罪事实供认不讳。根据案件侦办需要,需向被害人家属了解被害人相关情况并进行尸体辨认。

综上所述,根据《中华人民共和国刑事诉讼法》第一百二十二条之规定,拟对本案被害人家属焦某德进行询问。

妥否,请批示。

呈请单位:＊＊市公安局刑事侦查支队三大队
呈 请 人:陈＊＊,杨＊＊
二〇＊＊年四月六日

表 3-16　询问通知书

＊＊市公安局

询问通知书

（副本）

＊公（刑）询通字［20＊＊］00055 号

　　　　焦＊德　　　：

我局正在办理　20＊＊.3.8 故意杀人　案，为查明案件事实，根据《中华人民共和国刑事诉讼法》第一百二十二条之规定，通知你于　20＊＊年 4 月 8 日 09 时　到　＊＊市公安局刑侦支队询问室　接受询问。

＊＊市公安局（印）

二〇＊＊年四月七日

本通知书已经收到。

被询问人焦某德（签字）

20＊＊年 4 月 7 日

此联附卷

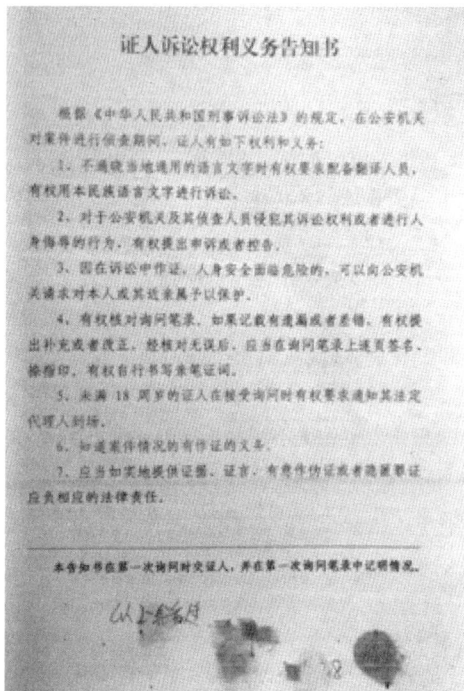

图 3-3

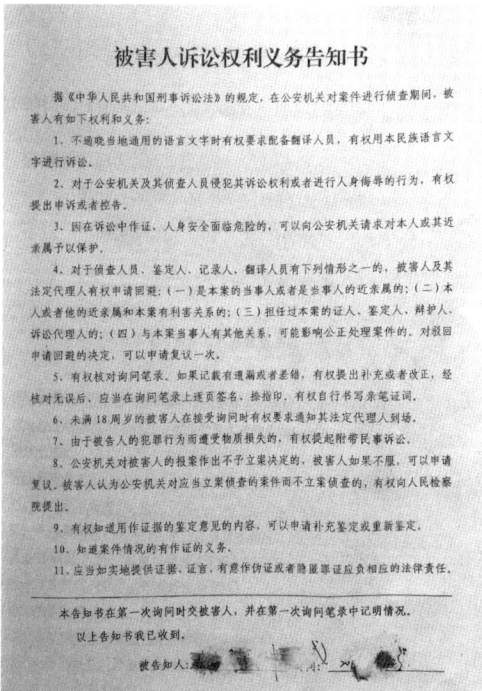

图 3-4

（七）鉴定

1. 鉴定的基本要求

公安机关在侦查过程中遇到一些专门性的问题,需要指派或者聘请具有专门知识的人利用专业知识对这些问题进行鉴别和判断,形成鉴定意见。鉴定需要聘请有专门知识的人进行,应当经县级以上公安机关负责人批准后,制作鉴定聘请书。侦查人员应当做好检材的保管和及时送检工作,并注明检材送检环节的责任人,确保检材在流转环节中的同一性和不被污染。送检时侦查人员应当向鉴定人介绍与鉴定有关的情况,并且明确提出要求鉴定解决的问题。鉴定后,鉴定人应当出具鉴定意见并签名,同时附上鉴定机构和鉴定人的资质证明或者其他证明文件。多人参加鉴定,鉴定人有不同意见的,应当注明。对鉴定意见,侦查人员应当进行审查,对经审查作为证据使用的鉴定意见,公安机关应当及时告知犯罪嫌疑人、被害人或者其法定代理人。

2. 本案的鉴定工作

本案涉及的专门性问题包括:被害人焦＊云和焦＊＊的死亡原因、被害人刘＊凤的伤害程度,现场提取的指纹、脚印、血迹是否与犯罪嫌疑人的相一致等。本案经鉴定,形成《鉴定聘请书》《鉴定意见通知书》等诉讼文书,以及四份《鉴定意见》:(1)关于焦＊云死亡原因的鉴定意见:焦＊云系被他人用棍棒类钝器打击头部致重度颅脑损伤死亡;(2)关于焦＊＊死亡原因的鉴定意见:焦＊＊系被他人捂压口鼻部导致窒息死亡;(3)关于刘＊凤人身损伤程度的鉴定意见:刘＊凤的损伤属轻伤一级;(4)关于现场提取的血迹、指纹、脚印等生物检材、痕迹物证的鉴定意见。这里以指纹同一鉴定为例说明相关诉讼文书以及鉴定意见的制作方法和格式。

表 3-17　鉴定聘请书

＊＊市公安局

鉴定聘请书

＊公(刑)鉴聘字〔20＊＊〕00058 号

＊＊市公安局物证鉴定所:

　　为了查明　　20＊＊.3.8 故意杀人案　　案,根据《中华人民共和国刑事诉讼法》第一百四十四条之规定,特聘请你对　　本案被害人焦＊云、焦＊＊死亡原因出具法医鉴定意见,对被害人刘＊凤伤情出具法医鉴定,对本案侦查过程中依法提取的并送检的生物检材、痕迹物证　　进行鉴定。请于　20＊＊　年　3　月　16　日前将鉴定情况和意见书面送交我(分)局。

＊＊市公安局(印)
二〇＊＊年三月八日

本聘请书已收到。

　　被聘请人:杨　＊　吴＊＊　洪＊＊　林＊

(编者注:鉴定聘请书共三联,正本交被聘请人,副本公安机关附卷,另有存根联。)

表 3-18　鉴定文书

鉴 定 文 书

*公鉴〔20**〕303号

一、绪论

1. 委托单位:**市公安局刑事侦查支队三大队

2. 送检人:陈*,郭**

3. 受理日期:20**年3月10日

4. 案(事)件简要情况:20**年3月8日早上8时许,群众发现**省**市**镇**村山上栊翠庵管理人员焦*云及其孙子焦**被人杀死、其妻子刘*凤被人击伤昏倒卧室床上(案件编号:A3501******************)。

5. 送检检材/样本:

检材一,红梅牌香烟盒外包装塑料膜上的指纹,编号为20**H0012-1;

样本一,嫌疑人乌*凤指指纹卡一份(身份证号35**************;户籍地:**省**县底乡山村**123号,)编号为20**H0012-2.

6. 鉴定要求:编号为20**H0012-1的现场指印与编号为20**H0012-2的乌*凤十指指印捺印样本是否为同一人所遗留。

7. 鉴定开始日期:20**年3月10日。

8. 鉴定地点:**市公安局物证鉴定所。

二、检验

1. 检验方法:《手印鉴定程序》GA/T724-2007,《手印鉴定书的制作》GA/T145-1996。

2. 编号为20**H0012-1的现场指印遗留在栊翠庵伽蓝殿佛像台上的**牌香烟盒外包装塑料膜上,502熏显,拍照提取,纹线较清晰(见照片一)。根据其形态,纹线的倾斜流向分析为指印。据观察,发现其有明显稳定的细节特征,具备同一认定的条件。

编号为20**H0012-2的乌*凤食指捺印样本为活体采集仪采集,纹线清晰,捺印完整,有明显稳定的细节特征,具备同一认定的条件(见照片二)。

3. 将编号为20**H0012-1的现场指印与编号为20**H0012-1的乌*凤十指指印捺印样本的左手拇指指印同倍放大观察。发现不仅纹线的倾斜流向相同,而且在相应部位共找到12个相同的细节特征。它们的形态、位置、数量及相互关系均相吻合,未发现明显差异(见照片三、四、五、六)。

三、论证

编号为20**H0012-1的现场指印与编号为20**H0012-2的乌*凤十指捺印样本的左手拇指指印的纹线倾斜流向分别相同,具体形态相一致,且细节特征的形态、位置、数量及相互关系分别吻合,充分反映了其二者的同一性。这些特征的存在,形成了特定的总和,反映了特殊本质,为其他人所不能重复出现,构成了同一认定的客观依据。

四、鉴定意见

编号为20**H0012-1的现场指印与编号为20**H0012-2的乌*凤指印捺印样本左手拇指指印为同一个人所遗留。

续表

附件:照片(共 4 页)

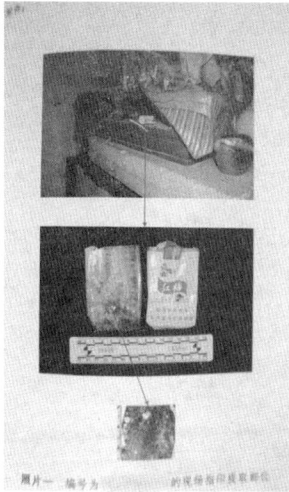

照片一 编号为 的现场指印及提取部位

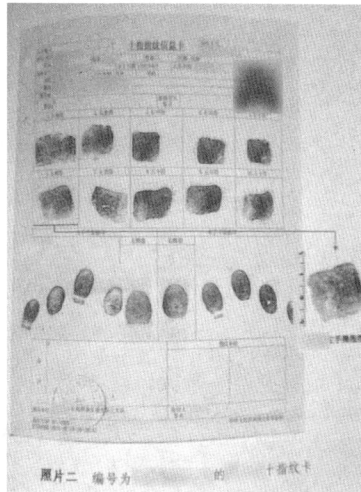

照片二 编号为 的 十指纹卡

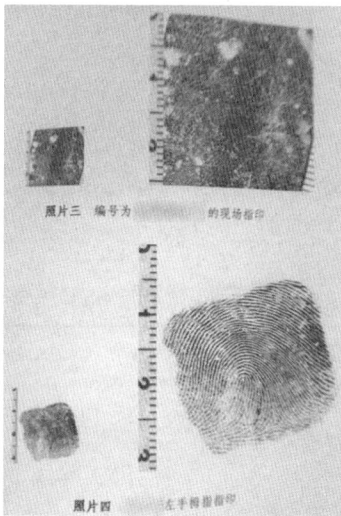

照片三 编号为 的现场指印

照片四 左手拇指指印

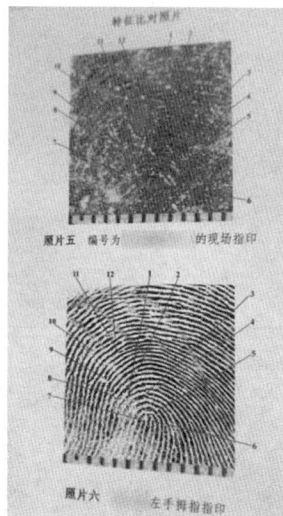

特征比对照片

照片五 编号为 的现场指印

照片六 左手拇指指印

鉴定人:工程师 许＊＊

工程师 夏＊＊

授权签字人:高级工程师 林＊

20＊＊年 3 月 10 日

特别说明:

(1)鉴定文书无＊＊市公安局物证鉴定所"鉴定专用章"无效;

(2)未经鉴定所书面批准,不得部分使用本鉴定文书;

(3)鉴定意见(检验结果)仅对送检检材/样本有效;

(4)若有异议请尽早与本鉴定所取得联系。

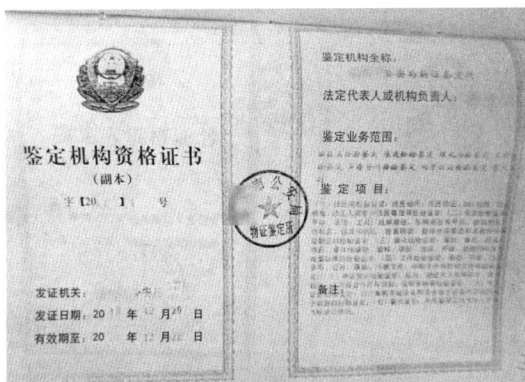

图 3-5

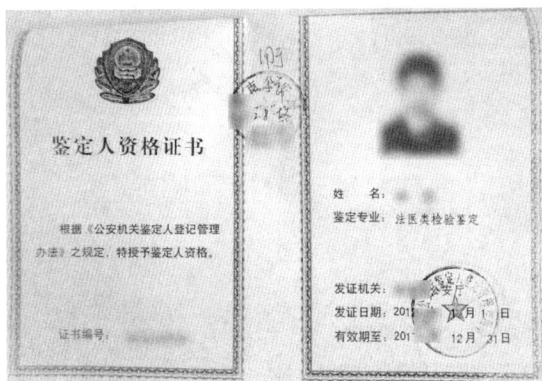

图 3-6

表 3-19　鉴定意见通知书

<table>
<tr><td colspan="2" align="center">＊＊市公安局

鉴定意见通知书

（副　本）</td></tr>
<tr><td colspan="2" align="right">＊公（刑）鉴通字〔20＊＊〕00303 号</td></tr>
<tr><td colspan="2">　焦＊云、焦＊＊家属、乌＊风　：
　　我局聘请有关人员，对　本案被害人尸体，相关涉案痕迹、物证及提取的生物检材进行了　死因、理化、痕迹对比、DNA 对比等　鉴定。鉴定意见是　详见列表　。根据《中华人民共和国刑事诉讼法》第一百四十六条之规定，如果你对该鉴定意见有异议，可以提出补充鉴定或者重新鉴定的申请。

 ＊＊市公安局（印）
二〇＊＊年 三 月十六日 </td></tr>
<tr><td>本通知书已收到。
　被害人或其家属：焦＊德
　20＊＊年 3 月 17 日</td><td>本通知书已收到。
　犯罪嫌疑人：乌＊风　（捺指印）
　20＊＊年 3 月 17 日</td></tr>
</table>

（编者注：鉴定意见通知书共四联，正本联交被害人或其法定代理人、犯罪嫌疑人，副本公安机关附卷，另有存根联。）

表 3-20　鉴定意见通知书

＊＊市公安局

鉴定意见通知书

（副　表）

＊公（刑）鉴通字〔20＊＊〕00303 号

鉴定项目	鉴定文书号	鉴定意见
死因鉴定	＊公鉴（20＊＊）3＊＊－1号	焦＊云系他人用棍棒类钝器打击头部致重度颅脑损伤死亡
	＊公鉴（20＊＊）3＊＊－2号	焦＊＊系被捂亡
理化检验	＊公鉴（20＊＊）3＊＊号	未检出安定、敌敌畏和硫磷成分
痕迹鉴定	＊公鉴（20＊＊）3＊＊号	编号为20＊＊H0012-1的现场指印与编号为20＊＊H0012-2的乌＊风十指捺印样本左手拇指指印为同一人所遗留
	＊公鉴（20＊＊）2＊＊号	送检编号20＊＊H0011-1的现场鞋印是送检编号20＊＊H0012-2的鞋所留
法庭科学DNA鉴定	＊公鉴（20＊＊）3＊＊号	一、送检的(1)帝君祠东侧的门口路面上血迹;(2)香炉西侧地面血迹、房间门口的方桌与香炉之间的地面上血迹;(3)焦＊云尸体南侧地面上血迹、房间门口的南侧地面上血泊、房间门口的铁门上血迹、房间地面上的镀锌管上血迹和房间门口的地面上毛巾血迹是刘＊风所留的似然比率为 8.44×10^{18} 。 二、送检的(1)伽蓝殿佛台西侧地面上烟头;(2)伽蓝殿佛台上的烟盒上烟头、乌＊风左手拇指指甲、乌＊风左手食指指甲、乌＊风左手小指指甲、乌＊风右手中指指甲和乌＊风右手小指指甲上的DNA是乌＊风所留的似然比率为 1.99×10^{18} 。 三、送检的斜靠在房间桌子的木棍擦拭物、焦＊＊左手拇指指甲和焦＊＊左手中指指甲上的DNA是焦＊＊所留的似然比率为 2.47×10^{19} 。 四、送检的焦＊云右小腿上血迹、焦＊云左大腿上血迹和乌＊风左脚皮鞋上血迹是焦＊云所留的似然比率为 2.47×10^{19} 。 五、送检的焦＊云右手拇指指甲、焦＊云右手食指指甲、焦＊云右手中指指甲、焦＊云右手环指指甲、焦＊云右手小指指甲、焦＊云左手拇指指甲、焦＊云左手食指指甲、焦＊云左手中指指甲、焦＊云左手环指指甲和焦＊云小指指甲上的DNA是焦＊云所留的似然比率为 2.47×10^{19} 。 六、送检的房间门口的地面上红色帽子和斜靠在房间桌子的木棍上血迹DNA检验均获得混合STR分型,不排除刘＊风和焦＊云混合所留。 七、送检的枞翠庵东侧山路面上红色斑迹、枞翠庵东侧山路边的亭子椅子上的红色斑迹、枞翠庵东侧山边的亭子地面上的红色斑迹、枞翠庵东侧山路边的垃圾桶内纸巾、房间地面上的镀锌管擦拭物、焦＊＊的右手拇指指甲、焦＊＊右手食指指甲、焦＊＊的右手中指指甲、焦＊＊右手环指指甲、焦＊＊右手小指指甲、焦＊＊左手环指指甲、焦＊＊左手中指指甲、乌＊风左手环指指甲、乌＊风右手拇指指甲、乌＊风右手食指指甲、乌＊风右手环指指甲、乌＊风右脚皮鞋擦拭物、房间床上西北角枕头上的枕巾的布块、房间床上西北角枕头的布块、房间床上东南角枕头上的枕巾的布块、房间床上东南角枕头的布块、房间门口的地面上枕套1的布块、房间门口的地面上枕套2的布块、房间靠南墙桌子上钱包擦拭物DNA检验均未获得STR分型。

续表

<table>
<tr><td colspan="2" style="text-align:right">＊＊市公安局(印)
二〇＊＊年 三 月十六日</td></tr>
<tr><td>本通知书已收到。
　被害人或其家属:焦＊德
　20＊＊年4月9日</td><td>本通知书已收到。
　犯罪嫌疑人:乌＊风　(捺指印)
　20＊＊年3月17日</td></tr>
</table>

(八)拘留

1.刑事拘留的基本要求

拘留是在紧急情况下对现行犯和重大嫌疑分子采取的暂时剥夺其人身自由的一种强制措施。其法律依据主要有《刑事诉讼法》第六章以及《公安机关办理刑事案件程序规定》第六章第四节的相关规定。

拘留应当符合以下基本要求:(1)拘留是对象是符合《刑事诉讼法》第80条规定的现行犯和重大嫌疑分子。(2)需要拘留犯罪嫌疑人时,办案部门制作呈请拘留报告书,报县级以上公安机关负责人批准,并签发拘留证。(3)应当由2名以上侦查人员执行拘留。侦查人员应当向犯罪嫌疑人出示拘留证及工作证件,宣布拘留决定,将拘留的决定机关、法定羁押起止时间以及羁押处所告知犯罪嫌疑人,责令其在拘留证上签名、捺指印,拒绝签名、捺指印的,侦查人员应当在拘留证上注明。对符合拘留条件,因情况紧急来不及办理拘留手续的,应当在将犯罪嫌疑人带至公安机关后立即审查,办理法律手续。(4)对被拘留的犯罪嫌疑人,应当立即送看守所羁押,至迟不得超过24小时。侦查人员将拘留证副本交看守所,看守所接收民警在拘留证上签名,加盖看守所印章,填写收押时间。未能抓获犯罪嫌疑人的,办案部门应当在24小时以内,将执行情况和未能抓获的原因书面报告作出批准拘留决定的县级以上公安机关负责人。(5)对于被拘留人,侦查人员应当在拘留后24小时内进行讯问。经讯问,发现不应当拘留的,应当经县级以上公安机关负责人批准,制作释放通知书,看守所凭释放通知书发给被拘留人释放证明书,将其立即释放。(6)拘留后,除无法通知或者涉嫌危害国家安全犯罪、恐怖活动犯罪通知可能有碍侦查的情形以外,应当在拘留后24小时以内通知被拘留人的家属。拘留通知书应当写明拘留原因和羁押处所。拘留通知书能够直接送达的,应当送达被拘留人的家属由受送达人在副本上签名、捺指印。如受送达人拒绝接收或者拒绝签名捺指印;送达人可以邀请其邻居或者其他见证人到场,说明理由,留下通知书;在签收栏记明拒绝的事由、送达的日期,由送达人、见证人签名,即视为送达。直接送达确有困难的,可以邮寄送达。犯罪嫌疑人家属在外地的,执行拘留后,拘留通知书应当在24小时内交邮,并将邮件回执附卷,不得以口头通知代替书面通知。(7)异地执行拘留时,执行人员应当持拘留证、办案协作函件和工作证件,与协作地县级以上公安机关联系,协作地公安机关在接到要求配合的协作函件后,应当对其进行认真审查。对于手续合法的,应当派侦查人员协助执行地公安机关拘留犯罪嫌疑人。(8)对被拘留的犯罪嫌疑人应当根据案件情况,报经县级以上公安机关负责人批准,分别作如下处理:①需要逮捕的,在拘留期限内,依法办理提请批准逮捕手续;②应当追究刑事责任,但不需要逮捕的,依法直接向人民检察院移送审查起诉,或者依法办理取保候审或者监视居住手续后,向人民检察院移送审查起诉;③拘留期限届满,案件尚未办结,需要继续侦查的,依法办理取保候审或者监视居住手续;④符合撤案条件的,释放被拘留人,依法予以处理或者移送有关部门。(9)拘留的期限:①对于被拘留的犯罪嫌疑人,经过审查认为需要逮捕的,应当在拘留后的 3 日内提请人民检察院审查批准。在特殊情况下,经县级以上公安机关负责人批准,提请审查批准逮捕的时间,可以延长 1 日至 4 日。对流窜作案、多次作案、结伙作案的重大嫌疑分子,报经县级以上公安机关负责人批准,可以直接将提请审查批准的时间延长至 30 日。②需要延长拘留期限的,办案部门应当在期限届满前 24 小时内制作呈请延长拘留期限报告书,报县级以上公安机关负责人批准。侦查人员应当拘留期限届满前,持延长拘留期限通知书到羁押犯罪嫌疑人的看守所,将正本交看守所,并当面向被拘留人宣布,看守所在副本上盖章,被拘留人在副本上签名。③对犯罪嫌疑人作精神病鉴定的期间不计入羁押期限。精神病鉴定期间,自决定对犯罪嫌疑人进行鉴定之日起至收到鉴定意见后决定恢复计算侦查羁押期限之日止。④犯罪嫌疑人不讲真实姓名、住址,身份不明,经县级以上公安机关负责人批准,拘留期限自查清其身份之日起计算,但不得停止对其犯罪行为的侦查。对有证据证明有犯罪事实的案件,也可以按其自报的姓名提请批准逮捕。

2. "3·8"案件的刑事拘留

"3·8"案件对乌 * 风拘传持续了 24 小时,拘传期间进行了讯问及进一步的侦查取证,有证据证明乌 * 风实施故意杀人的犯罪事实,案情重大复杂,应当进一步采取拘留、逮捕措施,遂在拘传期限届满前对其办理了刑事拘留的手续。由此形成《呈请拘留报告书》《呈请延长拘留报告书》《拘留证》《拘留通知书》等诉讼文书。

表 3-21 呈请拘留报告书

领导批示	同意。 陈 * (* * 市公安局印) 20 * * 年 3 月 14 日
办案部门意见	拟同意承办人意见,呈上级领导审批。 陈 * * 20 * * 年 3 月 14 日

呈请拘留报告书

犯罪嫌疑人乌 * 风,男,别名乌大头,1985 年 8 月 30 日生,汉族,大学专科, * * 省 * * 县人,身份证号码 35 * * * * * * * * * * * * * * * * ,户籍地 * * 省 * * 县 * * 乡 * * 村 * * 123 号,现住址 * * 省 * * 市 * * 宾馆 345 号,20 * * 年 3 月 9 日被拘传。

现呈请对犯罪嫌疑人乌 * 风刑事拘留,理由如下:

20 * * 年 3 月 8 日上午,群众报警称 * * 省 * * 市 * * 镇 * * 村栊翠庵发生杀人案件。经出警民警采取现场勘验、现场访问等侦查工作后发现,栊翠庵的管理人员的焦 * 云(男,63 岁, * * 省 * * 市人,

续表

身份证 35 ＊＊＊＊＊＊＊＊＊＊＊＊＊）被杀死在栊翠庵的走廊上，其孙子焦＊＊（男，3岁，＊＊省＊＊市人，身份证 35 ＊＊＊＊＊＊＊＊＊＊＊＊＊）被人杀死在栊翠庵卧室内，其妻子刘＊凤（女，58岁。＊＊省＊＊县人，身份证 35 ＊＊＊＊＊＊＊＊＊＊＊）头部被击伤昏倒在卧室床上。经进一步侦查发现，犯罪嫌疑人乌＊凤在案发时间段到过栊翠庵现场，在现场留有脚印等痕迹，且案发后不知去向，有重大作案嫌疑。3月9日对犯罪嫌疑人乌＊凤拘传到案后，该人供述其于3月7日上午10时许，自＊＊市＊＊城市广场暂住处乘坐公交车前往＊＊镇＊＊庙拜佛。约下午2点到达＊＊镇＊＊庙，因发现未带香火钱，即决定下山返回半途人少的栊翠庵拜佛，并不准备香火钱。下午四五点乌＊凤来到栊翠庵内，因遇刘＊凤在庵内打扫，乌＊凤便躲在佛龛背后躲避刘＊凤。直到六七点，刘＊凤打扫完毕，关了庵门，乌＊凤才偷偷从佛龛背后出来拜佛。天黑后，乌＊凤拜佛完毕，开始寻找栊翠庵的出口离开，却遇到了焦＊云。焦＊云看见乌＊凤，大喊"有人抢劫"并持木棍驱赶乌＊凤。乌＊凤顺手取了一根4厘米粗细的木棍朝焦＊云头部、身上击打，把他打倒在地面。乌＊凤击打焦＊云被同在庵中的刘＊凤看见，刘＊凤关上卧室门躲避乌＊凤，乌＊凤击倒焦＊云后，害怕刘＊凤报警，就又撞开卧室大门，用棍子敲击刘＊凤头部、背部，也将其打倒在地。打倒刘＊凤后，乌＊凤看见刘＊凤的孙子焦＊＊坐在卧室床铺上哭，就过去抱起焦＊＊捂他的嘴，但焦＊＊还在哭，乌＊凤就顺手拿起枕头捂焦＊＊口鼻，直至其没有声息。杀人后，乌＊凤搜索焦＊云的卧室，顺手在焦＊云夫妇卧室的架子上一钱包内取了几百元钱，约在3月8日凌晨1时许逃离栊翠庵，并最后选择在＊＊市＊＊宾馆345房藏身，直至被抓获。

上述事实有报案记录、证人证言、现场勘验笔录、法医鉴定、犯罪嫌疑人乌＊凤供述及其遗留在现场的指纹、脚印、DNA等证据互相印证。

综上所述，犯罪嫌疑人乌＊凤的行为已触犯了《中华人民共和国刑法》第二百三十二条之规定，涉嫌故意杀人罪。根据《中华人民共和国刑事诉讼法》第八十条第（一）项之规定，特呈请对犯罪嫌疑人乌＊凤刑事拘留。

妥否，请批示。

呈请单位：＊＊市公安局刑事侦查支队三大队
呈 请 人：陈＊＊，杨＊＊
二○＊＊年三月九日

（编者注：呈请拘留报告书内容包括简要案情及立案情况，拟拘留的犯罪嫌疑人基本情况，涉嫌犯罪的情况，拟执行拘留的期限，执行拘留的法律依据等。）

表 3-22 呈请变更羁押期限报告书

领导批示	同意。 陈＊（＊＊市公安局印） 20＊＊年3月14日
办案部门意见	拟同意承办人意见，呈上级领导审批。 何＊＊ 20＊＊年3月14日

续表

呈请变更羁押期限报告书

犯罪嫌疑人乌＊风,男,别名乌大头,1985年8月30日生,汉族,大学专科,＊＊省＊＊县人,身份证号码35＊＊＊＊＊＊＊＊＊＊＊＊＊＊＊＊,户籍地＊＊省＊＊县＊＊乡＊＊村＊＊123号,现暂住＊＊省＊＊市＊＊宾馆345号,20＊＊年3月9日被拘留,现羁押在＊＊市第一看守所。

现呈请对犯罪嫌疑人乌＊风变更羁押,延长刑事拘留期限至7天,理由如下:

20＊＊年3月8日上午,群众报警称＊＊省＊＊市＊＊镇＊＊村椛翠庵发生杀人案件。经出警民警采取现场勘验、现场访问等侦查工作后发现,……(编者注:此段为简要案情描述,内容同前"呈请拘留报告书"一致。)

上述事实有报案记录、证人证言、现场勘验笔录、法医鉴定、犯罪嫌疑人乌＊风供述以及犯罪嫌疑人乌＊风遗留现场的指纹、脚印、DNA等证据互相印证。

综上所述,犯罪嫌疑人乌＊风的行为触犯了《中华人民共和国刑法》第二百三十二条之规定,涉嫌故意杀人罪。根据《中华人民共和国刑事诉讼法》第八十条第(一)项之规定,犯罪嫌疑人乌＊风有逮捕必要,因案情复杂,特呈请批准延长犯罪嫌疑人乌＊风刑事拘留期限,变更羁押期限至7日,时间从20＊＊年3月12日至20＊＊年3月16日。

妥否,请批示。

呈请单位:＊＊市公安局刑事侦查支队三大队

呈　请　人:陈＊＊,杨＊＊

二〇＊＊年三月十一日

(编者注:呈请延长拘留期限报告书内容包括简要案情,犯罪嫌疑人的基本情况,延长拘留期限的具体原因,延长后的拘留期限,延长拘留的法律依据等。)

表 3-23　拘留证

＊＊市公安局

拘　留　证

＊公(刑)拘字〔20＊＊〕000098 号

根据《中华人民共和国刑事诉讼法》第八十条之规定,兹决定对犯罪嫌疑人　乌＊风　(性别男,出生日期 1985年8月30日,住址　＊＊市＊＊县＊＊乡＊＊村123号　)执行拘留,送　＊＊市第一看守所　羁押。

＊＊市公安局(印)

20＊＊年3月9日

本证已于　20＊＊　年 3 月 9 日　21　时向我宣布。

被拘留人:　乌＊风　(捺指印)

本证副本已收到,被拘留人　乌＊风　于　　　年　　月　　日　　时送至我所。

接收民警:　　　　＊＊市第一看守所(印)

(编者注:拘留证共三联,正本附卷,副本交看守所,另有存根联。)

表 3-24　拘留通知书

＊＊市公安局

拘 留 通 知 书

（副　本）

＊公（刑）拘通字〔20＊＊〕00098 号

　乌＊风家属　：

　　根据《中华人民共和国刑事诉讼法》第　八十　条之规定,我局已于 20＊＊　年 3 月 9 日 21 时将涉嫌　故意杀人　罪的　乌＊风　刑事拘留,现羁押在　＊＊市第一看守所　。

＊＊市公安局（印）

20＊＊年 3 月 9 日

本通知书已收到。

　　被拘留人家属：　　　年　月　日　　时

　　如未在拘留后 24 小时内通知被拘留人家属,注明原因：＿＿＿＿＿＿＿＿＿＿＿

＿＿＿＿＿＿＿＿＿＿＿＿＿＿＿＿＿＿＿＿＿＿＿＿＿＿＿＿＿＿＿＿＿＿＿。

办案人：

年　月　日　　时

此联附卷

表 3-25　变更羁押期限通知书

＊＊市公安局

变更羁押期限通知书

（第一联 办案机关附卷）

＊公（刑）变字〔20＊＊〕30001 号

＊＊市第一看守所：

　　我局正在办理的 20＊＊.3.8 故意杀人案件,涉案犯罪嫌疑人乌＊风（性别：男,1985 年 8 月 30 日出生）,因涉嫌故意杀人,根据《中华人民共和国刑事诉讼法》第八十九条之规定,经　＊＊市公安局决定,延长其羁押期限。

　　现羁押期限自 20＊＊ 年 3 月 9 日至 20＊＊ 年 3 月 16 日。

（办案机关印）（＊＊市公安局）

二〇＊＊年三月十一日

　　填写说明："批准（决定）"后根据不同情况分别填写——延长、重新计算、不计算、停止计算、恢复计算或者开始计算。

（九）人身检查

1. 人身检查的基本要求

人身检查是为了确定被害人、犯罪嫌疑人的某些特征、伤害情况或者生理状态而对其身体依法进行检查的一种侦查活动。人身检查时可以进行采样检查，即提取被害人、犯罪嫌疑人的指纹信息，采集血液、尿液等生物样本，为司法鉴定提供材料。采样的范围包括人体血液、唾液、精液、尿液、粪便等人体分泌物，以及毛发、指甲、指纹、掌纹等身体印记。

人身检查要严格依法进行：(1)被害人死亡的，应当通过被害人近亲属辨认、提取生物样本鉴定等方式确定被害人身份。(2)犯罪嫌疑人如果拒绝检查、提取、采集的，侦查人员认为必要的时候，经办案部门负责人批准，可以强制检查、提取、采集。(3)检查妇女的身体，应当由女工作人员或者医师进行。(4)检查的情况应当制作笔录，由参加检查的侦查人员、检查人员、被检查人员和见证人签名。被检查人员拒绝签名的，侦查人员应当在笔录中注明。

2. "3·8"案件的人身检查

"3·8"案件在抓获犯罪嫌疑人乌＊风后，及时对其进行了人身检查，提取、采集了指纹、指甲等生物样本，并提取其随身衣物，以进一步发现可能附着于衣物的犯罪痕迹。

表3-26　人身检查笔录

人身检查笔录

时间：20＊＊ 年 3 月 9 日 01 时 20 分至20＊＊年 3 月 9 日 01 时 25 分

地点：＊＊市公安局执法办案中心信息采集室

提取人员姓名、单位：陈＊　、余＊，＊＊市公安局刑侦支队三大队

记录人姓名、单位：余＊，＊＊市公安局刑侦支队三大队

被提取人：犯罪嫌疑人乌＊风，男，1985 年 8 月 30 日出生

见证人：高＊＊，男，身份证号：35＊＊＊＊＊＊＊＊＊＊＊＊＊＊＊，住＊＊省＊＊市＊＊区＊＊镇＊＊村＊＊号。

事由和目的：提取犯罪嫌疑人乌＊风的指纹和血样，与本案犯罪现场提取到的相关痕迹物证和生物检材进行检验、比对，证实乌＊风的犯罪事实。

过程和结果："20＊＊.3.8"故意杀人案犯罪嫌疑人乌＊风到案后，侦查员将其带至＊＊市公安局办案中心进行审讯。在审讯前，侦查员按照刑事案件犯罪嫌疑人信息采集的要求和方法，在办案中心信息采集中心使用信息采集仪对乌＊风的十指纹（滚动、平面）和掌纹进行采集，保存至指、掌纹库（编号35＊＊＊＊＊＊＊＊＊＊＊＊）；采集乌＊风左手食指血样（标记"乌＊风血样"，编号35＊＊＊＊＊＊＊＊＊），同时剪取乌＊风双手十指甲，送 DNA 检验室进行检验、比对。

提取过程在见证人高＊＊的见证下进行，犯罪嫌疑人乌＊风对提取过程无异议。

提取人员：余＊、陈＊　　　记录人：余＊

见证人：高＊＊

犯罪嫌疑人：乌＊风　　20＊＊年3月9日

表 3-27　人身检查笔录

人身检查笔录

时间　20＊＊　年 3 月 9 日 01 时 26 分至 20＊＊年 3 月 9 日 01 时 33 分

地点　＊＊市公安局执法办案中心人身安全检查室

提取人员姓名、单位　陈＊、余＊,＊＊市公安局刑侦支队三大队

记录人姓名、单位　余＊,＊＊市公安局刑侦支队三大队

被提取人　乌＊风,男,1985 年 8 月 30 日生,福建省＊＊县人

见证人:高＊＊,男,身份证号:35＊＊＊＊＊＊＊＊＊＊＊＊＊＊＊＊＊＊,住＊＊省＊＊市＊＊区＊＊镇＊＊村＊＊号。

　　事由和目的:1.确定犯罪嫌疑人乌＊风作案时是否受伤;2.提取犯罪嫌疑人乌＊风作案时的随身衣物,与本案犯罪现场提取到的相关痕迹物证和生物检材进行检验、比对,证实乌＊风的犯罪事实。

　　过程和结果:20＊＊.3.8 故意杀人案犯罪嫌疑人乌＊风到案后,侦查员将其带至＊＊市公安局办案中心进行审讯,在审讯前,侦查员按照刑事案件犯罪嫌疑人人身安全检查的要求和方法,在办案中心人身安全检查室对乌＊风的人身进行检查。检查发现:乌＊风四肢、躯干等部位未见明显伤痕;头颈部位除右内眼角处有轻微红肿外,未见其他明显伤痕。同时,乌＊风交代其下身所穿着的蓝色牛仔长裤就是其于 20＊＊年 3 月 8 日凌晨在＊＊市＊＊区＊＊村附近山上的栊翠庵故意杀人过程中穿着的外裤,为此,侦查员对其穿着的蓝色牛仔长裤进行提取。乌＊风作案时的衣着可能留有重要的痕迹物证,故办案民警立即将其封存处理,并送＊＊市公安局物证鉴定所提取检材。

　　提取过程在见证人高＊＊的见证下进行,犯罪嫌疑人乌＊风对提取过程无异议。

提取人员:余＊,陈＊　　　　记录人:余＊

见证人:高＊＊

犯罪嫌疑人:乌＊风　　20＊＊年 3 月 9 日

(十)辨认

1. 辨认的基本要求

辨认是在侦查人员的主持下,由被害人、证人或者犯罪嫌疑人对与犯罪有关的物品、文件、尸体、场所或者犯罪嫌疑人进行辨别和确认的侦查活动。

根据公安部《规定》,辨认应当符合以下程序和要求:(1)辨认应当由侦查人员主持进行。主持辨认的侦查人员不得少于 2 人。为保证辨认的客观性和合法性,侦查人员应当聘请见证人参加辨认活动。(2)组织辨认前,侦查人员应当向辨认人详细询问辨认对象的具体特征,并详细记录在卷,以供与辨认结果核对、查证。禁止辨认人见到辨认对象,也不得事先向辨认人介绍辨认对象的情况,以防止辨认人无根据地进行辨认和先入为主。同时,应当告知辨认人有意作假辨认应负的法律责任。(3)几名辨认人对同一辨认对象进行辨认时,应当由辨认人个别进行,以防止辨认人之间互相影响,作出错误的辨认。(4)辨认时,侦查人员应当将辨认对象混杂在特征相类似的其他对象中让辨认人辨认,同时不得给予辨认人任何暗示。辨认犯罪嫌疑人时被辨认的人数不得少于 7 人;对犯罪嫌疑人照片

进行辨认时所提供的照片不得少于 10 张;辨认物品时,混杂的同类物品不得少于 5 件。对场所、尸体等特定辨认对象进行辨认,或者辨认人能够准确描述物品独有特征的,陪衬物不受数量的限制。(5)对犯罪嫌疑人的辨认,辨认人不愿意公开进行时,可以在不暴露辨认人的情况下进行,并应当为其保守秘密。(6)辨认经过和结果,应当制作笔录,由侦查人员、辨认人、见证人签名。必要时,应当对辨认过程进行录音或者录像。

2."3·8"案件的辨认

"3·8"案件组织了以下辨认活动:(1)犯罪嫌疑人乌*风对犯罪现场的辨认,制作辨认笔录一份;(2)犯罪嫌疑人乌*风对涉案物品的辨认,制作辨认笔录三份;(3)犯罪嫌疑人乌*风对被害人尸体的辨认,制作辨认笔录一份;(4)犯罪嫌疑人乌*风对本案监控视频影像的辨认,制作辨认笔录一份。这里以一份现场辨认笔录和一份物品辨认笔录为例,说明辨认笔录的制作方法和格式。

表 3-28　辨认笔录

辨认笔录

时间:20**年 3 月 10 日 12 时 30 分至 20**年 3 月 10 日 13 时 09 分

地点:**市公安局执法办案中心 5 号预审室

侦查员:余*　　　单位　　**市公安局刑侦支队三大队

　　　　程*　　　单位　　**市公安局刑侦支队三大队

见证人:陈**　男,1963 年 3 月 23 日,**市**区**巷 10 号

辨认对象:20**年 3 月 7 日乌*风杀人案的相关涉案地点

辨认目的:让辨认人乌*风指认其于 20**年 3 月 7 日在椛翠庵杀死两人、致伤一人的作案现场等。

辨认过程及结果:辨认人乌*风是 20**年 3 月 7 日晚在椛翠庵先杀死焦*云,后重伤刘*风,其后又杀害焦**的案件的犯罪嫌疑人,据其供述,他能清楚记得案发当时的现场情况及相关的涉案地点。20**年 3 月 9 日 13 时 10 分至 20**年 3 月 9 日 16 时 20 分,在见证人陈**见证下,刑侦支队名警余*、陈*、杨*等人押解着乌*风并在其指引下,驱车从**市公安局执法办案中心出发一路往晋安区**村方向开,到**市**区**村边上的**庄园墙旁边的登山道入口处(见图 1),乌*风示意停车,下车后其指出案发当天(20**年 3 月 7 日)上午 22 时许其就是从照片中所指的位置一路沿着登山道上山的。根据乌*风的指引,刑侦大队名警押解乌*风至椛翠庵寺庙门口空地,乌*风指出其 20**年 3 月 7 日中午在椛翠庵门口附近的空地上有与死者椛翠庵的看守人员刘*风以及其孙子焦**打过照面,乌*风与刘*风有简单的交谈以及在附近凉亭休息片刻后继续登山至**庙,3 月 7 日傍晚四五点钟其从**庙返回并到达椛翠庵。乌*风指引并告知侦查人员其是由正门进入庙堂(见图 2),进入庙堂后其往庙堂内西侧的珈蓝殿进入殿内。乌*风指出 3 月 7 日傍晚其就是躲在珈蓝殿大堂主神像佛龛西北侧的狭小夹角里(见图 3、图 4)。乌*风供述其躲在珈蓝殿西北侧一两个小时,期间其在夹角里把身上仅剩的两三根红梅香烟吸完,并随手将烟头丢在地上,其还将随身携带的康佳充电器以及一包便携式纸巾遗落在佛龛后侧桌台上(见图 5),乌*风躲在珈蓝殿西北侧的夹角里直至天黑后,庙堂内的门都关闭后才出来拜佛。接着乌*风又指引侦查人员来到珈蓝殿东侧的椛翠庵主殿大雄宝殿,其供述在大雄宝殿内拜佛后准备离开椛翠庵,但是当时已是 3 月 7 日

续表

晚上,整个庙堂的门都已关闭,其无法离开枞翠庵。乌*风指引侦查人员来到大雄宝殿东北角的一个红色铁门处,该铁门有一个长方形的破口(见图6),其准备从破口中钻出大雄宝殿,经过尝试后发现那个长方形的破口太小,其无法钻出,只能把头部伸出破口,其头部回缩时发现大雄宝殿东北角的铁门并未关闭,故其打开铁门从大雄宝殿出去,并转身将铁门带上,恢复原先铁门虚掩的状态(见图7)。乌*风指引侦查人员来到枞翠庵堂后院的管理人员生活区。乌*风指出其是由枞翠庵庙堂后院生活区西侧的石台阶走上管理人员宿舍门口的天井,其在天井平台西侧被枞翠庵管理人员焦*云发现,焦*云拿起一根长木棍追打乌*风,乌*风躲闪后转身到帝君寺门口的竹躺椅附近(见图8),并随手拿起一根木棍与焦*云对打,乌*风指出其是在生活区西侧四方桌边上将焦*云打倒在地的(图9),乌*风指出当时焦*云仰面倒地,头朝西北方向,脚朝东南方向。乌*风又指引侦查人员来到生活区东侧寺庙管理人员的宿舍门口,其指出其把焦*云打倒后手持木棍来到宿舍门口,并用肩膀撞开宿舍铁门(见图10),铁门焊点崩脱,当时刘*风被铁门压在宿舍的门后(见图11),乌*风手持木棍将刘*风打倒在地。乌*风指出当时刘*风被其打倒后俯卧在宿舍门后头朝门外,脚朝宿舍内(见图12)。乌*风又指引侦查人员到宿舍内,其指出将刘*风打倒后看到床上的幼儿焦**一直哭闹(见图13),故将手中的木棍靠在宿舍内的某处然后从床上抱起焦**并用手将其嘴捂住不让其发出声,但经过几次捂嘴尝试焦**一直哭闹,最终乌*风将其放在宿舍的内桌子前的空地上,并从床上拿一个枕头将焦**闷死(见图14),杀死幼儿焦**之后,乌*风由于口渴,随即打开宿舍内的冰箱找水喝(见图15),但是冰箱内没有任何可以喝的饮料,接着乌*风转身到桌子对面的床架上去找有没有可以穿的衣物,在此期间其在床架上看到一个钱包(见图16),其从钱包中拿走一些钱,并把剩余的钱以及钱包被到电视桌上(见图17),随即其又转身将床架边上衣架上上挂着的一件男式棉袄穿上(见图18),并在冰箱与桌子之间的位子(见图19)拿了一把折叠伞后离开宿舍,其在宿舍门口椅子上摆放的一个塑料桶里用水瓢打水喝(见图20)。接着乌*风指引侦查人员穿过枞翠庵管理人员宿舍东侧的铁门并在一路沿着登山道往下方向走(见图21)。乌*风指出3月8日深夜一两点钟其沿着登山道一路下山并步行至**市**区**小区附近的马路上打车(见图片22),前往**市**城市广场**路后下车(见图片23),由于其口渴,顾其步行至**路**便利店(见图24)购买了两瓶营养快线饮料后又在**路**小区附近路边(见图片25)打的往**区**广场方向走,3月8日凌晨两三点钟其打的到**广场附近的**宾馆住(见图片27)直至被我们公安机关抓获归案。

犯罪嫌疑人乌*风对犯罪现场的辨认过程以及对作案过程的描述都有录像以及拍照,均在见证人见证下的合法有序地进行,至此,辨认结束。

侦查员:余*

　　　　程*

记录人:程*

见证人:陈**

辨认人:乌*风

时间:20**年3月10日

续表

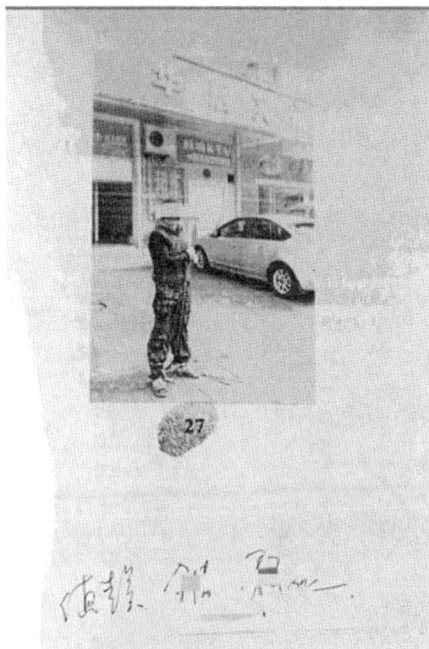

（编者注：本辨认笔录共附图 27 张，余略。）

表 3-29　辨认笔录

辨认笔录

时间：<u>20＊＊年 3 月 10 日 13 时 01 分至 20＊＊年 3 月 10 日 13 时 10 分</u>

地点：<u>＊＊市公安局执法办案中心 5 号预审案</u>

侦查人员姓名、单位：<u>陆＊＊、杨＊＊、＊＊市公安局刑侦支队三大队</u>

辨认人姓名、住址、单位：<u>乌＊风，男，1985 年 8 月 30 日出生</u>

辨认对象：<u>印在 3 张 A4 纸上的 11 张涉案物品照片</u>

辨认目的：<u>让辨认人辨认是否为本案涉案物品</u>

辨认过程及结果：<u>20＊＊年 3 月 8 日晚 23 时许，＊＊市公安局刑侦支队民警在＊＊市＊＊＊广场</u>
<u>＊＊宾馆抓获涉嫌在＊＊市晋安区远洋＊＊村附近山上的桄翠庵打死打伤两个大人一个小孩的犯罪</u>
<u>嫌疑人乌＊风，经初审，犯罪嫌疑人乌＊风如实供述于 20＊＊年 3 月 8 日凌晨在＊＊市晋安区远洋</u>
<u>＊＊村附近山上的桄翠庵打死打伤两个大人一个小孩的并至二死一伤的犯罪事实，为查明案情，侦查</u>
<u>人员将涉案物品的照片按 1-11 的顺序编排，让辨认人乌＊风进行辨认。</u>

　　<u>辨认人乌＊风在光线充足，无外界干扰的情况下进行辨认，辨认人乌＊风仔细看完图片后说：1、</u>
<u>2 号图片当中的衣服就是我作案当时穿的"波司登"牌军绿色羽绒服长袖外套；3、4 号图片中的长裤</u>
<u>就是我作案中穿着的蓝色牛仔外长裤；图片 5、6 号就是我作案中穿着的黑色皮鞋；图片 7 中的钱就</u>
<u>是我放在＊＊宾馆 345 房间的现金，其中一部分有我作案后从房间中找到的钱包里拿的钱；图片 8 是</u>
<u>我在 345 房间住宿登记的押金单；图片 9 中的现金是我被抓后从＊＊宾馆退房后。退回的 142 元押</u>
<u>金；图片 10 中的手机是我的 KANKA 手机，与我作案时遗留在桄翠庵的电机充电器是配套的；图片</u>

续表

11 中的红梅牌香烟是我在＊＊宾馆 345 房间住宿时吸得香烟,我平时一直都是吸红梅牌香烟。

至此辨认结束。

侦查员：<u>陆＊、杨＊＊</u>　　记录人：<u>陆＊</u>　　见证人：_____

辨认人：<u>乌＊风</u>　　　　辨认时间：<u>20＊＊年3月10日</u>

辨认照片：

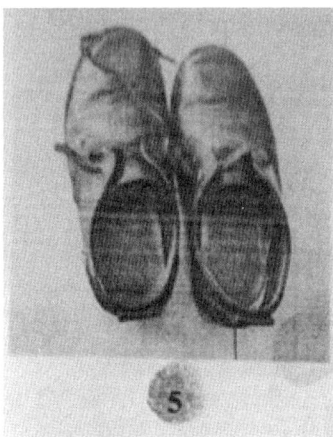

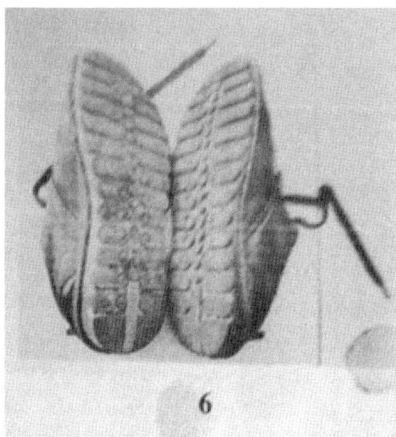

（编者注：本辨认笔录照片 11 张,余略。）

1、2 号图片当中的衣服是我作案时穿的羽绒服。

3、4 号图片中的长裤就是我作案时穿的牛仔裤。

5、6 号是我作案中穿的皮鞋。

7 号的钱就是我放在＊＊宾馆 345 房间的现金,其中一部分有我作案后从房间中找到的钱包里拿的。

8 号是我在＊＊宾馆开房单据。

9 号的现金是我＊＊宾馆退房押金。

10 号是我现用的手机,与我作案时遗留在桄翠庵的电机充电器是配套的。

11 号图是我平时喜欢抽的红梅香烟。

辨认人：<u>乌＊风</u>　　　　　　辨认时间：<u>20＊＊年3月10日</u>

侦查员：<u>余＊、杨＊＊</u>　　　　记录人：<u>杨＊＊</u>

（十一）逮捕

对符合《刑事诉讼法》第 79 条规定情形的犯罪嫌疑人应予逮捕。逮捕是最严厉的强制措施,在程序设计上,强调通过分权实现相互制约,即由人民检察院或者人民法院作出逮捕决定,由公安机关执行逮捕,以实现惩罚犯罪和保障人权的平衡。对于公安机关侦查的案件,逮捕首先应当由公安机关提请人民检察院批准逮捕,经人民检察院审查作出逮捕决定后,由公安机关执行逮捕。公安机关作为侦查机关需要完成提请批准逮捕和执行逮捕两项工作。

1. 提请批准逮捕

(1)提请批准逮捕的基本要求

需要逮捕犯罪嫌疑人的,由办案部门制作呈请提请批准逮捕报告书,报县级以上公安机关负责人审批。县级以上公安机关负责人批准提请逮捕的,办案部门制作提请批准逮捕书一式三份,连同案卷材料、证据,一并提请同级人民检察院审查。

(2)本案的提请批准逮捕

本案对犯罪嫌疑人采取刑事拘留措施后,侦查人员相继采取了讯问犯罪嫌疑人、搜查、鉴定等侦查措施,以充分的证据证明犯罪嫌疑人乌＊风符合逮捕条件,应当逮捕,并在刑事拘留期限内办理了提请批准逮捕的法律手续,形成下列诉讼文书:

A.呈请提请批准逮捕报告书

表 3-30　呈请逮捕报告书

领导批示	同意。 陈＊(＊＊市公安局印) 20＊＊年 3 月 14 日
办案部门意见	拟同意承办人意见,呈上级领导审批。 林＊＊ 20＊＊年 3 月 14 日

呈请逮捕报告书

犯罪嫌疑人乌＊风,男,1985 年 8 月 30 日生,汉族,……

犯罪嫌疑人乌＊风涉嫌故意杀人罪一案,我局于 20＊＊年 3 月 8 日上午 8 时许,接到群众报警称:……

经依法侦查查明,犯罪嫌疑人乌＊风涉嫌犯罪事实如下:……

认定上述事实的证据如下:……

上述犯罪事实清楚,证据确实、充分,足以认定。

综上所述,犯罪嫌疑人乌＊风无视他人生命,对无辜的两名被害老人和一名被害幼儿使用极端暴力手段,造成二人死亡、一人重伤的严重后果。其行为已触犯《中华人民共和国刑法》第二百三十二条之规定,涉嫌故意杀人罪,符合逮捕条件。依照《中华人民共和国刑事诉讼法》第七十九条、第八十五条之规定,拟对犯罪嫌疑人乌＊风提请人民检察院批准逮捕。

妥否,请批示。

＊＊市公安局刑事侦查支队三大队

侦查员:余＊,杨＊＊

(编者注:上述文书内容与下文《提请批准逮捕书》内容基本一致,故简略。)

B.提请批准逮捕书

表 3-31　提请批准逮捕书

＊＊市公安局

提 请 批 准 逮 捕 书

＊公（刑）提捕字〔20＊＊〕00098 号

　　犯罪嫌疑人乌＊风,曾用名乌大头,男,1985 年 8 月 30 日生,汉族,＊＊省＊＊县人,大学专科文化,无业,户籍地＊＊省＊＊县＊＊乡＊＊村 123 号,身份证号码 35＊＊＊＊＊＊＊＊＊＊＊＊。20＊＊年 3 月 9 日,因涉嫌故意杀人罪被我局刑事拘留,现羁押于＊＊市第一看守所。

　　犯罪嫌疑人乌＊风涉嫌故意杀人一案,我局于 20＊＊年 3 月 8 日上午 8 时许,接到群众报警称:＊＊市＊＊镇＊＊村山上枕翠庵内发生杀人案件,庵内管理人员的焦＊云(男,63 岁,＊＊省＊市人,身份证号 35＊＊＊＊＊＊＊＊＊＊＊＊＊＊)和其孙子焦＊＊(男,3 岁,＊＊省＊市人,身份证号 35＊＊＊＊＊＊＊＊＊＊＊＊＊＊＊＊)被杀死在枕翠庵内,其妻子刘＊风(女,58 岁,＊＊省＊＊人,身份证号 35＊＊＊＊＊＊＊＊＊＊＊＊＊＊＊)头部受重伤。我局立刻启动命案侦破机制并立案侦查,发现犯罪嫌疑人乌＊风有重大作案嫌疑,3 月 8 日 23 时许,我局在＊＊市＊＊区＊＊广场＊＊宾馆 345 房间抓获犯罪嫌疑人乌＊风,经审查,乌＊风对其在＊＊镇＊＊村山上枕翠庵杀人作案的犯罪事实供认不讳。

　　经依法侦查查明,犯罪嫌疑人乌＊风涉嫌犯罪事实如下:

　　20＊＊年 3 月 7 日上午 9 时许,犯罪嫌疑人乌＊风自＊＊市＊＊区＊＊城市广场乘坐公交车前往＊＊镇＊＊庙拜佛,下午 14 时到达＊＊镇＊＊庙后,因发现未带够钱购买香火,即决定下山返回到人少的枕翠庵独自一人拜佛,17 时许,乌＊风来到枕翠庵内准备拜佛时,遇被害人刘＊风到庵内打扫卫生,因害怕被请出庵堂影响其拜佛,便躲藏在珈蓝殿西侧神像后的夹角内,被害人刘＊风打扫完毕关灯离开后,乌＊风继续躲藏在夹角内,在躲藏期间,乌＊风将随身携带的一部康佳牌充电器和一包纸巾放在龛台上,并吸完三根红梅牌香烟,最后将一枚烟头连同烟盒丢在龛台上,确认刘＊风不会再返回珈蓝殿后,才从躲藏处出来。

　　此后,犯罪嫌疑人乌＊风独自在珈蓝殿和大雄宝殿内拜佛约 2 个小时准备离开时发现大雄宝殿后堂的门已被关闭,便在珈蓝殿和大雄宝殿内游荡寻找出口。3 月 8 日 0 时许,犯罪嫌疑人乌＊风发现大雄宝殿后堂东北角的铁门虚掩着,便从此门穿过进入大雄宝殿后部的管理人员生活区,当行至生活区的天井时,被害人焦＊云从宿舍走出发现乌＊风,随后便对其大声呼喊,并拿起一根木棍向其打来,乌＊风在躲避时从身边的椅子旁拿起另一根木棍猛烈殴打被害人焦＊云的头部和身体,直至将其打倒在地,在此过程中,被害人刘＊风闻声走出卧室,看此情景后大声呼喊并退回卧室关上铁门,犯罪嫌疑人乌＊风虑及当天上山时曾与刘＊风有过交谈,害怕其会认出自己,便撞开铁门进入屋内,随即从刘＊风手中夺过手机扔于床上,持木棍猛烈殴打刘＊风的头部,直至将其打倒在卧室门口,致其重伤(待鉴定)。

　　随后,因卧室床上的被害幼儿焦＊＊哭闹,乌＊风放下手中的棍子,将其抱起用手捂住嘴巴,但未能阻止其哭闹,乌＊风便将其放在卧室的地上,从床上拿起枕头用力捂住其口鼻部,直至被害幼儿焦＊＊不能动弹。经法医鉴定,被害人焦＊云系他人用棍棒类钝器打击头部致重度颅脑损伤死亡,被害幼儿焦＊＊系他人捂压口鼻部导致窒息死亡。

　　此后,犯罪嫌疑人乌＊风在宿舍内木架上取走一件男士棉大衣,并在冰箱东侧取走一把雨伞,欲

续表

在下山时躲避监控拍摄。在翻动过程中,乌＊风在桌子对面的床架上发现一钱包,便从钱包内拿走部分的数张百元钞票及大量零钱,再将钱包至电视桌上,随后穿上棉大衣撑着雨伞离开枞翠庵下山。

认定上述事实的证据如下:

1. 报案记录,报案人笔录,接处警记录,处警民警执法记录仪录像证实发现命案的过程,及现场处置情况;

2. 抓获经过,提取笔录,证实犯罪嫌疑人乌＊风被抓获的时间、地点及被扣押衣服、裤子、鞋、钱款等物品的位置;

3. 与本案相关的道路场所的监控视频,证实犯罪嫌疑人乌＊风案发前后前往和逃离犯罪现场的活动轨迹;

4. ＊＊市公安局刑侦支队技术处《＊公(刑)勘[20＊＊]K35010024130020＊＊020002号》现场勘验检查工作记录,证实现场勘验检查过程和提取的相关物证;

5. ＊＊市公安局物证鉴定所《＊公鉴[20＊＊]294号》鉴定书和《＊公鉴[20＊＊]316号》法庭科学DNA鉴定书,证实现场所留血脚印系从犯罪嫌疑人乌＊风暂住处提取的乌＊风所穿的皮鞋;

6. ＊＊市公安局物证鉴定所《＊公鉴[20＊＊]303号》鉴定书和《＊公鉴[20＊＊]316号》法庭科学DNA鉴定书证实从神龛上提取的红梅牌香烟上的指纹系犯罪嫌疑人乌＊风所留;

7. ＊＊市公安局物证鉴定所《＊公鉴[20＊＊]308-1号》、《＊公鉴[20＊＊]308-2号》鉴定书,证实被害人焦＊云系他人用棍棒类钝器打击头部致重度颅脑损伤死亡;被害幼儿焦＊＊系他人捂压口鼻部导致窒息死亡;

8. 证人喜＊、张＊＊、焦＊德、李＊＊、林＊＊、刘＊＊、刘＊＊、田＊＊、苏＊＊等人的证言,证实发现命案的过程及被害人的身份等情况;

9. 犯罪嫌疑人乌＊风的供述、自述及辨认材料,对其实施杀害和伤害被害人的详细过程供认不讳,并对犯罪现场和相关人员、物品进行辨认。

上述犯罪事实清楚,证据确实、充分,足以认定。

综上所述,犯罪嫌疑人乌＊风无视他人生命,对无辜的两名被害老人和一名被害幼儿使用极端暴力手段,造成二人死亡、一人重伤的严重后果,具有极大的社会危险性。其行为已触犯《中华人民共和国刑法》第二百三十二条之规定,涉嫌故意杀人罪,符合逮捕条件。依照《中华人民共和国刑事诉讼法》第七十九条、第八十五条之规定,特提请批准逮捕。

此致

＊＊市人民检察院

＊＊市公安局(印)

二〇＊＊年三月十四日

附:1.本案卷宗　三卷　页。

2.犯罪嫌疑人乌＊风现羁押在＊＊市第一看守所。

(编者注:提请批准逮捕书内容包括:简要案情及立案情况,拟提请批准逮捕的犯罪嫌疑人的基本情况,对其目前采取的强制措施情况,现有证据证明其涉嫌犯罪的情况,有逮捕必要的依据,提请逮捕的法律依据等。)

C.移送案卷材料的证明

表 3-32　收条

收　条

　　兹收到＊＊市公安局刑侦支队"20＊＊.3.8"乌＊风故意杀人案提请逮捕报告书捌份,案卷叁册,视频光盘拾张。

＊＊市人民检察院

(＊＊省＊＊市人民检察院印)

20＊＊年 3 月 15 日

2.执行逮捕

(1)执行逮捕的基本规定

公安机关接到人民检察院批准逮捕决定书后,应当由县级以上公安机关负责人签发逮捕证,立即执行。逮捕由 2 名以上侦查人员进行。执行逮捕时,侦查人员应当向被逮捕人出示逮捕证和工作证件,宣布逮捕决定,将逮捕的决定机关、法定羁押起止时间以及羁押处所告知犯罪嫌疑人,责令其在逮捕证填写日期、签名、捺指印,拒绝签名、捺指印的,应当在逮捕证上注明。对于抗拒逮捕的,逮捕执行人员可以依法使用武器、警械。

对被逮捕的犯罪嫌疑人,应当立即送看守所羁押。侦查人员应当将逮捕证副本交看守所,看守所接收民警在逮捕证上签名,加盖看守所印章,填写收押时间。送押被逮捕的犯罪嫌疑人,应当制作提讯证,由看守所在提讯证上加盖公章,并注明法定办案起止日期。

执行逮捕后,应当将执行情况填写回执,加盖公安机关印章,在执行后 3 日内送达作出批准逮捕决定的人民检察院。如果未能执行,也应当写明未能执行的原因,将回执送达人民检察院。

对于人民检察院决定不批准逮捕的,公安机关在收到不批准逮捕决定书后,应当立即释放在押的犯罪嫌疑人或者变更强制措施,并将执行回执在收到不批准逮捕决定书后的三日以内送达作出不批准逮捕决定的人民检察院。

对于被逮捕的人,侦查人员应当在逮捕后 24 小时内进行讯问。通过讯问,发现不应当逮捕的,经县级以上公安机关负责人批准,制作释放通知书,送看守所和原批准逮捕的人民检察院。逮捕后,除无法通知的以外,还应当在逮捕后 24 小时以内,通知被逮捕人的家属,对于没有在 24 小时内通知家属的,应当在逮捕通知书中注明原因。逮捕通知书能够直接送达的,应当送达被逮捕人的家属,并由受送达人在副本上签名。不能直接送达的,可以留置送达、邮寄送达等,不得以口头或者电话通知代替书面通知。

(2)"3·8"案件的执行逮捕

"3·8"案件侦查机关收到人民检察院的批准逮捕决定书后,立即执行逮捕,形成下列诉讼文书:

表 3-33　逮捕证

＊＊市公安局

逮　捕　证

＊ 公（刑）捕字〔20＊＊〕00098 号

　　根据《中华人民共和国刑事诉讼法》第七十八条之规定，经 ＊＊市人民检院 批准/决定，兹由我局对涉嫌　　故意杀人　　罪的　乌＊风　（性别 男 ，出生日期1985 年 8 月 30 日 　，住址　＊＊市＊＊县＊＊乡＊＊村 123 号　）执行逮捕，送　＊＊市第一看守所　羁押。

＊＊市公安局（印）

二〇＊＊年三月十七日

本证已于 20＊＊年 3 月 17 日 15 时向我宣布。

　　被逮捕人：乌＊风（捺指印）

本证副本已收到，被逮捕人　乌＊风　已于＿＿＿年＿月＿日送至我所（如先行拘留的，填写拘留后羁押）。

　　接收民警：＿＿＿＿＊＊市第一＿＿＿＿看守所（印）

年　　月　　日

此联附卷

表 3-34　逮捕通知书

＊＊市公安局

逮　捕　通　知　书

（副　本）

小公（刑）捕通字〔20＊＊〕00098 号

　乌＊风家属　：

　　经　＊＊市人民检察院　批准，我局于 20＊＊年 3 月 17 日 10 时对涉嫌故意杀人罪的乌＊风执行逮捕，现羁押在　＊＊市第一看守所　。

此联附卷

（十二）查询、冻结、扣押存款

1. 查询、冻结、扣押存款的基本要求

为了查明犯罪、防止证据或赃款转移、防止犯罪嫌疑人将赃款再次用于犯罪，侦查机关可以依法向金融机构等单位查询犯罪嫌疑人的存款、汇款、债券、股票、基金份额等财产，在必要时予以冻结。

查询、冻结存款、汇款、债券、股票、基金份额等财产，应当遵循以下程序：（1）应当经县级以上侦查机关负责人批准，制作协助查询、冻结财产通知书，通知金融机构等单位执行。（2）犯罪嫌疑人的相关财产已经被冻结的，不得重复冻结，但可以轮候冻结。冻结存款、汇款等财产的期限为6个月。冻结债券、股票、基金份额等证券的期限为2年。有特殊原因需要延长期限的，侦查机关应当在冻结期限届满前办理继续冻结手续。（3）对冻结的债券、股票、基金份额等财产，应当告知当事人或者其法定代理人、委托代理人有权申请出售。权利人书面申请出售被冻结的债券、股票、基金份额等财产，不损害国家利益、被害人、其他权利人利益，不影响诉讼正常进行的，以及冻结的汇票、本票、支票的有效期即将届满的，经侦查机关批准，可以依法出售或者变现，所得价款应当继续冻结在其对应的银行账户中；没有对应的银行账户的，所得价款由侦查机关在银行指定专门账户保管，并及时告知当事人或者其近亲属。（4）不需要继续冻结的，侦查机关应当制作协助解除冻结财产通知书，通知金融机构等单位执行。（5）对于冻结的财产经查明确实与案件无关的，侦查机关应当3日以内通知原金融机构等单位解除冻结，并通知被冻结财产的所有人。

2. "3·8"案件的查询、冻结、扣押存款

"3·8"案件在抓获乌﹡风后，为了查清其作案动机、赃款数额及去向，侦查机关查询了乌﹡风的在三家银行的存款信息。这里以其中一家银行为例说明查询存款诉讼文书的制作。

表 3-35　协助查询财产通知书

﹡﹡市公安局

协助查询财产通知书

（回　执）

﹡公（刑）查财字〔20﹡﹡〕00088 号

　﹡﹡市　　公安局：

　　根据你局通知，现将犯罪嫌疑人　乌﹡风　　财产的情况提供如下：　查询线索：卡号：6225885916381742，户名：檀﹡﹡。

　　提供 20﹡﹡.1.1—20﹡﹡.4.2 户口历史交易明细。

协助查询单位（印）
20﹡﹡年4月2日

此联由协助查询单位填写退通知机关附卷。①

----

①　编者注：协助查询财产通知式共三联，一联交协助查询单位，一联由协助查询单位填写退通知机关附卷，另有一联为存根联。

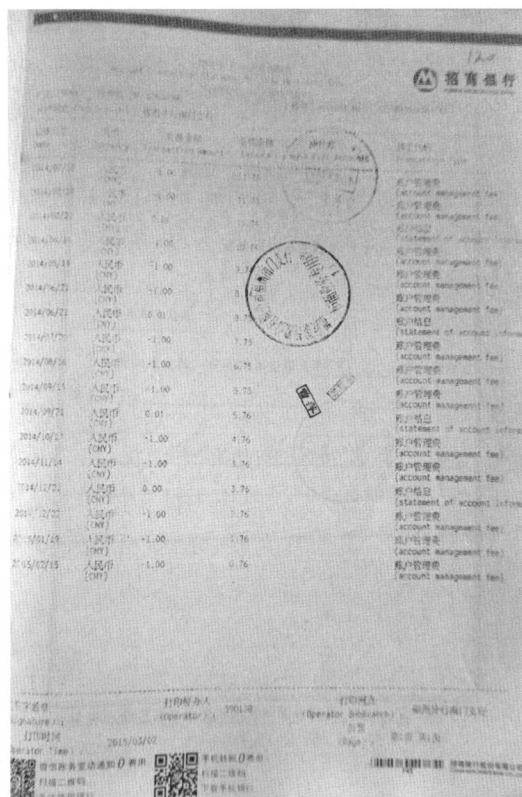

图 3-7

(十三)查封、扣押

1. 查封、扣押财物、文件的基本规定

为取得和保全证据,保证公私财物不受损失,侦查机关应当查封、扣留与案件有关的财物和文件,与案件无关的财物、文件不得查封、扣押。

查封、扣押物证、书证应当遵循以下程序:(1)查封、扣押财物、文件,应当经侦查机关批准,制作查封、扣押决定书,执行查封、扣押的侦查人员不得少于二人,并出示有关法律文书。但是对在搜查或现场勘查中发现的罪证和可疑财物、文件的查封、扣押,不另办法律手续,由搜查或现场勘查的指挥人员决定。(2)对查封、扣押的财物和文件,应当会同在场见证人和被查封、扣押财物、文件的持有人查点清楚,当场开列查封、扣押清单,写明财物或者文件的名称、编号、数量、特征及其来源等,由侦查人员、持有人和见证人签名。当场开列的清单,不得涂改,凡是必须更正的,须由侦查人员、持有人和见证人共同签名或盖章,或者重新开列清单。对于无法确定持有人的财物、文件或者持有人拒绝签名的,侦查人员应当在清单中注明。(3)依法扣押文件、金银、珠宝、名贵字画等贵重财物的,应当拍照或者录像,并及时鉴定、估价。(4)对作为犯罪证据但不便提取的财物、文件,经登记、拍照或者录像、估价后,可以交财物、文件持有人保管或者封存,并且开具登记保存清单,由侦查人员、持有人和见证人签名。(5)扣押犯罪嫌疑人的邮件、电子邮件、电报,应当经侦查机关批准,制作扣押邮件、电报通知书,通知邮电部门或者网络服务单位检交扣押。不需要继续扣押的时候,应当经侦查机关批准,制作解除扣押邮件、电报通知书,立即通知邮电部门或者网络服务单位。(6)对查封、扣押的财物、文件、邮件、电子邮件、电报,经查明确实与案件无关的,应当在3日以内解除查封、扣押,退还原主或者原邮电部门、网络服务单位。(7)对被害人的合法财产及其孳息权属明确无争议,并且涉嫌犯罪事实已经查证属实的,应当在登记、拍照或者录像、估价后及时返还,并在案卷中注明返还的理由,将原物照片、清单和被害人的领取手续存卷备查。查找不到被害人,或者通知被害人后,无人领取的,应当将有关财产及其孳息随案移送。(8)对查封、扣押的财物及其孳息、文件,侦查机关应当妥善保管,以供核查。任何单位和个人不得使用、调换、损毁或者自行处理。对容易腐烂变质及其他不易保管的财物,可以根据具体情况,经侦查机关批准,在拍照或者录像后委托有关部门变卖、拍卖,变卖、拍卖的价款暂予保存,待诉讼终结后一并处理。对违禁品,应当依照国家有关规定处理;对于需要作为证据使用的,应当在诉讼终结后处理。(9)查封、扣押的情况应当制作笔录,由侦查人员、持有人和见证人签名。对于无法确定持有人或者持有人拒绝签名的,侦查人员应当在笔录中注明。

2. 保管、处理查封、扣押、调取的证据

(1)保管。对于查封、扣押、调取的财物、文件、邮件、电子邮件、电报,应当指派专人妥善保管,不得使用、调换、损毁或者自行处理。对于可以作为证据使用的录音带、录像带、电子数据存储介质,应当记明案由、对象、内容、录取、复制的原始设备品牌型号、时间、地点、规格、类别、应用长度、文件格式及长度等,并妥善保管。侦查人员应当将所查封、扣押财物、文件与查封、扣押物品、文件清单一份一同交保管人员,当场查验、清点、登记在册后签收。保管人员对所保管的涉案财物,应当装入保管袋中,并在封口处签名对于不能装入保管袋的,应当采取能保持其原始状态的方式存入。对涉案财物的保管、登记,应当按照案件及财物类别登记。对现场扣押的无主财物、文件,与犯罪有关的,在案件未破获前,由主办案件单位负责保管。

(2)处理。对查封、扣押的财物及其孳息、文件,公安机关应当妥善保管,以供核查。任何单位和个人不得使用、调换、损毁或者自行处理。①处理不便提取的财物、文件。对作为犯罪证据但不便提取的财物、文件,经登记、拍照或者录像、估价后,可以交财物、文件持有人保管或者封存,并且开具登记保存清单一式两份,由侦查人员、持有人和见证人签名,一份交给财物、文件持有人,另一份连同照片或者录像资料附卷备查。财物、文件持有人应当妥善保管,不得转移、变卖、毁损。②处理不易保管的财物。对容易腐烂变质及其他不易保管的财物,可以根据具体情况,经县级以上公安机关负责人批准,在拍照或者录像后委托有关部门变卖、拍卖,变卖、拍卖的价款暂予保存,待诉讼终结后一并处理。对违禁品,应当依照国家有关规定处理对于需要作为证据使用的,应当在诉讼终结后处理。③发还被害人。对被害人的合法财产及其孳息权属明确无争议,并且涉嫌犯罪事实已经查证属实的,应当在登记、拍照或者录像、估价后及时返还,并在案卷中注明返还的理由,将原物照片、清单和被害人的领取手续存卷备查。查找不到被害人,或者通知被害人后,无人领取的,应当将有关财产及其孳息随案移送。④随案移交。案件变更管辖时,与案件有关的财物及其孳息应当随案移交财物时,由接收人、移交人当面查点清楚,并在随案移交清单上共同签名。

3."3·8"案件的查封、扣押

"3·8"案件侦查过程中,为保全证据,扣押了乌＊风随身携带的人民币等涉案物品,形成如下诉讼文书和证据材料:

表 3-36　查封扣押笔录

查封扣押笔录

时间：20＊＊ 年 3 月 12 日 10 时 15 分至 20＊＊年 3 月 12 日 10 时 40 分

地点：＊＊市公安局刑侦支队

提取人员姓名、单位：侯＊＊、陈＊，＊＊市公安局刑侦支队三大队

记录人姓名、单位：杨＊＊，＊＊市公安局刑侦支队三大队

被提取人：乌＊风,男,1985 年 8 月 30 日生,＊＊省＊＊县人

见证人：高＊＊,男,身份证号：35＊＊＊＊＊＊＊＊＊＊＊＊＊,住＊＊省＊＊市＊＊镇＊＊村 27 号

事由和目的：提取扣押犯罪嫌疑人乌＊风作案时的随身衣物中的涉案物品,证实乌＊风的犯罪事实。

过程和结果：20＊＊年 3 月 8 日上午,群众报警称＊＊省＊＊市＊＊镇＊＊村梡翠庵发生杀人案件。经出警民警采取现场勘验、现场访问等侦查工作后发现,梡翠庵的管理人员焦＊云(男,63 岁),其孙子焦＊＊(男,3 岁)被人杀死,其妻子刘＊风(女,58 岁)被人打伤头部于梡翠庵卧室。

经公安机关进一步侦查发现,犯罪嫌疑人乌＊风在案发时间段到过梡翠庵现场,在现场留有脚印等痕迹,有重大作案嫌疑。3 月 9 日 0 时许办案民警侯＊＊、陈＊＊、杨＊＊在＊＊市＊＊区＊＊广场＊＊宾馆将犯罪嫌疑人乌＊风拘传到案,同时办案民警依据乌＊风供述,对其在梡翠庵杀人作案时穿着的衣服等涉案物品依法提取,因乌＊风作案时穿着的衣服、裤子、皮鞋为重要物证,可能留有罪案的重要痕迹物证,办案民警立即进行封存处理,并送＊＊市公安局物证鉴定所提取检材进行鉴定。

20＊＊年 3 月 12 日,＊＊市公安局物证鉴定所在检验完毕后,将犯罪嫌疑人乌＊风作案时穿着的衣服、裤子、皮鞋等本案检材退回,并告知犯罪嫌疑人乌＊风的军绿色"波司登"羽绒长袖外衣的两侧外口袋内还留有人民币现金、彩票、电工胶带团、烟头、银行卡等物品。为进一步完善本案证据,办案民警侯＊＊、陈＊、杨＊当即对犯罪嫌疑人乌＊风作案时穿着的军绿色"波司登"羽绒长袖外衣进行检查,在口袋内发现有小面额人民币现金 281.4 元(纸币:10 元面额 17 张,5 元面额 14 张,1 元面额 41 张,硬币:1 角 4 张),黑色电工胶带团 4 个,红梅牌香烟烟头 3 枚,中国福利彩票 1 张(20＊＊037 期,金额 20 元),招商银行卡 1 张(卡号:622588591638＊＊＊＊),中国邮政储蓄银行卡(卡号:621098403000369＊＊＊＊),中国建设银行卡(卡号:621700182001533＊＊＊＊)黑色塑料盖帽(疑似裁纸刀盖帽部件)1 个,及电话卡 1 张(＊＊电信卡),办案人员依法进行对上述物品进行提取,并决定对现金、彩票、银行卡、电工胶带团、烟头等物品予以扣押。

提取人员：陈＊,侯＊＊　　　记录人：杨＊

见证人：高＊＊

物品所有人：乌＊风　　20＊＊年 3 月 12 日

表 3-37　扣押决定书

＊＊市公安局

扣 押 决 定 书

（副　本）

＊公（刑）封字〔20＊＊〕00056 号

姓名　　乌＊风　　，性别　男　，出生日期　　1985 年 8 月 30 日　　，身份证件种类及号码 身份证 35 ＊＊＊＊＊＊＊＊＊＊＊＊＊＊　住址＊＊省＊＊县＊＊乡＊＊村 123 号　　。

单位名称　　　　　　　　　法定代表人　　　　　　　　　，单位地址及联系方式 　　　　　　　　　　　　　　　　　　　　　　　　　　　　　。

我局在侦查 20＊＊.3.8 故意杀人案　案件中发现你（单位）持有的下列财物、文件可用以证明犯罪嫌疑人有罪或者无罪，根据《中华人民共和国刑事诉讼法》第一百三十九条之规定，现决定扣押：

编号	名称	数量	特征
1	中国福利彩票	壹张	乌＊风作案时穿着的军绿色"波司登"羽绒服口袋里
2	中国邮政储蓄银行卡	壹张	犯罪嫌疑人乌＊风作案时穿着的外套口袋里
3	中国建设银行卡	壹张	犯罪嫌疑人乌＊风作案时穿着的外套口袋里
4	招商银行卡	壹张	犯罪嫌疑人乌＊风作案时穿着的外套口袋里
5	红梅香烟烟头	壹枚	犯罪嫌疑人乌＊风作案时穿着的外套口袋里
6	电工胶带团	肆个	犯罪嫌疑人乌＊风作案时穿着的外套口袋里
	人民币	贰佰捌拾壹元肆角	犯罪嫌疑人乌＊风作案时穿着的外套口袋里

公安局（印）

年　月　日

表 3-38　扣押清单

编号	名　称	数量	特　征	备注
1	中国福利彩票	壹张	20＊＊037 期,金额 20 元	乌＊风作案时穿着的军绿色"波司登"羽绒长袖外衣口袋内的物品
2	人民币现金	贰佰捌拾壹元肆角	纸币:10 元面额 17 张,5 元面额 14 张,1 元面额 41 张;硬币:1 角面额 4 个	
3	电工胶带团	肆个	黑色	
4	烟头	壹张	"红梅"牌	
5	招商银行卡	壹张	卡号:622588591638＊＊＊＊	
6	中国建设银行卡	壹张	卡号:421700182001533＊＊＊＊	
7	中国邮政储蓄银行卡	壹张	卡号:621098403000369＊＊＊＊	
	（以下空白）			

持有人:乌＊风	见证人:	保管人:	办案单位(盖章)
			办案人:
20＊＊年 3 月 12 日	年　月　日	年　月　日	20＊＊年 3 月 12 日

本清单一式三份,一份附卷,一份交持有人,一份交公安机关保管人员。

四、侦查终结

（一）侦查终结的相关规定

侦查终结是侦查机关经过一系列的侦查活动,认为案件事实已经查清,证据确实充分,足以认定犯罪嫌疑人是否犯罪和应否对其追究刑事责任而决定结束侦查,并依法对案件作出处理的一项诉讼活动。侦查终结是侦查程序的最后一个事项,具体工作内容包括:

1. 听取辩护律师的意见。在案件侦查终结前,辩护律师提出要求的,侦查机关应当听取辩护律师的意见,并记录在案。辩护律师提出书面意见的,应当附卷。

2. 制作结案报告,结案报告应当包括以下内容:(1)犯罪嫌疑人的基本情况;(2)是否采取了强制措施及其理由;(3)案件的事实和证据;(4)法律依据和处理意见。

3. 对案件作出处理决定。对案件事实清楚,证据确实充分,应当追究刑事责任的案件,应当制作起诉意见书,连同案卷材料、证据一并移送同级人民检察院审查决定;发现不应对犯罪嫌疑人追究刑事责任的,应当撤销案件,并制作撤销案件决定书。

4. 整理案件材料和立卷。案卷分为诉讼卷和侦查卷,诉讼卷是需要移送人民检察院审查的案卷材料,可以分为诉讼文书卷和证据材料卷;侦查卷是公安机关在办理刑事案件过程中形成的内部使用的文书以及其他不需要移送人民检察院的材料,侦查卷供侦查机关内部备查,不向人民检察院移送。

(二)"3·8"案件的侦查终结工作

"3·8"案件经侦查机关 2 个月的不懈努力,收集调取了大量证据,侦查机关认为本案事实已经查清,根据在案的证据足以认定犯罪嫌疑人乌＊风构成故意杀人罪,依法应当承担刑事责任,所以决定移送人民检察院审查起诉。该案在侦查终结阶段形成侦查终结报告书、起诉意见书等诉讼文书,并且根据实际需要将案卷装订为四本诉讼卷和一本侦查卷。

表 3-39　听取律师意见笔录

＊＊市公安局

听取律师意见笔录

时间：　20＊＊　年 5 月 9 日 8 时 30 分至 5 日 9 时 9 分

地点：　＊＊市公安局刑侦支队接待室　

办案人员姓名：　侯＊.陈＊＊　　记录人姓名：　陈＊＊　

律师情况:刘＊＊,男,执业证号码:13＊＊＊＊＊＊＊＊＊＊,＊＊律师事务所律师,联系电话:13＊＊＊＊＊＊＊＊

问:乌＊风涉嫌故意杀人犯罪一案现在侦查终结,即将移送人民检察院审查起诉,你对本案有哪些意见?

答:＊＊律师事务所接受＊＊市法律援助中心的指派,决定由我担任"乌＊风涉嫌故意杀人罪"的辩护人。接受委托后,我于 20＊＊年 4 月 28 日会见了乌＊风,调查访问了乌＊风的父亲乌＊＊,走访了案发现场外围,也与承办民警交换了意见。我对案件提出一些意见,供侦查机关参考。

问:好,讲一讲你对本案的事实认定和法律适用两方面的意见。

答:从本律师目前了解的案件情况来看,我认为乌＊风对焦＊云实施殴打定性上是否可以考虑"假想防卫"。据乌＊风陈述是焦＊云先对他动手,拿木棍打他,他怕被其抓住,所以才随手拿了庵内的木棍击打焦＊云,并没有想要杀害焦＊云;据乌＊风供述,其对刘＊凤和孙子焦＊＊都是在极度紧张的情况下才做出殴打、捂口鼻等一系列行为,主观上也没有杀害的故意。所以本案在定性上认定为"故意伤害罪"是否更符合客观实际?本案量刑上,我认为本案是无预谋的激情犯罪,乌＊风也没有前科,系一时冲动犯下大罪,认罪态度也比较好,希望侦查机关能够提出酌定从轻处理的意见。

问:你对本案的侦查过程有何意见?

答:因为尚未看到卷宗材料,目前我没有发现本案侦查程序有重大错误。

问:你还有其他意见吗?

答:暂时没有了。

问:乌＊风家属(或亲友)还有什么要求?

答:他们没有提出意见。

问:请把笔录看一遍,如果记录有误可以修改或者补充;如果记录无误,请签字确认。

答:以上笔录阅过,无误。

辩护人:刘＊＊

办案人员:侯＊.陈＊＊

20＊＊年 5 月 9 日

表 3-40 呈请案件侦查终结报告书

领导批示	同意。 陈 *（** 市公安局印） 20** 年 5 月 10 日
办案部门意见	拟同意承办人意见,呈上级领导审批。 林 ** 20** 年 5 月 10 日

呈请案件侦查终结报告书

乌 * 风涉嫌故意杀人一案,我局于 20** 年 3 月 8 日接到群众报警并立案侦查,3 月 11 日破案,犯罪嫌疑人乌 * 风于 3 月 8 日 23 时许在 ** 市 ** 区 ** 广场 ** 宾馆 345 房间内被我局抓获。通过侦查和讯问,已侦查终结,现将案件情况报告如下:

一、犯罪嫌疑人基本情况

犯罪嫌疑人乌 * 风,曾用名乌大头,男,1985 年 8 月 30 日生,汉族,** 省 ** 县人,大学专科,无业,家住 ** 省 ** 县 ** 乡 ** 村 123 号,身份证号码 35************** 。20** 年 3 月 9 日,因涉嫌故意杀人罪被我局刑事拘留,同年 3 月 17 日被执行逮捕,现羁押于 ** 市第一看守所。

辩护人:刘 **,福建中天成律师事务所,执业证号:13************* 。

二、案件来源及侦破经过

乌 * 风涉嫌故意杀人一案,由群众喜 * 报警至我局,20** 年 3 月 8 日上午 8 时许,群众喜 * 发现 ** 省 ** 市 ** 镇 ** 村山上桄翠庵内发生杀人案件,庵内管理人员的焦 * 云(男,63 岁,** 省 ** 市人,身份证 35***************)和其孙子焦 **(男,3 岁,** 省 ** 市人,身份证 35*************)被杀死在桄翠庵内,其妻子刘 * 凤(女,58 岁,** 省 ** 县人,身份证 35***********)头部被打伤。我局立刻启动命案侦破机制,由刑侦支队三大队立案侦查。通过现场调查、勘查、情报研判和技术侦查,发现犯罪嫌疑人乌 * 风有重大作案嫌疑,3 月 8 日 23 时许,我局在 ** 市 ** 区 ** 广场 ** 宾馆 345 房间内抓获犯罪嫌疑人乌 * 风。到案后,民警依法对乌 * 风展开讯问,乌 * 风当即对其在 ** 镇 ** 村山上桄翠庵杀人作案的犯罪事实供认不讳。

三、涉嫌的主要犯罪事实

20** 年 3 月 7 日上午 9 时许,犯罪嫌疑人乌 * 风自 ** 市 ** 区 ** 城市广场乘坐公交车前往 ** 镇 ** 庙拜佛。14 时许,乌 * 风来到 ** 镇 ** 庙,因发现未带够钱购买香火,即决定下山前往半途中人少的桄翠庵独自一人拜佛,并不准备购买香火。17 时许,乌 * 风来到桄翠庵时正遇被害人刘 * 凤在庵内打扫,因害怕被其请出庵堂,便藏匿于桄翠庵珈蓝殿主神龛西北方向神像摆放台与殿内墙体构成的狭小夹角内。当刘 * 凤打扫完毕,关上庵门与灯光后,乌 * 风仍在夹角内继续躲藏,一两小时后,当他确认刘 * 凤不会再返回珈蓝殿后,才从躲藏处出来。在躲藏期间,乌 * 风将身上所携带的红梅牌香烟吸完,把 2 枚烟头丢在地上,最后一枚烟头在烟盒上掐灭后丢弃于其躲藏的佛龛西面的龛台上。当乌 * 风离开藏匿处时,将随身携带的一个康佳牌手机充电器以及一包纸巾遗落于龛台。乌 * 风独自在珈蓝殿和大雄宝殿拜佛约 2 个小时,准备离开桄翠庵时发现大雄宝殿后堂的门已被人锁死,只好在珈蓝殿和大雄宝殿内游荡寻找出口。

续表

3月8日0时许,犯罪嫌疑人乌*风准备从大雄宝殿后堂东北角铁门的右下角钻出时,发现该门虚掩,即从此门穿过进入大雄宝殿,后部的管理人员生活区并沿西面石阶走上生活区的天井。此时,被害人焦*云恰从宿舍走出,发现犯罪嫌疑人乌*风后便对其大叫,并拿起一根长约2米的木棍向其打来。乌*风在躲避焦*云时随手从身边拿起一根木棍猛烈殴打焦*云头部和身体,直至将其打倒在地。在此过程中,被害人刘*风走出卧室看此情景后大声呼喊并退回卧室关上铁门,乌*风想到当天上山时曾与刘*风有过交谈,害怕其会认出自己,便撞开宿舍铁门进入屋内。随即乌*风从刘*风手中夺过手机扔于床上,持棍棒猛烈殴打刘*风头部,将其打倒在卧室门口。因卧室床上的被害幼儿焦**哭闹,乌*风放下手中的棍子,将其抱起用手捂住嘴,但未能阻止其哭闹,乌*风便将其放在卧室的地面上,从床上拿起一枕头用力捂住其口鼻部,直至被害幼儿焦**不能动弹。经法医鉴定,被害人焦*云系他人用棍棒类钝器打击头部致重度颅脑损伤死亡,被害幼儿焦**系他人捂压口鼻部导致窒息死亡,被害人刘*风的损伤属于轻伤一级。

此后,犯罪嫌疑人乌*风在现场进行翻动,他在桌子对面的床架上发现一钱包,从钱包内取出部分的数张百元钞票及数量不等的零钞,再将钱包放在电视桌上。为了在下山时躲避监控拍摄,乌*风又在宿舍内木架上取走一件男式棉袄大衣,在冰箱东侧取走一把雨伞,穿上男式棉袄大衣撑着雨伞从桄翠庵下山离开。

四、认定上述事实的主要证据及分析

认定上述事实的证据如下:

1. 报案记录、报案人笔录、接处警记录、处警民警执法记录仪录像证实发现命案的过程,及现场处置情况。

2. 抓获经过、提取笔录,证实犯罪嫌疑人乌*风被抓获的时间、地点及被扣押衣服、裤子、鞋、钱款等物品的情节。

3. 与本案相关的道路场所的监控视频、犯罪嫌疑人乌*风手机话单,证实犯罪嫌疑人乌*风案发前后前往和逃离犯罪现场的活动轨迹。

4. **市公安局刑侦支队技术处《*公(刑)勘[20**]K350100**130020**020002号》现场勘验检查工作记录,证实现场勘验检查过程和提取的相关物证。

5. **市公安局物证鉴定所《**公鉴[20**]294号》鉴定书和《**公鉴[20**]316号》法庭科学DNA鉴定书,证实现场所留血脚印系在犯罪嫌疑人乌*风暂住处提取的乌*风所穿的皮鞋的鞋印,此皮鞋上粘有被害死者焦*云的血迹。

6. **市公安局物证鉴定所《**公鉴[20**]303号》鉴定书和《**公鉴[20**]316号》法庭科学DNA鉴定书,证实从神龛台上提取的红梅牌香烟包装物上的指纹系犯罪嫌疑人乌*风所留,现场提取到的红梅牌香烟留有犯罪嫌疑人乌*风的DNA。

7. **市公安局物证鉴定所《*公鉴[20**]308-1号》《*公鉴[20**]308-2号》《*公刑技法临[20**]279号》鉴定书,证实被害人焦*云系他人用棍棒类钝器打击头部致重度颅脑损伤死亡;被害幼儿焦**系他人捂压口鼻导致窒息死亡;被害人刘*风的损伤属轻伤一级。

8. 证人喜*、焦*德、张**、林**、刘**、田**、苏**、林**、陈**等人的证言,证实发现命案的过程及被害人的身份等情况,以及犯罪嫌疑人生活工作经济等方面情况。

9. 犯罪嫌疑人乌*风的供述、自述及辨认材料,对其实施杀害和伤害被害人的详细过程供认不讳,并对犯罪现场和相关人员、物品、监控视频进行辨认。有现场指认录像、讯问同步录音录像等相关材料对乌*风相关供述进行固定。

10. 户籍前科、抓捕犯罪嫌疑人乌*风现场录像,能证实犯罪嫌疑人乌*风的身份和抓获情况。

续表

五、需要说明的问题

该案在侦查和预审中出现的问题,一并说明如下:

1. 男式棉袄、折叠雨伞等物证的查找。

犯罪嫌疑人乌＊风在栊翠庵杀人作案后,为了在下山时躲避监控拍摄,在宿舍内木架上取走一件男式棉袄大衣,在冰箱东侧取走一把雨伞并穿上男式棉袄大衣撑着雨伞从栊翠庵下山离开。下山后,乌＊风即将折叠雨伞和男式棉袄丢弃。对此情况,我队专门组织民警在乌＊风逃离杀人现场的轨迹沿线搜寻上述物证,同时考虑到当地卫生工可能将这些物品清理,民警又对沿途卫生包片责任人保洁工作人员田＊＊、苏＊＊进行了走访(见证人田＊＊、苏＊＊询问笔录),但均未找到乌＊风丢弃的男式棉袄和折叠雨伞。

2. 对逃离沿线中目击证人的查找。

犯罪嫌疑人乌＊风在栊翠庵杀人作案后逃离现场,其步行至在＊＊市＊＊区＊＊路＊＊酒店附近后乘坐出租车前往＊＊街区,在＊＊路下车并购买饮料后再次乘坐出租车前往＊＊区＊＊广场附近的＊＊宾馆住宿。通过＊＊市道路运营管理处交通110联动办公室的GPS管理平台对乌＊风所乘坐出租车的GPS轨迹进行查询后民警发现,＊＊市出租汽车公司的闽AT86＊＊出租车的GPS轨迹,与乌＊风由＊＊街区到＊＊广场的乘坐的出租车较为符合。民警对闽AT86＊＊出租车当班司机华＊＊进行了询问取证,但华＊＊无法回忆起当日搭载乘客的情况,也没有辨认出犯罪嫌疑人乌＊风。(见证人华＊＊询问笔录,闽AT86＊＊出租车GPS行车轨迹)该出租车为私有挂靠出租公司车辆,车内均未安装摄像照相设备。

3. 对犯罪嫌疑人＊风杀人后从现场取走现金金额无法认定。

根据乌＊风供述,其在案发前一天曾把钱放在一网友那里,而案发当天这个网友把钱1200元还给他,因此民警仅依据其随身扣押的现金,无法确认乌＊风杀人后从现场取走现金的具体金额。民警多次对乌＊风进行讯问,要求乌＊风提供该网友的身份,并提供网友的网名、电话号码等联系方式,但乌＊风均拒绝提供。为此,民警对乌＊风个人经济状况方面进行调查,发现乌＊风于20＊＊年12月份来＊＊市后没有固定住处,多在宾馆和单身公寓等经营性场所住宿,且多次以家人出交通事故、生病等借口向大学同学林＊＊、刘＊＊等人借钱,并且均未归还(详见证人林＊＊,刘＊＊询问笔录);民警对乌＊风所持有银行卡的交易情况进行查询,发现其银行卡近期只有小额交易,且均为他人存入小额资金后便立即被取出(详见其被扣押建设银行卡的交易明细)。由此可见乌＊风个人经济状况较为拮据。民警又对乌＊风手机联系人进行梳理排查,未发现与其所述网友相符合的人员。民警对乌＊风网络联系人进行梳理查找,但因乌＊风所持有手机为非智能手机,没有网络聊天功能,而其作案后居住的宾馆客房电脑均有断电还原装置,故无法取得相关电子数据以对所谓网友进行核查该1200元还款情节。

4. 该案重要物证,犯罪嫌疑人乌＊风作案使用的木棍上未采集到该人DNA生物检材,乌＊风翻动过的被害人钱包未提取到乌＊风的DNA与指纹信息。

犯罪嫌疑人乌＊风系随身持现场一木棍击打受害人焦＊云,后该木棍被我局技术人员提取。但经＊＊市公安局物证鉴定所检验鉴定,在木棍上提取到了本案受害人焦＊云、焦＊＊和刘＊风的DNA,但未检出乌＊风的DNA。后侦查员将该木棍送＊＊省公安厅物证鉴定中心做进一步检验,仍未检出乌＊风的DNA。另外,犯罪嫌疑人乌＊风杀人后,对现场进行翻动,他在桌子对面的床架上发现一钱包,便从钱包内拿走部分的现金。我局技术人员提取了该钱包,但未提取到乌＊风的DNA与指纹信息。(DNA鉴定情况详见《＊＊公鉴[20＊＊]316号》法庭科学DNA鉴定书)

续表

5. 命案现场受害人无法提供目击证词。

被害人刘＊风头部被犯罪嫌疑人乌＊风持木棍击打，造成严重的颅脑损伤（经鉴定为轻伤一级），至今仍在＊＊省立医院治疗。民警经走访刘＊风主治医生，医生称刘＊风目前人已清醒，可以进行简单的交流，但因颅脑损伤严重，目前还有记忆缺失、认知混乱的症状。民警就案情对刘＊风进行询问，但刘＊风记忆丧失，无法回忆起案发当时的情况，也无法对本案犯罪嫌疑人乌＊风进行指认。（详见被害人刘＊风询问笔录及辨认笔录，被害人家属焦＊德证人笔录）。

六、对案件的处理情况

犯罪嫌疑人乌＊风无视他人生命，对无辜的两名被害老人和一名被害幼儿使用极端暴力手段，造成二人死亡、一人轻伤的严重后果。其行为已触犯《中华人民共和国刑法》第二百三十二条之规定，涉嫌故意杀人罪。根据《中华人民共和国刑事诉讼法》第一百六十条之规定，拟提请侦查终结，移送＊＊市人民检察院审查起诉。

妥否，请批示。

刑事侦查支队三大队

二○＊＊年五月八日

表 3-41　起诉意见书

＊＊市公安局

起诉意见书

＊公（刑）诉字（20＊＊）00078 号

犯罪嫌疑人乌＊风，曾用名乌大头，男，1985 年 8 月 30 日生，汉族，＊＊省＊＊县人，大学专科，无业，家住＊＊省＊＊县＊乡＊村 123 号，身份证号码 35＊＊＊＊＊＊＊＊＊＊。20＊＊年 3 月 9 日因涉嫌故意杀人罪被我局刑事拘留，同年 3 月 17 日被执行逮捕，现羁押于＊＊市第一看守所。

辩护人：刘＊＊，福建＊＊律师事务所律师，执业证号：1350＊＊＊＊＊＊＊＊。

犯罪嫌疑人乌＊风涉嫌故意杀人一案，我局于 20＊＊年 3 月 8 日接到群众报警并立案侦查。20＊＊年 3 月 8 日上午 8 时许，群众报警称＊＊省＊＊市＊＊镇＊＊村山上栊翠庵内发生杀人案件。庵内管理人员的焦＊云和其孙焦＊＊被杀死在栊翠庵内，其妻子刘＊风头部被打伤。我局立刻启动命案侦察机制，发现犯罪嫌疑人乌＊风存在重大作案嫌疑，3 月 8 日 23 时许，我局在＊＊市＊＊区＊广场＊＊宾馆 345 房间内抓获犯罪嫌疑人乌＊风，经审查，乌＊风对其在＊＊镇＊＊村山上栊翠庵杀人作案的犯罪事实供认不讳。

经依法侦查查明，犯罪嫌疑人乌＊风涉嫌犯罪事实如下：

20＊＊年 3 月 7 日上午 9 时许，犯罪嫌疑人乌＊风自＊＊市＊＊区＊＊城市广场乘坐公交车前往＊＊镇＊＊庙拜佛。14 时许，乌＊风来到＊＊镇＊＊庙，因发现未带够钱购买香火，即决定下山前往半途中人少的栊翠庵独自一人拜佛，并不准备购买香火。17 时许，乌＊风来到栊翠庵时正遇被害人刘＊风在庵内打扫，因害怕被其请出庵堂，便藏匿于栊翠庵珈蓝殿主神佛龛西北方向神像摆放台与殿内墙体构成的狭小夹角内。当刘＊风打扫完毕，关上庵门与灯光后，乌＊风仍在夹角内继续躲藏，一两小时后，当他确认刘＊风不会再返回珈蓝殿后，才从躲藏处出来，在躲藏期间，乌＊风将身上所携带的

续表

红梅牌香烟吸完,把2枚烟头丢在地上,最后一枚烟头在烟盒上掐灭后丢弃于其躲藏的佛龛西面的龛台上。当乌＊风离开藏匿处时,将随身携带的一个康佳牌手机充电器以及一包纸巾遗落于龛台。乌＊风独自在珈蓝殿和大雄宝殿拜佛约2个小时,准备离开枕翠庵时发现大雄宝殿后堂的门已被人锁死,只好在珈蓝殿和大雄宝殿内游荡寻找出口。

3月8日0时许,犯罪嫌疑人乌＊风准备从大雄宝殿后堂东北角铁门的右下角钻出时,发现该门虚掩,即从此门穿过进入大雄宝殿后部的管理人员生活区并沿西面石阶走上生活区的天井。此时,被害人焦＊云恰从宿舍走出,发现犯罪嫌疑人乌＊风后便对其大叫,并拿起一根长约2米的木棍向其打来。乌＊风在躲避焦＊云时随手从身边拿起一根木棍猛烈殴打焦＊云头部和身体,直至将其打倒在地。在此过程中,被害人刘＊风走出卧室看此情景后大声呼喊并退回卧室关上铁门,乌＊风想到当天上山时曾与刘＊风有过交谈,害怕其会认出自己,便撞开宿舍铁门进入屋内。随即乌＊风从刘＊风手中夺过手机扔于床上,持棍棒猛烈殴打刘＊风头部,将其打倒在卧室门口。因卧室床上的被害幼儿焦＊＊哭闹,乌＊风放下手中的棍子,将其抱起用手捂住嘴,但未能阻止其哭闹,乌＊风便将其放在卧室的地面上,从床上拿起一枕头用力捂住其口鼻部,直至被害幼儿焦＊＊不能动弹。经法医鉴定,被害人焦＊云系他人用棍棒类钝器打击头部致重度颅脑损伤死亡,被害幼儿焦＊＊系他人捂压口鼻部导致窒息死亡,被害人刘＊风的损伤属于轻伤一级。

此后,犯罪嫌疑人乌＊风在现场进行翻动,他在桌子对面的床架上发现一钱包,从钱包内取出部分的数张百元钞票及数量不等的零钞,再将钱包放在电视桌上。为了在下山时躲避监控拍摄,乌＊风又在宿舍内木架上取走一件男式棉袄大衣,在冰箱东侧取走一把雨伞穿上男式棉袄大衣撑着雨伞从枕翠庵下山离开。

认定上述事实的证据如下:

1. 报案记录、报案人笔录、接处警记录、处警民警执法记录仪录像证实发现命案的过程,及现场处置情况。

2. 抓获经过,提取笔录,证实犯罪嫌疑人乌＊风被抓获的时间、地点及被扣押衣服、裤子、鞋、钱款等物品的情节。

3. 与本案相关的道路场所的监控视频、犯罪嫌疑人乌＊风手机话单,证实犯罪嫌疑人乌＊风案发前后前往和逃离犯罪现场的活动轨迹。

4. ＊＊市公安局刑侦支队技术处《＊公(刑)勘[20＊＊]K35010024130020＊＊＊＊＊＊＊号》现场勘验检查工作记录,证实现场勘验检查过程和提取的相关物证。

5. ＊＊市公安局物证鉴定所《＊公鉴[20＊＊]294号》鉴定书和《＊公鉴[20＊＊]316号》法庭科学DNA鉴定书,证实现场所留血脚印系犯罪嫌疑人乌＊风暂住处提取的乌＊风所穿的皮鞋的鞋印,此皮鞋上粘有被害死者焦＊云的血迹。

6. ＊＊市公安局物证鉴定所《＊公鉴[20＊＊]303号》鉴定书和《＊公鉴[20＊＊]316号》法庭科学DNA鉴定书,证实从神龛台上提取的红梅牌香烟包装物上的指纹系犯罪嫌疑人乌＊风所留,现场提取到的红梅牌香烟留有犯罪嫌疑人乌＊风的DNA。

7. ＊＊市公安局物证鉴定所《＊公鉴[20＊＊]308-1号》《＊公鉴[20＊＊]308-2号》《＊公刑技法临[20＊＊]279号》鉴定书,证实被害人焦＊云系他人用棍棒类钝器打击头部致重度颅脑损伤死亡;被害幼儿焦＊＊系他人捂压口鼻导致窒息死亡;被害人刘＊风的损伤属轻伤一级。

8. 证人喜＊、刘＊＊、焦＊德、李＊＊、林＊＊、刘＊＊、田＊＊、苏＊＊、林＊＊、陈＊＊等人的证言,证实发现命案的过程及被害人的身份等情况,以及犯罪嫌疑人生活工作经济等方面情况。

续表

9.犯罪嫌疑人乌＊风的供述、自述及辨认材料,对其实施杀害和伤害被害人的详细过程供认不讳,并对犯罪现场和相关人员、物品、监控视频进行辨认。有现场指认录像、讯问同步录音录像等相关材料对乌＊风相关供述进行固定。

10.户籍前科、抓捕犯罪嫌疑人现场录像,能证实犯罪嫌疑人乌＊风的身份和抓获情况。

上述犯罪事实清楚,证据确实、充分,足以认定。

综上所述,犯罪嫌疑人乌＊风无视他人生命,对无辜的两名被害老人和一名被害幼儿使用极端暴力手段,造成二人死亡、一人轻伤一级的严重后果。其行为已触犯《中华人民共和国刑法》第二百三十二条之规定,涉嫌故意杀人罪。依照《中华人民共和国刑事诉讼法》第一百六十条之规定,特将本案移送你院审查起诉。

此致
＊＊市人民检察院

二○＊＊年五月十日
(＊＊市公安局印)

附:1.本案卷宗五卷　页
　　2.犯罪嫌疑人现羁押于＊＊市第一看守所

表 3-42　收条

收　条

已收到＊＊市公安局刑侦支队移送审查起诉的"20＊＊.3.8 乌＊风故意杀人案"起诉意见书拾份,案卷伍册,光盘拾伍张。

＊＊市人民检察院
(＊＊省＊＊市人民检察院案件受理室印)
20＊＊年 5 月 13 日

表 3-43　换押证

换押证(第一联 移送机关留存)

＊公换字〔20＊＊〕00508 号

犯罪嫌疑人(被告人)　乌＊风　,性别　男　,1985 年 8 月 30 日出生,涉嫌　20＊＊.3.8 故意杀人　(同案人　无　)。现羁押于　＊＊市第一　看守所。该案现因　侦查机关侦查终结,移送人民检察院审查起诉　,于　20＊＊年 05 月 13 日以　直接送达　形式移送(退回)　＊＊市人民检察院　院(局)。

20＊＊年 5 月 13 日
(＊＊市公安局印)

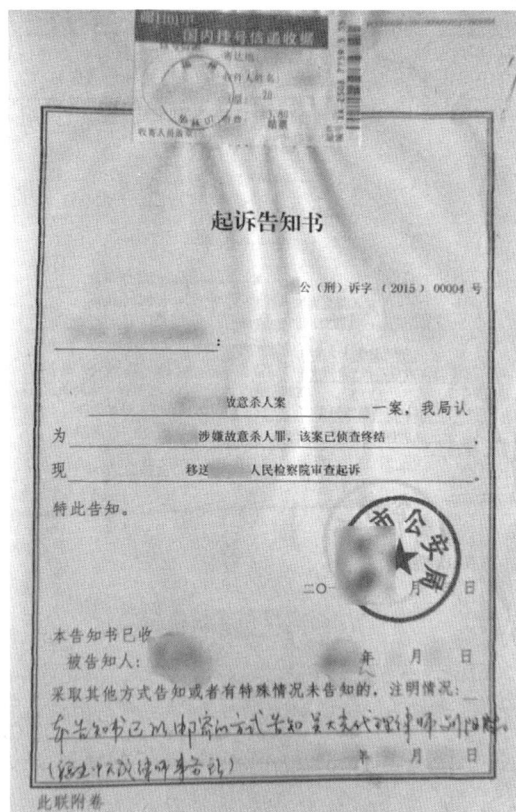

图 3-8

第二节　人民检察院批准逮捕

▌一、批准逮捕概述

1. 批准逮捕的任务和流程

批准逮捕是人民检察院一项重要的诉讼工作,是指对于公安机关侦查的案件,需要逮捕犯罪嫌疑人的,由公安机关写出提请批准逮捕书,连同案卷材料、证据,一并移送同级人民检察院审查批准,由人民检察院作出批准逮捕或者不批准逮捕决定的诉讼活动。逮捕作为一种强制程度较强的侦查措施,为保障人权,在制度设计上强调不同机关之间的相互制约,以防止错用、滥用。

批准逮捕工作分为三个步骤:案件受理、审查逮捕、作出批准逮捕或者不批准逮捕的决定。具体流程见图 3-9:

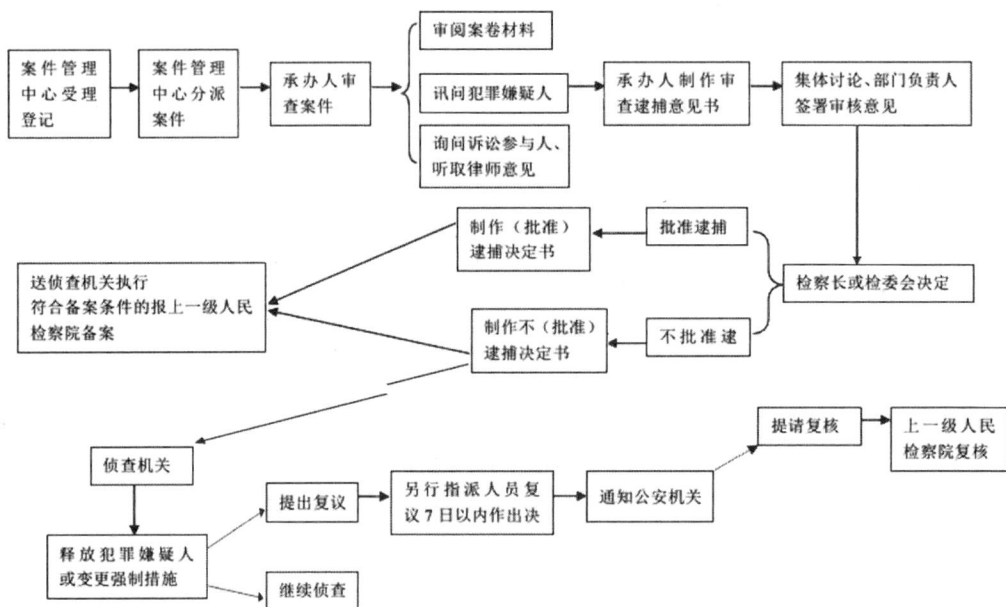

图 3-9 审查逮捕案件流程图

2. 批准逮捕的法律依据

关于人民检察院批准逮捕的相关法律规定主要有:《刑事诉讼法》第 85 条至第 90 条、第 98 条;《人民检察院刑事诉讼规则(试行)》第 139 条至第 146 条、第 303 条至第 326 条,以及最高人民检察院、公安部《关于逮捕社会危险性条件若干问题的规定(试行)》、最高人民检察院《人民检察院审查逮捕质量标准》等。

二、案件受理

1. 案件受理的基本规定:

对于侦查机关移送的审查逮捕案件,由人民检察院案件管理部门统一受理。人民检察院案件管理部门受理案件时,应当接收案卷材料,并立即审查下列内容:(1)依据移送的法律文书载明的内容确定案件是否属于本院管辖;(2)案卷材料是否齐备、规范,符合有关规定的要求;(3)移送的款项或者物品与移送清单是否相符;(4)犯罪嫌疑人是否在案以及采取强制措施的情况。案件管理部门对接收的案卷材料审查后,认为具备受理条件的,应当及时进行登记,并立即将案卷材料和案件受理登记表移送相关办案部门办理。经审查,认为案卷材料不齐备的,应当及时要求移送案件的单位补送相关材料。对于案卷装订不符合要求的,应当要求移送案件的单位重新装订后移送。

2. 本案的受理

本案＊＊市人民检察院案件管理处对＊＊市公安局移送批准逮捕的案件材料进行了审查后,认为符合受理条件,及时进行了登记,并将相关材料移送侦查监督部门,形成下列诉讼文书。

(1)案件受理登记表

表 3-44　受理案件登记表

**市人民检察院

受理案件登记表

统一受案号	*******	案件类别	提请批准逮捕案件		
移送单位	**市公安局	受理日期	20**年3月15日		
主要犯罪嫌疑人/当事人姓名	乌*风	强制措施	刑拘 20**.3.9	罪名/案由	故意杀人罪
案卷册数	2	承办部门	侦查监督科		
案管部门意见	经审查,同意受理。 　　　　　　　　　　　　　　　　李** 　　　　　　　　　　　　　20**年3月15日				
备注		接收人			

表 3-45　接收案件通知书

**市人民检察院

接收案件通知书

*检案收〔20**〕**号

**市公安局:

　　你局于20**年3月15日向本院移送的乌*风故意杀人案一案的法律文书(共　3　份)、案卷材料(卷宗共　3　册、光盘共　10　张)等。经审核,符合《中华人民共和国刑事诉讼法》和《人民检察院刑事诉讼规则(试行)》的相关规定,决定予以接收。

(印章)

20**年3月15日

▌三、审查逮捕

1. 审查逮捕的基本规定

审查批准逮捕工作,由人民检察院侦查监督部门指定办案人员办理。办案人员办理审查批准逮捕案件,不另行侦查,主要采取以下审查方法:

(1)审阅案卷材料和证据。为了对证据收集的合法性以及犯罪嫌疑人、被告人供述的真实性进行审查,侦查监督部门审查逮捕时,可以调取公安机关讯问犯罪嫌疑人的录音、录像并审查相关的录音、录像,对于重大、疑难、复杂的案件,必要时可以审查全部录音、录像。经审查讯问犯罪嫌疑人录音、录像,发现侦查机关讯问不规范,讯问过程存在违法行为,录音、录像内容与讯问笔录不一致等情形的,应当逐一列明并向侦查机关书面提出,要求侦查机关予以纠正、补正或者书面作出合理解释。发现讯问笔录与讯问犯罪嫌疑人录音、录像内容有重大实质性差异的,或者侦查机关不能补正或者作出合理解释的,该讯问笔录不能作为批准逮捕的依据。

(2)可以讯问犯罪嫌疑人,有《刑事诉讼法》第 86 条规定的情形的,应当讯问犯罪嫌疑人。讯问未被拘留的犯罪嫌疑人,讯问前应当征求侦查机关的意见,并做好办案安全风险评估预警工作。对被拘留的犯罪嫌疑人不予讯问的,应当送达听取犯罪嫌疑人意见书,由犯罪嫌疑人填写后及时收回审查并附卷。经审查发现应当讯问犯罪嫌疑人的,应当及时讯问。

讯问犯罪嫌疑人时,检察人员不得少于二人。犯罪嫌疑人被送交看守所羁押后,讯问应当在看守所内进行。讯问时,应当首先查明犯罪嫌疑人的基本情况,依法告知犯罪嫌疑人的诉讼权利和义务,听取其供述和辩解,有检举揭发他人犯罪线索的,应当予以记录,并依照有关规定移送有关部门处理。讯问犯罪嫌疑人应当制作讯问笔录,并交犯罪嫌疑人核对或者向其宣读,经核对无误后逐页签名、盖章或者捺指印并附卷。犯罪嫌疑人请求自行书写供述的,应当准许,但不得以自行书写的供述代替讯问笔录。

(3)必要时,可以询问证人、被害人、鉴定人等诉讼参与人,并制作笔录附卷。

询问笔录格式如下:

表 3-46　询问笔录

** 人民检察院

询 问 笔 录

询问时间:_____年___月___日___时___分至_____年___月___日___时___分

询问地点:_____

询问人:_____　记录人_____

案由:_____

被询问人姓名:_____　曾用名:_____　性别:_____

年龄:_____　民族:_____　籍贯:_____　受教育状况:_____

住址:_____

工作单位:_____

职务或职业:_____

联系方式:_____

告知:(出示工作证件)我们是 *** 人民检察院的检察人员,现依法对你进行询问。法律规定,凡是知道案件情况的人,都有作证的义务;你应当如实提供有关证言和其他证据,但是对于与本案无关的问题,你有拒绝回答的权利;故意提供虚假证言或者其他证据,故意隐匿。毁灭证据都要负相应的法律责任。(向被询问人宣读并送达权利和义务告知书)

问:你清楚了吗?

答:

问:

答:(证词的主要内容)

问:本次询问中,有无非法羁押、刑讯逼供、威胁、引诱、欺骗或者以其他非法方法获取证言或者其他证据的情形?

续表

答：
问：你还有何补充？
答：
问：你以上所讲是否属实？
答：
[被询问人写：以上笔录我看过（向我宣读过），和我说的相符。]
被询问人： 　　　　年　　月　　日
询问人：(签字)

（4）听取辩护律师意见。《人民检察院刑事诉讼规则（试行）》第 309 条规定："在审查逮捕过程中，犯罪嫌疑人已经委托辩护律师的，侦查监督部门可以听取辩护律师的意见。辩护律师提出要求的，应当听取辩护律师的意见。对辩护律师的意见应当制作笔录附卷。辩护律师提出不构成犯罪、无社会危险性、不适宜羁押、侦查活动有违法犯罪情形等书面意见的，办案人员应当审查，并在审查逮捕意见书中说明是否采纳的情况和理由。"

听取辩护律师意见笔录格式如下：

表 3-47　听取律师意见笔录

人民检察院

听取律师意见笔录

时间：＿＿＿年＿＿月＿＿日＿＿时＿＿分至＿＿日＿＿时＿＿分

地点：＿＿＿＿＿＿＿＿＿＿＿＿＿＿＿＿＿＿＿＿＿＿

办案人员姓名：＿＿＿＿＿＿＿＿＿　　记录人姓名：＿＿＿＿＿＿＿＿＿

律师情况：(写明律师的姓名、性别、执业证号码、所任职的律师事务所、联系电话等基本情况)

问：你对 ＊＊＊ 涉嫌 ＊＊＊ 犯罪一案有何意见？

答：……(具体记录律师关于案件实体和程序方面的意见及有关要求)

问：你及犯罪嫌疑人家属还有什么要求？

答：……

问：请把笔录看一遍，如果记录有误可以修改或者补充；如果记录无误，请签字确认。

律师签名：＿＿＿＿＿＿＿＿＿＿＿＿＿＿＿　　年　　月　　日

办案人员签名：＿＿＿＿＿＿＿＿＿＿＿＿＿　　年　　月　　日

记录人员签名：＿＿＿＿＿＿＿＿＿＿＿＿＿　　年　　月　　日

2."3·8"案件的审查逮捕

办案人员在收到乌 ＊ 风案件提请批准逮捕的案卷后，认真审阅了案件材料和证据，讯问了犯罪嫌疑人乌 ＊ 风，因被害人刘 ＊ 风尚处于昏迷状态，故未询问被害人，本案因案情性质恶劣，情节严重，证据较扎实，在审查逮捕时未听取辩护律师的意见。经审查逮捕，本案形成如下证据材料：

表 3-48　讯问笔录

＊＊市人民检察院

讯问笔录

时间 20＊＊ 年 3 月 15 日 8 时 30 分至 20＊＊ 年 3 月 15 日 12 时 00 分

地点　　＊＊市第一看守所

询问/讯问人(签名)　何＊ 、 胡＊＊ 工作单位　＊＊市人民检察院

记录人(签名)　胡＊＊ 工作单位　＊＊市人民检察院

被询问/讯问人　乌＊风 性别　男 年龄 31 岁 出生日期　1985 年 8 月 30 日

身份证件种类及号码　35＊＊＊＊＊＊＊＊＊＊＊＊＊＊

现住址　＊＊市＊＊广场华居宾馆 联系方式　13＊＊＊＊＊＊＊＊

户籍所在地　　福建省＊＊县＊＊乡林＊＊123 号

问:我们是＊＊市人民检察院检察员(出示工作证),因你涉嫌故意杀人罪,＊＊市公安局于 20＊＊ 年 3 月 15 日提请我院批准逮捕。现在依法对你进行讯问,你要如实回答我们的提问,对于案件无关的问题,你有拒绝回答的权利,我们将对本次讯问过程进行同步录音录像,你听明白了吗?

答:我明白了。

问:根据《中华人民共和国刑事诉讼法》的规定,你有申请回避的权利,就是如果你认为我们两个办案人员与案件有利害关系,不能办理本案,可以申请我们回避,你是否申请?

答:不申请。

问:你的个人基本情况?

答:……

问:你有无精神病史或是家族精神病遗传史?

答:没有。

问:你之前有没有违法犯罪行为被处理过?

答:没有。

问:你在侦查机关供述实施了故意杀人的犯罪事实,是否属实?

答:是事实。

问:你把事情经过讲一下?

答:……(略)

问:案发前你在做什么工作,经济状况如何?

答:以前我都有事做,20＊＊ 年 12 月前我在广西南宁办集成吊顶厂,但是没做好。我来＊＊市的时候随身有带 2 万多元,准备在这里找工作,没找到工作,就想等过完年再看看。于是我就开始买彩票,想博一下赚点钱,2 万基本上都被我用来买彩票了,最终都没赚到钱。所以身上没什么钱。

问:案发前银行卡里以及随身有多少钱?

答:我有一张建设银行的卡,一张招商银行的卡,之前被侦查机关扣了,里面大概一共是三四百元钱吧。我去拜佛那天,身上只有几元钱。

问:你在侦查机关供述:在案发前一天把钱放在网友那里,案发当天我们见面的时候这个网友就把钱给我了,一共是 1200 元。是否属实?

答:是事实。

续表

问:这个网友叫什么名字?
答:他跟这件事没有关系。
问:你要如实陈述案件事实,争取宽大处理。
答:(沉默)
问:你知道上山拜佛是要花钱的,当时为什么没带钱就上山了?
答:我这个人比较糊涂,经常没注意身上有多少钱,3月7日登＊＊庙,也是准备吃素面的时候才发现自己身上只剩下1.5元的。
问:你刚才说你有在现场拿了一个钱包?
答:是的。
问:你什么时候发现钱包的?
答:我离开前,去床头旁边架子上找衣服,看到架子上有一个钱包,我打开钱包看到里面有很多钱,我就顺手抽走了一部分钱。
问:你拿了多少钱走?
答:我当时就是顺手一拿,有几张百元面值的,也有很多零钱,大概有大几百元,具体数目也没有数过。
问:你当时有没有把钱包里的钱都拿走?
答:没有。我印象中还有挺多的钱在钱包里。
问:你拿钱的目的是什么?
答:当时就是想身上没钱了,拿点钱打车回去,还可以买些东西吃。
问:后来这些钱都花到哪里去了?
答:3月8日晚上跟几个网友一起吃饭,花了160元,还有花掉的一些钱也不记得了,剩下的钱在我被抓的时候都被公安人员查扣了。
问:你还有要补充的内容吗?
答:没有了。
问:你在公安机关所作的供述都是自愿陈述的吗?公安机关在审讯你的过程中有没有刑讯逼供等违法的行为?
答:没有打我,都是我自愿说的。
问:以上笔录你看过,与你所说的是否相符?
答:以上笔录看过,与我所说相符。
乌＊风
20＊＊.3.15   检察员:何＊,胡＊＊

四、作出是否批准逮捕决定

1. 基本规定

经审查,人民检察院对符合逮捕条件的犯罪嫌疑人,作出批准逮捕的决定,连同案卷材料送达公安机关执行,并可以对收集证据、适用法律提出意见;人民检察院作出不批准逮捕决定的,应当说明理由,连同案卷材料送达公安机关执行,需要补充侦查的,应当同时通知公安机关。对人民检察院补充侦查提纲中所列的事项,公安机关应当及时进行侦查、核实,并逐一作出说明。犯罪嫌疑人已被拘留的,人民检察院应当在收到提请批准逮捕书后的 7 日以内作出是否批准逮捕的决定;未被拘留的,应当在 15 日以内作出决定,重大、复杂的案件,不得超过 20 日。

对是否批准逮捕,由侦查侦督部门制作审查逮捕意见书,经部门负责人审核后,报请检察长批准或者决定;重大案件应当经检察委员会讨论决定。

2."3·8"案件的决定

对"3·8"案件,辩护律师没有提出不批准逮捕意见书,经人民检察院查阅案卷材料及证据、讯问犯罪嫌疑人乌＊风,认为该案符合《刑事诉讼法》第 79 条的规定,应当作出批准逮捕决定,并对本案的收集证据、适用法律提出意见,形成如下诉讼文书:

(1)审查逮捕意见书

表 3-49　审查逮捕案件意见书

检察长或检察委员会意见	犯罪嫌疑人乌＊风涉嫌故意杀人罪。同意批准逮捕。 刘＊＊ 20＊＊年 3 月 17 日
部门意见	犯罪嫌疑人乌＊风涉嫌故意杀人罪。同意批准逮捕。 陈＊＊ 20＊＊年 3 月 17 日

＊＊市人民检察院

审查逮捕案件意见书

＊检侦监刑捕[20＊＊]＊号

一、受案和审查过程

本院 20＊＊年 3 月 15 日接到＊＊市公安局＊公刑侦字[20＊＊]＊号提请批准逮捕犯罪嫌疑人乌＊风涉嫌故意杀人罪的法律文书及案卷材料、证据后,承办人检察员张＊＊审查了案卷,讯问了犯罪嫌疑人,询问了被害人,听取了辩护律师的意见,核实了有关证据,现已对该案审查完毕。

二、犯罪嫌疑人基本情况

犯罪嫌疑人乌＊风,曾用名乌大头,男,1985 年 8 月 30 日生,身份证号码 35＊＊＊＊＊＊＊＊＊＊＊＊,汉族,大学专科,福建省＊＊县人,家住福建省＊＊县＊＊乡＊＊村 123 号,无业。3 月 9 日因涉嫌故意杀人罪被＊＊市公安局刑事拘留,现羁押于＊＊市第一看守所。无前科,无影响羁押的严重疾病。

三、发、立、破案经过

20＊＊年 3 月 8 日上午 8 时许,群众报警称福建省＊＊市＊＊镇＊＊村山上枕翠庵内发生杀人案件。庵内管理人员的焦＊云和其孙焦＊＊被杀死在枕翠庵内,其妻子刘＊凤头部被打伤。＊＊市公安局立

续表

刻启动命案侦察机制,于20＊＊年3月8日立案,发现犯罪嫌疑人乌＊风存在重大作案嫌疑,3月8日23时许,在＊＊市＊＊广场＊＊宾馆345房间内将犯罪嫌疑人乌＊风抓获。

四、经审查认定的案件事实及证据

(一)侦查机关认定的案件事实

20＊＊年3月7日上午9时许,犯罪嫌疑人乌＊风自＊＊市＊＊城市广场乘坐公交车前往＊＊镇＊＊庙拜佛。14时许,乌＊风来到＊＊镇＊＊庙,因发现未带够钱购买香火,即决定下山前往半途中人少的枕翠庵独自一人拜佛,并不准备购买香火。17时许,乌＊风来到枕翠庵时正遇被害人刘＊风在庵内打扫,因害怕被其请出庵堂,便藏匿于枕翠庵珈蓝殿主神佛龛西北方向神像摆放台与殿内墙体构成的狭小夹角内。当刘＊风打扫完毕,关上庵门与灯光后,乌＊风仍在夹角内继续躲藏,一两小时后,当他确认刘＊风不会再返回珈蓝殿后,才从躲藏处出来,在躲藏期间,乌＊风将身上所携带的红梅牌香烟吸完,把2枚烟头丢到地上,最后一枚烟头在烟盒上掐灭后丢弃于其躲藏的佛龛西面的龛台上。当乌＊风离开藏匿处时,将随身携带的一个康佳牌手机充电器以及一包纸巾遗落于龛台。乌＊风独自在珈蓝殿和大雄宝殿拜佛约2个小时,准备离开枕翠庵时发现大雄宝殿后堂的门已被人锁死,只好在珈蓝殿和大雄宝殿内游荡寻找出口。

3月8日0时许,犯罪嫌疑人乌＊风准备从大雄宝殿后堂东北角铁门的右下角钻出时,发现该门虚掩,即从此门穿过进入大雄宝殿后部的管理人员生活区并沿西面石阶走上生活区的天井。此时,被害人焦＊云恰从宿舍走出,发现犯罪嫌疑人乌＊风后便对其大叫,并拿起一根长约2米的木棍向其打来。乌＊风在躲避焦＊云时随手从身边拿起一根木棍猛烈殴打焦＊云头部和身体,直至将其打倒在地。在此过程中,被害人刘＊风走出卧室看此情景后大声呼喊并退回卧室关上铁门,乌＊风想到当天上山时曾与刘＊风有过交谈,害怕其会认出自己,便撞开宿舍铁门进入屋内。随即乌＊风从刘＊风手中夺过手机扔于床上,持棍棒猛烈殴打刘＊风头部,将其打倒在卧室门口。因卧室床上的被害幼儿焦＊＊哭闹,乌＊风放下手中的棍子,将其抱起用手捂住嘴,但未能阻止其哭闹,乌＊风便将其放在卧室的地面上,从床上拿起一枕头用力捂住其口鼻部,直至被害幼儿焦＊＊不能动弹。经法医鉴定,被害人焦＊云系他人用棍棒类钝器击打头部致重度颅脑损伤死亡,被害幼儿焦＊＊系他人捂压口鼻部导致窒息死亡,被害人刘＊风的损伤属于轻伤一级。

此后,犯罪嫌疑人乌＊风在现场进行翻动,他在桌子对面的床架上发现一钱包,从钱包内取出部分的数张百元钞票及数量不等的零钞,再将钱包放在电视桌上。为了在下上时躲避监控拍摄,乌＊风又在宿舍内木架上取走一件男式棉袄大衣,在冰箱东侧取走一把雨伞穿上男式棉袄大衣撑着雨伞从枕翠庵下山离开。

(二)经审查认定的案件事实

经审查认定的案件事实与侦查机关的认定一致。

(三)据以认定上述事实的证据

1. 报案记录、报案人询问笔录、接处警记录、处警民警执法记录仪录像。证明:20＊＊年3月8日在＊＊镇＊＊村枕翠庵发现命案以及侦查机关现场处置情况。

2. 抓获经过、抓捕犯罪嫌疑人现场录像、搜查笔录。证明:犯罪嫌疑人乌＊风于20＊＊年3月9日在＊＊市＊＊广场＊＊宾馆345房间内抓获犯罪嫌疑人乌＊风,经搜查其人身和住处,提取扣押了衣服、裤子、鞋、钱款等物品。

3. 与本案相关的道路场所的监控视频。证明:犯罪嫌疑人乌＊风案发时间段前往和逃离犯罪现场。

4. ＊＊市公安局刑侦支队技术处《＊公(刑)勘[20＊＊]K35010024130020＊＊＊＊＊＊＊＊号》现场勘

续表

验检查工作记录。证明:现场勘验检查过程和提取了被害人尸体、香烟、指纹、脚印、血迹、木棍等相关物证。

5. ＊＊市公安局物证鉴定所《＊公鉴[20＊＊]2＊＊号》鉴定书和《＊公鉴[20＊＊]3＊＊号》法庭科学DNA鉴定书。证明:现场所留血脚印系在犯罪嫌疑人乌＊风暂住处提取的乌＊风所穿的皮鞋的鞋印,此皮鞋上粘有被害死者焦＊云的血迹。

6. ＊＊市公安局物证鉴定所《＊公鉴[20＊＊]3＊＊号》鉴定书和《＊公鉴[20＊＊]3＊＊号》法庭科学DNA鉴定书。证明:从神龛台上提取的红梅牌香烟包装物上的指纹系犯罪嫌疑人乌＊风所留,现场提取到的红梅牌香烟留有犯罪嫌疑人乌＊风的DNA。

7. ＊＊市公安局物证鉴定所《＊公鉴[20＊＊]30＊-1号》《＊公鉴[20＊＊]30＊-2号》《＊公刑技法临[20＊＊]2＊＊号》鉴定书。证明:被害人焦＊云系他人用棍棒类钝器打击头部致重度颅脑损伤死亡;被害幼儿焦＊＊系他人捂压口鼻导致窒息死亡;被害人刘＊风的损伤属轻伤一级。

8. 证人喜＊、焦＊德、李＊＊、林＊＊、刘＊＊、田＊＊、苏＊＊、林＊＊、陈＊＊等人的证言,证明:发现命案的过程及被害人的身份等情况,以及犯罪嫌疑人生活工作经济等方面情况。

9. 犯罪嫌疑人乌＊风于20＊＊年3月9日、20＊＊年3月10日所作的四次供述及犯罪嫌疑人乌＊风对犯罪现场及相关物品、监控视频的辨认笔录。证明:犯罪嫌疑人乌＊风实施了杀害和伤害被害人的犯罪行为。有现场指认录像、讯问同步录音录像等相关材料对乌＊风供述进行固定。

10. 人口信息材料。证明:犯罪嫌疑人乌＊风的身份情况。

五、需要说明的问题

1. 据犯罪嫌疑人乌＊风辩解:"我在案发前一天把钱放在网友那里,案发当天我们见面的时候这个网友就把钱给我了,一共是1200元。"查清其辩解是否真实,以进一步查明犯罪嫌疑人乌＊风的作案动机。

2. 补充犯罪嫌疑人乌＊风所说的作案工具木棍的提取来源和提取程序说明,并就该木棍是否存有乌＊风的DNA等痕迹做进一步鉴定。

3. 查明现场提取到的钱包归属,并对扣押物品钱包内财物的去向作进一步说明。

4. 对解剖尸体通知书上办案人员未签名予以补正。

5. 补充法医鉴定机构及鉴定人资质材料。

6. 补充被害人家属对死者的辨认笔录。

六、处理意见

犯罪嫌疑人乌＊风无视他人生命,对无辜的两名被害老人和一名被害幼儿使用极端暴力手段,造成二人死亡、一人轻伤一级的严重后果。其行为已触犯《中华人民共和国刑法》第二百三十二条之规定,涉嫌故意杀人罪,并有可能判处10年有期徒刑以上刑罚,根据《中华人民共和国刑事诉讼法》第79条的规定,建议以涉嫌故意杀人罪批准逮捕犯罪嫌疑人乌＊风。

承办人:张＊＊

二○＊＊年三月十六日

说明:审查逮捕意见书是侦查监督部门承办案件的检察人员对提请批准逮捕的案件进行审查后,为将所审查认定的案件事实、证据情况以及对犯罪嫌疑人是否应当逮捕的意见报请检察长或检察委员会决定而制作的检察业务工作文书。最高人民检察院2002年8月22日印发了《审查逮捕案件意见书》样本,样本共分六个部分。审查逮捕案件意见书全面记载审查逮捕工作过程、犯罪嫌疑人基本情况、发案立案破案过程、对案件事实和证据的分析认定,以及需要说明的问题和处理意见,是检察长或者检察委员会决定案件的重要依据。

（2）批准逮捕决定书

表 3-50　批准逮捕决定书

＊＊市人民检察院

批准逮捕决定书

（副本）

＊检侦监批捕[20＊＊]14 号

＊＊市公安局：

你局于 20＊＊年 3 月 15 日以＊公(刑)提捕字[20＊＊]00018 号文字提请批准逮捕犯罪嫌疑人乌＊风,经本院审查认为,该犯罪嫌疑人涉嫌故意杀人罪,符合《中华人民共和国刑事诉讼法》第七十九条规定的逮捕条件,决定批准逮捕犯罪嫌疑人乌＊风,请依法立即执行,并将执行情况在三日以内通知本院。

二○＊＊年三月十七日

＊＊市人民检察院(印)

第一联　附卷

（3）继续侦查取证意见书

表 3-51　逮捕案件继续侦查取证意见书

＊＊市人民检察院

逮捕案件继续侦查取证意见书

＊检侦查续查[20＊＊]11 号

＊＊市公安局：

你单位提请批准逮捕的乌＊风故意杀人案,我院对犯罪嫌疑人乌＊风作出批准逮捕决定。为有效地指控犯罪,根据《人民检察院刑事诉讼规则(试行)》第三百一十八条之规定,请在继续侦查过程中注意收集下列证据：

(1)据犯罪嫌疑人乌＊风辩解:"我在案发前一天把钱放在网友那里,案发当天我们见面的时候这个网友就把钱给我了,一共是 1200 元。"查清其辩解是否属实,以进一步查明犯罪嫌疑人乌＊风的作案动机。

(2)补充犯罪嫌疑人乌＊风所说的作案工具木棍的提取来源和提取程序说明,并就该木棍是否存有乌＊风的 DNA 等痕迹做进一步鉴定。

(3)查明现场提取到的钱包归属,并对扣押物品钱包内财物的去向作进一步说明。

(4)对解剖尸体通知书上办案人员未签名予以补正。

(5)补充法医鉴定机构及鉴定人资质材料。

(6)补充被害人家属对死者的辨认笔录。

福建省＊＊市人民检察院(印)

20＊＊年 3 月 17 日

第三节　侦查阶段的辩护

一、概述

1. 侦查阶段辩护的基本规定及工作流程

根据《刑事诉讼法》第33条的规定，犯罪嫌疑人自被侦查机关第一次讯问或者采取强制措施之日起，有权委托辩护人；在侦查期间，犯罪嫌疑人只能委托律师作为辩护人。

辩护律师在侦查期间主要有如下诉讼权利：(1)可以为犯罪嫌疑人提供法律帮助；(2)可以代理申诉、控告；(3)可以申请变更强制措施；(4)可以向侦查机关了解犯罪嫌疑人涉嫌的罪名和案件有关情况，提出意见；(5)辩护律师可以同在押的犯罪嫌疑人、被告人会见和通信；(6)可以收集有关犯罪嫌疑人不在犯罪现场、未达到刑事责任年龄、属于不负刑事责任的精神病人的证据。同时，辩护律师在侦查期间要遵守如下义务：(1)对于危害国家安全犯罪、恐怖活动犯罪、特别重大贿赂犯罪案件，在侦查期间会见犯罪嫌疑人，应当经侦查机关许可；(2)收集的有关犯罪嫌疑人不在犯罪现场、未达到刑事责任年龄、属于不负刑事责任的精神病人的证据，应当及时告知公安机关；(3)不得帮助犯罪嫌疑人隐匿、毁灭、伪造证据或者串供，不得威胁、引诱证人作伪证以及进行其他干扰司法机关诉讼活动的行为；(4)对在执业活动中知悉的委托人的有关情况和信息，有权予以保密。但是，知悉委托人或者其他人准备或者正在实施危害国家安全、公共安全以及严重危害他人人身安全的犯罪的，应当及时告知司法机关。特别要注意的是由于侦查阶段案情尚未查清，且侦查工作具有秘密性，律师无法了解全面的案情，此时的辩护工作应着重于程序性辩护而非实体性辩护。

侦查阶段律师辩护工作流程大致如图 3-10：

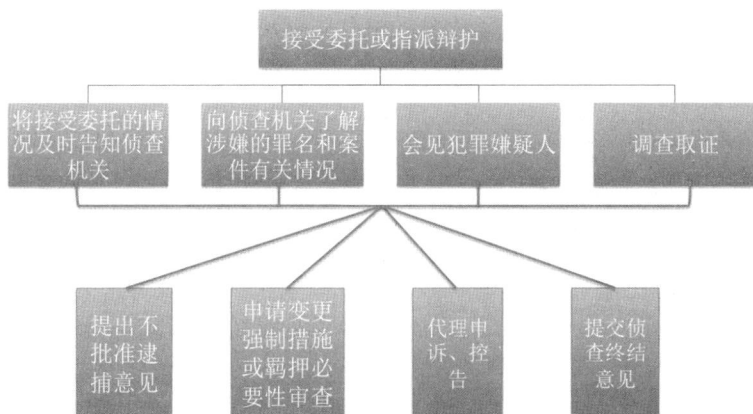

图 3-10

2. 侦查阶段辩护的法律依据

侦查阶段辩护的法律依据主要有：《刑事诉讼法》第四章的相关条款、第86条第2款；

《公安机关办理刑事案件程序规定》第四章;《人民检察院刑事诉讼规则》第54条、第309条;最高人民检察院、公安部《关于逮捕社会危险性条件若干问题的规定(试行)》第4条等。

二、接受委托或指派辩护

1. 基本规定

侦查阶段的犯罪嫌疑人可以自行委托辩护人,在押的犯罪嫌疑人可以由其监护人、近亲属代为委托辩护人。因经济困难或者其他原因没有委托辩护人的,本人及其近亲属可以向法律援助机构提出申请,请求指派辩护。有《刑事诉讼法》第34条第2款、第3款规定的情形,犯罪嫌疑人没有委托辩护人的,侦查机关应当通知法律援助机构指派律师为其提供辩护。

委托辩护,律师事务所应当与犯罪嫌疑人或其监护人、近亲属签订委托合同,形成授权委托书;申请指派辩护的,经法律援助机构审查同意,出具指派辩护函;应当指派辩护的,由侦查机关提交呈请法律援助报告,经分管领导审批后,通知法律援助机构为犯罪嫌疑人指派律师辩护,法律援助机构根据通知直接出具指派辩护函。

2. 本案的接受指派辩护

本案犯罪嫌疑人乌＊风可能被判处无期徒刑以上刑罚,但没有委托辩护人,侦查机关依法通知法律援助机构指派辩护,＊＊市法律援助中心接到＊＊市公安局提供法律援助通知书后,通知福建＊＊律师事务所承办该案,福建＊＊律师事务所指定刘＊＊律师担任乌＊风的指派辩护人。

本案指派辩护过程中形成如下诉讼文书:

(1)侦查部门内部呈请文书:呈请提供法律援助报告书

表 3-52　呈请提供法律援助报告书

领导批示	同意 陈＊＊(市局印章) 20＊＊年4月18日
办案部门意见	拟同意承办人意见,呈上级领导审批。 林＊＊ 20＊＊年4月17日

呈请提供法律援助报告书

犯罪嫌疑人乌＊风,曾用名乌＊风,男,1985年8月30日生,汉族,福建省＊＊县人,大学专科文化,无业,户籍地福建省＊＊县＊＊乡＊＊村123号,身份证号码35＊＊＊＊＊＊＊＊＊＊＊＊＊＊＊＊。2015年3月9日因涉嫌故意杀人罪被我局刑事拘留,3月17日＊＊市人民检察院对其以涉嫌故意杀人罪批准逮捕,同日执行逮捕,现羁押于＊＊市第一看守所。

续表

现呈请为犯罪嫌疑人乌＊风提供法律援助，理由如下： 经依法侦查查明，20＊＊年3月7日上午9时许，犯罪嫌疑人乌＊风自＊＊市＊＊区＊＊广场乘坐公交车前往＊＊庙拜佛，14时到达＊＊庙后，因发现未带够钱购买香火，即决定下山返回到人少的椥翠庵独自一人拜佛。17时许，乌＊风来到椥翠庵内准备拜佛时，遇被害人刘＊风到庵内打扫，因害怕被其请出庵堂，便躲藏在珈蓝殿西侧神像后的夹角内，当被害人刘＊风打扫完毕关灯离开后，乌＊风继续躲藏在夹角内，在躲藏期间，乌＊风奖随身携带的一部"康佳"牌充电器和一包纸巾放在龛台上，并吸完三根红梅牌香烟，最后将一枚烟头连同烟盒丢在龛台上，确认刘＊风不会再返回珈蓝殿后，才从躲藏处出来。此后，犯罪嫌疑人乌＊风独自在珈蓝殿和大雄宝殿内拜佛约2个小时，准备离开时发现大雄宝殿后堂的门已被关闭，便在珈蓝殿和大雄宝殿内游荡寻找出口。 3月8日0时许，犯罪嫌疑人乌＊风发现大雄宝殿后堂东北角的铁门虚掩着，便从此门穿过进入大雄宝殿后部的管理人员生活区，当行至生活区的天井时，被害人焦＊云从宿舍走出发现乌＊风，随后便对其大声呼喊，并拿起一根木棍向其打来，乌＊风在躲避时从身边的椅子旁拿起另一根木棍猛烈殴打被害人焦＊云的头部和身体，直至将其打倒在地。在此过程中，被害人刘＊风闻声走出卧室，看此情景后大声呼喊并退回卧室关上铁门。犯罪嫌疑人乌＊风虑及当天上山时曾与刘＊风有过交谈，害怕其会认出自己，便撞开铁门进入屋内，随即从刘＊风手中夺过手机扔于床上，持木棍猛烈殴打刘＊风的头部，直至将其打倒在卧室门口，致其重伤（待鉴定）。随后，因卧室床上的被害幼儿焦＊＊哭闹，乌＊风放下手中的棍子，将其抱起用手捂住嘴巴，但未能阻止其哭闹，乌＊风便将其放在卧室的地上，从床上拿起枕头用力捂住其口鼻部，直至被害幼儿焦＊＊不能动弹。经法医鉴定，被害人焦＊云系他人用棍棒类钝器打击头部致重度颅脑损伤死亡，被害幼儿焦＊＊系他人捂压口鼻部导致窒息死亡。 此后，犯罪嫌疑人乌＊风在宿舍内木架上取走一件男式棉袄大衣，并在冰箱东侧取走一把雨伞，欲在下山时躲避监控拍摄。在翻动过程中，乌＊风在桌子对面的床架上发现一钱包，便从钱包内拿走部分的数张百元钞票及大量零钱，再将钱包放至电视桌上，随后穿上棉大衣撑着雨伞离开椥翠庵下山。 综上所述，犯罪嫌疑人乌＊风已涉嫌故意杀人罪，可能被判处死刑，现犯罪嫌疑人乌＊风本人未聘请、委托辩护人，并提出寻求法律援助。根据《中华人民共和国刑事诉讼法》第三十四条规定的情形，现拟通知＊＊市法律援助中心为其指派律师提供辩护。 妥否，请批示。 呈请单位：＊＊市公安局刑事侦查支队三大队 呈请人：陈＊＊，杨＊＊ 二〇＊＊年四月十七日

（2）法律援助通知书

表 3-53　提供法律援助通知书

**市公安局

提供法律援助通知书

（副本）

＊公（刑）法援字（20＊＊）00001 号

**市法律援助中心：

　　我局办理的　2015.3.8 故意杀人案，犯罪嫌疑人　乌＊风　（性别　男　，出生日期 1985 年 8 月 30 日）因其可能被判处死刑，现犯罪嫌疑人本人未委托辩护人，符合《中华人民共和国刑事诉讼法》　第三十四条　规定的情形，请依法指派律师为其提供辩护。

　　犯罪嫌疑人羁押处所/住所：**市第一看守所

　　联系人、联系电话：　　杨** 137********

20＊＊年 4 月 19 日（福放市公安局印）

　　本通知书已收到（手写签字）

　　　法律援助机构收件人：王＊

20＊＊年 4 月 19 日

此联附卷

（3）指派通知书

表 3-54　指派通知书

法律援助文书格式十二（法律市法律援助中心 业务专用章）

指派通知书

援指字[20＊＊]第＊＊＊号

福建＊＊＊律师事务所：

　　本中心（处）决定对　乌＊风故意杀人　一案提供法律援助，现指派你单位承办该案。请自收到本通知之日起　　　　　个工作日内安排合适承办人，并自安排之日起 5 个工作日内将承办人姓名和联系方式告知受援人及本中心（处），与受援人或者法定代理人、近亲属签订委托代理/辩护协议。

　　特此通知。

　　法律援助中心（处）地址：

　　联系人：

　　联系方式：

（**市法律援助中心业务专用公章）

20＊＊年 4 月 24 日

（4）法律援助公函

表 3-55　法律援助公函

法律援助文书格式十六(法律市法律援助中心 业务专用章)

法律援助公函(通知辩护)

援刑通函〔20＊＊〕第 069 号

＊＊市公安局：

　　本中心(处)于　20＊＊　年　4　月　19　日收到你单位通知为　乌＊风　(犯罪嫌疑人/被告人)　故意杀人　一案提供法律援助的函.现指派　福建＊＊＊律师事务所　(承办机构)　刘＊＊律师担任其辩护人。

　　特此函告。

　　律师联系方式:13＊＊＊＊＊＊＊＊＊
　　执业证号:135＊＊＊＊＊＊＊＊＊＊＊＊

(＊＊市法律援助中心业务专用公章)
20＊＊年 4 月 24 日

（5）律师事务所受理案件登记表

表 3-56　福建＊＊＊律师事务所案件办理记录表(案号:＿＿＿字＿＿＿号)

拟委托事项或案由		故意杀人案	办案机关	＊＊市公安局刑侦支队
当事人	单位(法人):			
	姓名(个人):乌＊风　身份证号:＊＊＊＊＊＊＊＊＊＊＊＊＊			
	住址:			
	联系电话:			
委托人	单位(法人):			
	姓名(个人):　　　　　身份证号:			
	住址:			
	联系电话:			

续表

委托情况	风险表达及权利告知（本栏可另行制作谈话笔录）	风险简述： 权利告知： 委托人：　　　年　月　日			
	利益冲突审查				
	费用及支付约定	实收费用		应收费用	
		差旅材料费用		减、免、缓交的情况及理由	属于法律援助
	收案审查及指派律师	同意委托，请___刘＊＊___律师承办。 审查人：_____　　　年　月　日			
办理情况（本栏目归档时填写）	调解或判决情况	根据调解书/判决书,办理结果： 承办律师：_____　　　年　月　日			
	委托人对服务质量监督意见	 委托人签字：			

三、与侦查机关联系

1. 基本规定

根据《刑事诉讼法》第 33 条、第 36 条的规定,辩护人接受犯罪嫌疑人、被告人委托后,应当及时告知办理案件的机关;侦查阶段的律师享有向侦查机关了解犯罪嫌疑人涉嫌的罪名和案件有关情况的权利。所以辩护律师受理案件后,应当及时与侦查机关联系,可以通过口头或者书面等方式将其接受委托的情况告知侦查机关,并依法出示律师执业证书、律师事务所证明和委托书或者法律援助公函。辩护律师还可以向侦查机关了解案件有关情况,侦查机关应当依法将犯罪嫌疑人涉嫌的罪名以及当时已查明的该罪的主要事实,犯罪嫌疑人被采取、变更、解除强制措施,延长侦查羁押期限等案件有关情况,告知接受委托或者指派的辩护律师,并记录在案。

2. 本案辩护人与侦查机关的联系

本案律师刘＊＊接到指派辩护通知后,及时与侦查机关联系,提交相关文书证件:律师执业证(复制件)、律师事务所证明及法律援助公函,同时向案件承办人员了解了以下信息:(1)乌＊风涉嫌的罪名以及被羁押的地点;(2)本案的基本情况,包括已查明的主要事实,乌＊风被采取强制措施的情况、办案期限等。

表 3-57　律师事务所函

福建＊＊＊律师事务所函

＊＊市公安局：

　　本所接受＊＊市法律援助中心的指派,安排　刘＊＊　律师担任贵单位办理的　乌＊风故意杀人　
案件犯罪嫌疑人(被告人)　乌＊风　的辩护人。

　　特此函告

福建＊＊＊律师事务所(章)

20＊＊年 4 月 24 日

附：

地址：　　　　　　电话：

传真：　　　　　　邮编：

四、会见犯罪嫌疑人

1. 会见犯罪嫌疑人的基本规定

辩护律师向侦查机关提交法律手续后,应当尽快会见犯罪嫌疑人。通过会见,律师可
以了解案件事实,并为犯罪嫌疑人提供法律咨询,为接下来的辩护工作奠定基础。恐怖案
件、危害国家安全案件,律师会见犯罪嫌疑人要经过侦查机关批准。

辩护律师可以根据案件具体情况,确定会见次数,所需时间及会见的主要内容。辩护
律师会见在押的犯罪嫌疑人、被告人,应携带以下证明、文件:(1)律师事务所出具的专用
介绍信,即律师事务所证明;(2)律师本人的律师执业证及其复印件;(3)委托人签署的《授
权委托书》或者法律援助公函。看守所在查验三证后,至迟应当在 48 小时内安排会见。

辩护律师会见在押犯罪嫌疑人、被告人时,(1)首先征询其是否同意聘请本律师。如
同意,则让其在《授权委托书》上签字确认;如表示不同意,则记录在案并让其签字确认,再
与委托人办理解除委托合同的手续。(2)告知应当遵守的诉讼义务和享有的诉讼权利。
(3)向犯罪嫌疑人了解案件情况,尤其注意核实其有无社会危险性方面的证据。(4)向其
介绍案件的进展,并根据法律规定和实践状况,对案件的诉讼程序进展进行预计。(5)解
答犯罪嫌疑人、被告人提出的法律咨询;其涉嫌罪名的有关法律规定及司法解释;从重、从
轻、减轻、免除处罚等情节的规定;侦查机关办案期限的法律规定;强制措施的适用条件、
程序、期限的法律规定等。(6)其他事项,如转达委托人对在押犯罪嫌疑人、被告人的问
候;了解并关心其在押期间的生活情况,对其进行必要的安慰和鼓励等。经在押犯罪嫌疑
人、被告人的同意,辩护律师在会见时可以进行录音、录像、拍照。

2. 本案的会见

本案律师在接受指派辩护后,及时预约会见犯罪嫌疑人乌＊风。会见前,针对被会见
人的工作阅历、文化水平、性格、人际关系等背景资料以及本案的案情,认真做好会见提

纲。会见时,向看守所提交了律师执业证、律师事务所证明以及本案的法律援助公函,经过会见,形成会见笔录。

表 3-58　律师会见在押犯罪嫌疑人、被告人专用介绍信

律师会见在押犯罪嫌疑人、被告人专用介绍信

〔　　〕第　　号

**市第一看守所:

　　根据《中华人民共和国刑事诉讼法》第 37 条以及《中华人民共和国律师法》第 33 条的规定,现指派我所____刘＊＊____律师前往你处会见____乌＊风故意杀人____案的在押犯罪嫌疑人(被告人)_____乌＊风_____,请予以安排。

　　特此函告

律师事务所(章)

20＊＊年 4 月 28 日

表 3-59　会见笔录

＊＊＊律师事务所

会见笔录

会见时间:20＊＊年 4 月 28 日　　　　会见地点:＊＊市第一看守所

会见律师:刘＊＊　　　　　　　　　　记录人:刘＊＊

被会见人:乌＊风　　　　　　　　　　在场人员及单位:无

一、告知被会见人律师身份

律师问:你好,你是乌＊风吗?我是＊＊律师事务所的律师,我叫刘＊＊,根据《刑事诉讼法》和《律师法》的相关规定,我受＊＊市法律援助中心指派,担任你案件的辩护人,现在依法会见你,为你提供法律咨询、代理申诉、控告,申请变更强制措施等。你是否同意?

当事人答:我要付钱吗?

律师问:你不需要付钱,我履行法律援助义务,对被援助人是免费的。

当事人答:我没钱付律师费,我同意法律援助。

二、了解被会见人的基本情况

律师问:说一下你的姓名、年龄、出生年月、文化程度、民族、婚姻家庭等情况。

当事人答:

律师问:你现在身体情况怎么样?有无疾病、精神病史?

当事人答:我身体挺好的,没有病,没有精神病。

律师问:你之前是否受过行政处罚或刑事处罚?

当事人答:没有。

续表

三、了解涉嫌的罪名以及被采取强制措施的情况

律师问:你因涉嫌什么罪名被刑事拘留以及逮捕?

当事人答:涉嫌故意杀人。

律师问:你什么时候在哪里被抓的?当时周围有无其他人员?

当事人答:我是 3 月 9 日晚上 1 点,在 ＊＊ 宾馆被抓的。

律师问:你是什么时间被刑事拘留或逮捕的?

当事人答:是 2015 年 3 月 9 日被拘解,3 月 17 日被逮捕的,有签拘留证和逮捕证。

律师问:你是哪一天被送进看守所的?进看守所前有无进行体检?

当事人答:是 3 月 10 日进行的看守所,有体检。

四、告知被会见人侦查期间享有的诉讼权利,询问相关权利是否受到侵犯

律师问:根据《刑事诉讼法》的规定,在侦查期间你享有以下诉讼权利:

(1)对于侦查机关侵犯你诉讼权利和人身权利的行为,有权提出申诉或者控告。

(2)对于侦查人员、鉴定人、记录人、翻译人员有下列情形之一的,有权回避他们回避:"(一)是本案的当事人或者是当事人的近亲属的;(二)本人或者他的近亲属和本案有利害关系的;(三)担任过本案的证人、鉴定人、辩护人、诉讼代理人的;(四)与本案当事人有其他关系,可能影响公正处理案件的。"

(3)在接受讯问时,有权要求饮食和必要的休息时间。

(4)对侦查人员的讯问,可以自我辩解,对侦查人员与本案无关的问题有拒绝回答的权利。对侦查人员制作的讯问笔录要认真核对,如果笔录和自己描述的不一致,有权要求补充、改正、附加说明,否则可以拒绝签字。

(5)有要求自行书写供述权利。

(6)在人民检察院审查逮捕时,有要求向检察人员当面陈述的权利。

(7)有权申请排除以非法方法收集的证据。

(8)有权知道用作证据的鉴定意见的内容,可以申请补充鉴定和重新鉴定。

上述权利,你听清了吗?都明白吗?

当事人答:听清了,基本明白。

律师问:公安机关讯问的过程中有打骂你等刑讯逼供行为吗?

答:没有。

问:在被讯问的过程中,你是否有正常的吃饭和休息?

答:被抓的第一天和第二天没怎么睡,饭有吃。

问:一点都没睡吗?

答:审讯中间有打一会儿瞌睡。有睡一二个小时吧。

问:侦查人员讯问时有没有引诱你作供述?

答:是我自己讲的。

问:侦查人员讯问后,笔录有没有给你认真看过,笔录记载的内容与你说的是否一致?有没有每一页都核对并且签字和捺手印?

答:有的。

五、告知案件办理程序和期限

律师问:现在结合你的案件向你介绍一下刑事诉讼程序的相关规定。刑事案件大致要经过 3 个阶

续表

段,即侦查阶段、审查起诉阶段和审判阶段。侦查阶段刑事拘留最长时间是 30 天,到期后,公安机关会向检察机关提请批准逮捕,检察机关审查逮捕的时间是 7 天。逮捕后的侦查羁押期限一般是 2 个月。如果没有延长羁押期限,2 个月后会侦查终结,公安机关会将案件移送检察机关审查起诉。审查起诉的时间一般是一个半月,如果认为证据不足,可能会退回公安机关补充侦查,退回补充侦查以 2 次为限,每次补充侦查的时间是 1 个月。检察机关审查证据材料后,认为涉嫌犯罪证据充分,会将案件移送法院起诉。一审法院的审理期了一般为自立案之日起 3 个月。

当事人答:我听明白了。

六、告知涉嫌罪名的法律规定,提供法律咨询

律师问:现在向你详细介绍你所涉嫌的故意杀人罪的相关法律规定。……以上内容是否听清?

当事人答:听清了。

七、了解具体案情、讯问情况。

律师问:侦查机关指控你涉嫌故意杀人罪,你是否有实施故意杀人犯罪行为?

当事人答:我是打死人了。

律师问:把你打死人的经过说一下,要客观地陈述案件事实。

当事人答:……(如果承认有罪,陈述主要事实和情节,主要事实包括:犯罪的时间、地点、方法、手段、目的、动机、结果等)

律师问:你当天为什么上山?

当事人答:就是想去拜佛,我比较信佛,以前也经常拜佛。

律师问:后来呢?

当事人答:………(继续陈述案件事实)

律师问:那个老头发现你以后,拿着棍子冲过来打你吗?

当事人答:是。

律师问:打在哪里?是怎么打的?

当事人答:他一边大叫一边拿着棍子朝我猛打,有打了二三下,打在我的肩膀,后来再打,我就躲开了。

律师问:然后呢?

当事人答:我就抄起身边的木棍也朝他猛打。

律师问:你为什么要打他?

当事人答:我心想他一定会认为我是来偷东西的,要抓住我。如果被他抓住,会被打得很惨。

律师问:为什么你不跟他解释一下?

当事人答:他说的话我听不懂,我觉得可能跟他讲不清楚。我想我当时真的是太紧张了,思维完全混乱了。

律师问:继续讲。

当事人答:(继续陈述案件事实)……我就把那个老太婆也打倒在地上了。

律师问:那个老太婆都已经把铁门锁上了,你为什么不直接跑出栊翠庵还要去打她呢?

当事人答:我怕那个老太婆认出我来。我当时脑子太乱了,想不清楚问题。

律师问:继续讲。

当事人答:(继续陈述案件事实)……我看见那个孩子一直哭,很担心会被人听见,想让他安静一点……

续表

律师问:你是否想过这样捂孩子,他可能会死?

当事人答:没多想,就是想让他安静下来。(继续陈述案件事实)……

律师问:我再次确认一下,你是否有精神上的疾病,或者你的家族有没有精神病史?

当事人答:我身体健康,家族也没有精神病史。

律师问:你有没有心理健康方向的问题,比如抑郁等?

当事人答:还好了,就是自12月份到福州以来,没有什么真正的朋友,不经常与人来往,比较孤单。

律师问:几个被害人现在是什么情况,你知道吗?

当事人答:那个老头和小孩已经死了,他们跟我说了,我也看到鉴定通知书。另一个老太婆应该是在医院里,现在是什么情况我不知道。

律师问:鉴定意见书上说的死亡原因是什么?

当事人答:说一个是打死的,一个是捂死的。

律师问:你认为这两个鉴定意见真实可靠吗?

当事人答:差不多吧,我是打了那个老头,又用枕头捂住那个小孩子,不让他发出声音。

律师问:公安机关已经讯问你几次了? 都是什么时候讯问的?

当事人答:有六七次了,有时候是问问题,有时候是去认现场,从现场回来又继续问,还有的时候是让我认我的物品。

律师问:你今天说的,与之前在侦查机关的供述辩解是否一致?

当事人答:是一样的。

八、了解有无从轻、减轻、免除处罚的情节

律师问:你被抓后第一次讯问就承认了犯罪事实吗?

当事人答:是的。

律师问:为什么很快就承认了。

当事人答:他们能够那么快抓住我,肯定是有证据的,赖也赖不掉;而且我一时冲动,犯下了滔天罪行,我也很害怕,要受惩罚。

律师问:你是否愿意给被害人一些赔偿?

当事人答:我没有钱,没有办法赔偿他们。

律师问:根据《刑法》的规定,在诉讼中,如果自首、坦白、立功,量刑上可以从轻、减轻或免除处罚。

当事人答:什么是自首、立功?

律师问:……(介绍刑法中关于自首、立功的规定)。听明白了吗?

当事人答:听明白了。

九、其他事项

律师问:在看守所里生活情况怎么样? 是否需要通知你家人为你存钱或寄送些生活用品?你对家人有什么话要转告?

当事人答:在看守所里就是思想压力很大,很苦恼,想不明白为什么会走到今天这个地步。如果能见到我的父母,让他们保重身体,不要担心我,就当没有生我这个儿子了。

律师问:好的。在今天的会见中,律师有无教唆你作虚假陈述? 有无通过言语或行为等方式威胁、引诱、指使你违背事实翻供、串供?

当事人答:没有。

续表

律师问：今天的会见到此为止，以上笔录请你阅读。如果记录有遗漏或者错误，请予以补充或者更正，确认无误后请在每页签名并捺手印。 　　当事人答：以上笔录与我所说一致。 　　　　　　　　　　　　　　　　　　　　　　　　　被会见人签名： 　　　　　　　　　　　　　　　　　　　　　　　　　20＊＊年4月28日

五、提出不批准逮捕意见

1．基本规定

侦查阶段的提请及审查批准逮捕是一个重要环节，律师应当密切关注案情，认为犯罪嫌疑人不符合逮捕条件，应当向人民检察院提出不批准逮捕的意见。

辩护律师可以通过口头或者书面的形式提出法律意见，在司法实践中，一般是以书面形式提出《不予批准逮捕意见书》。《不予批准逮捕意见书》主要从犯罪嫌疑人不构成犯罪、无社会危害性、无社会危险性、不适宜羁押，侦查活动有违法犯罪情形等实体和程序方面的内容撰写。《人民检察院审查逮捕质量标准》、最高人民检察院、公安部联合下发《关于逮捕社会危险性条件若干问题的规定（试行）》明确了逮捕的证据收集和审查认定，确定了批准逮捕的判断标准，辩护人可以其为办案指引。辩护人应当及时提交意见，因为检察机关审查逮捕的期限较短，一般期限是7日，最长期限是20日。

2．"3·8"案件的不批准逮捕意见

乌＊风案件因为案情重大、情节严重，辩护人没有提出《不批准逮捕意见书》。这里仅说明《不批准逮捕意见书》的写作方法及格式：

表3-60　不予批捕的意见书

关于＊＊＊涉嫌故意杀人罪不予批捕的意见书   （20＊＊）＊律刑字第＊＊＊号 ＊市＊区人民检察院侦查监督科： 　　＊＊＊律师事务所接受＊＊市法律援助中心的指派，指定由我担任＊＊＊涉嫌故意杀人罪侦查、审判起诉阶段的辩护人，依法参与本案诉讼。据了解，＊＊＊公安局对该案犯罪嫌疑人＊＊＊已经报请贵院批准逮捕。作为辩护人，特依据我国《刑事诉讼法》第86条之规定，申请贵院审查逮捕时，听取犯罪嫌疑人＊＊＊的当面陈述，并听取辩护律师的意见。经辩护律师多次会见时听取＊＊的陈述和辩解，辩护人认为，＊＊涉嫌罪名和事实不符合逮捕的法定条件，恳请检察机关对＊＊作出不批准逮捕的决定。具体理由如下： 　　［以下内容围绕是否符合逮捕的"证据条件、刑罚条件和社会危险性条件"分点阐述，因为侦查阶段，辩护人尚未阅卷，所以不能准确地分析证据条件，可以着重分析后两点，尤其是围绕"社会危险性条件"进行阐述。法律依据参考：《刑事诉讼法》第79条、最高人民检察院、公安部《关于逮捕社会危险

续表

性条件若干问题的规定(试行)》(高检会[2015]9号)。论述无逮捕必要性可重点从以下四个方面加以说明:(1)是否妨碍侦查?若案件已经侦查很久,相关证据(言词证据)基本固定,共同犯罪的嫌疑人全部或者大部分归案,此时为嫌疑人变更强制措施或取保候审,是不会妨碍侦查的。(2)是否具备社会危险性条件,如果当事人没有前科,系初犯、偶犯,之前表现一贯良好,或者涉嫌罪名系经济犯罪等,而不是暴力型犯罪,那么可以认为社会危险性不大或者具有社会危险性的证据缺失。(3)指控涉嫌罪名的证据是否充足?由于侦查阶段,辩护律师无阅卷权,提出证据不足方面的意见要慎之又慎。(4)如果嫌疑人患有严重疾病,或者是正在怀孕、哺乳自己婴儿的妇女,可以提出不适宜在看守所羁押的意见,请求为其取保候审或者监视居住。]
 	
     根据上文的详细论述,本案中**虽然可能存在涉嫌故意杀人犯罪的事实,但是因不具有再犯的可能性、继续危害社会的危险性、影响诉讼的可能性以及人身危险性,犯罪嫌疑人**不存在社会危险性,因此不具有逮捕必要性。
 	
     由于侦查期间辩护人无法看到案卷材料,并不全面了解案情,以上事实的界定主要来源于**及其亲属的陈述。如果**及其亲属的陈述属实,那么**不具有逮捕必要性。为此,建议检察机关敦促公安机关全面、客观地侦查此案的同时,对**作出不批准逮捕的决定。
 	
 <div align="right">辩护人:***</div> <div align="right">年　月　日</div>

六、申请变更强制措施或羁押必要性审查

1. 基本规定

在侦查阶段,侦查机关可以根据案件情况,对犯罪嫌疑人采取与之相对应的强制措施。律师如果认为对犯罪嫌疑人采取的强制措施不当,可以申请变更强制措施;在犯罪嫌疑人被逮捕后,辩护律师认为犯罪嫌疑人符合变更强制措施条件的,既可以及时向侦查机关提交变更强制措施的申请及材料,也可以向刑事执行检察部门提交羁押必要性审查申请。

辩护律师为犯罪嫌疑人申请变更强制措施,通常情况是申请变更逮捕、拘留或监视居住强制措施为取保候审,当犯罪嫌疑人被采取拘留或逮捕刑事强制措施,不符合取保候审条件时,才申请变更强制措施为监视居住。最高人民法院、最高人民检察院、公安部、国家安全部、司法部于2015年9月16日公布的《关于依法保障律师执业权利的规定》第32条规定,辩护律师书面申请变更或者解除强制措施的,办案机关应当在3日以内作出处理决定。辩护律师的申请符合法律规定的,办案机关应当及时变更或者解除强制措施;经审查认为不应当变更或者解除强制措施的,应当告知辩护律师,并书面说明理由。律师为犯罪嫌疑人申请变更强制措施的,应向有关机关提交申请书。申请书应写明律师事务所名称、律师姓名、通信地址及联系方法、申请事实及理由、保证方式等。

关于羁押必要性审查的基本规定见本书第三章第四节。

2."3·8"案件的申请变更强制措施或羁押必要性审查

"3·8"案件由于乌*风实施涉嫌故意杀人犯罪,罪行严重,有可能判处十年以上有期

徒刑,辩护人综合案情及证据,没有为其申请变更强制措施,也没有申请羁押必要性审查。这里仅说明《取保候审申请书》的写作方法及格式。

表 3-61　取保候审申请书

取保候审申请书

　　申请人:刘＊＊,福建＊＊律师事务所律师,系犯罪嫌疑人乌＊风的辩护人。

　　通信地址:＿＿＿＿＿＿＿＿＿　　联系电话:＿＿＿＿＿＿＿＿＿＿

　　申请事项:对犯罪嫌疑人乌＊风变更强制措施为取保候审

　　申请理由:

　　犯罪嫌疑人乌＊风因涉嫌故意杀人罪,于 20＊＊年＊月＊日被＊＊市人民检察院决定逮捕,现羁押于＊＊市第一看守所。(写明案件基本情况)

　　申请人认为,首先,乌＊风因……(可以提出罪行轻微、身患疾病等取保候审理由),对其变更强制措施为取保候审,不至于发生社会危险性;其次,乌＊风有稳定的住处……(可以列出保证人信誉好或有稳定住处或收入等良好的执行取保候审的条件),公安机关在执行取保候审期限间比较容易进行监管。

　　依据《中华人民共和国刑事诉讼法》第 65 条、第 95 条之规定,特向你局申请对乌＊风变更强制措施为取保候审。

　　此致

＊＊市公安局

申请人:刘＊＊

20＊＊年＊月＊日

七、代理申诉和控告、调查取证等辩护职责

1. 基本规定

　　根据《刑事诉讼法》第 36 条的规定,辩护律师在侦查期间,可以为犯罪嫌疑人代理申诉、控告。辩护律师认为犯罪嫌疑人没有犯罪行为,或者依法不应当追究刑事责任的,应当代为申诉;认为司法机关及其工作人员有《刑事诉讼法》第 115 条规定的侵犯犯罪嫌疑人合法权益的行为,应当代为申诉或控告。代理申诉和控告,应当提交申诉状或控告书,受理申诉或者控告的机关应当及时处理。

　　辩护律师在案件侦查阶段享有限的调查取证权。根据《刑事诉讼法》第 40 条、第 115 条的规定,侦查阶段辩护律师可以就有关犯罪嫌疑人不在犯罪现场、未达到刑事责任年龄、属于依法不负刑事责任的精神病人,以及有关诉讼程序方面的问题进行调查取证。侦查阶段,辩护律师收集的有关犯罪嫌疑人不在犯罪现场、未达到刑事责任年龄、属于依法不负刑事责任的精神病人的证据,应当及时告知公安机关,并附书面辩护意见。此外,侦查阶段的辩护律师如发现其他对犯罪嫌疑人有利的证据或证据线索,应当在征求委托人、当事人同意后,提交公安机关或书面向公安机关提出调查建议;律师发现未被侦查机

关发现的对犯罪嫌疑人、被告人不利的证据，可以停止调查，但不得隐匿、毁灭、破坏、篡改该证据；律师自行调查证人证言等言词证据，应当至少由两名律师进行，征得被调查人同意可以进行录音录像，同时应当全面、准确地制作询问笔录，并让其核实、签字确认。

律师调查取证应当持律师事务所的介绍信，向调查对象出示律师执业证，即可开展调查取证工作。

2."3·8"案件的代理申诉、控告和调查取证

"3·8"案件侦查阶段辩护人刘＊＊律师未发现该案有应当申诉、控告的违法情形，没有代为申诉和控告；为了查清犯罪嫌疑人乌＊风的成长经历，家族是否有精神病史等案件有关情况，刘＊＊律师询问了乌＊风的父亲乌＊雄，制作了调查笔录。

表3-62　调查笔录

福建＊＊律师事务所

调查笔录

调查时间：　20＊＊年5月3日9点5分至3日10点地点：　＊＊县＊＊路＊号＊＊公司宿舍

调查人：　刘＊＊　　　　记录人：　陈＊＊

被调查人：姓名　乌＊雄　　　　身份证号码　35＊＊＊＊＊＊＊＊＊＊＊＊＊＊

联系电话　13897654＊＊＊　　　　住址　＊＊县＊＊乡＊＊村＊号

律师问：我们是福建＊＊律师事务所的律师刘＊＊、陈＊＊（出示律师证），刘＊＊律师是乌＊风的辩护人，根据《中华人民共和国刑事诉讼法》第41条，《中华人民共和国律师法》第31条、第35条之规定，向您调查核实有关问题，您是否同意接受调查？

被调查人答：同意。

律师问：请您如实回答我们的提问，不得作伪证，如果有意作伪证或隐匿证据，按照《中华人民共和国刑法》第305条的规定，要负相应的法律责任。您听清楚了吗？

被调查人答：听清楚了。

律师问：您的姓名等基本情况

被调查人答：我叫乌＊雄，1941年出生，家住＊＊县＊＊乡＊＊村＊号，现在在＊＊县给别人打工，给人看厂房。

律师问：你跟乌＊风是什么关系？

被调查人答：我是乌＊风的父亲。

律师问：公安机关是否已经告知你乌＊风涉嫌犯罪的有关情况？

被调查人答：我知道了，公安机关通知我他被逮捕了，也找过我作了笔录。

被调查人问：他真的在外面杀人了吗？

律师：有没有犯罪要等到公安机关侦查完，法院判决了才知道。

律师问：你的家庭成员情况？

被调查人答：我老婆叫＊＊＊，今年65岁了，在家做家务干农活，乌＊风是我们俩的独子。

律师问：乌＊风有没有精神疾病？

被调查人：没有。

律师问：他以前有没有出现过精神异常的情况？

被调查人答：没有发现精神异常。他高中以后就到外面读书了，住在学校里，先是在＊＊县城关中

续表

学,后来到＊＊市卫生学校,毕业后到外地工作,很少回来。我就是觉得他脾气越来越不好,经常跟我和他妈妈大声吼。但是他对邻居乡里又比较客气。我也很难相信他在外面会去杀人。

　　律师问:为什么很难相信?

　　被调查人答:他很信佛,还经常去庙里烧香,怎么会去杀人呢?

　　律师问:你家族亲戚还有多少人? 是否有家庭遗传病,特别精神方面的疾病?

　　被调查人答:我自己是独生子,没有兄弟姐妹,我的父母亲早就去世了。家族里没有发现什么精神疾病。

　　律师问:你老婆那边的亲戚,有没有什么人得过精神疾病?

　　被调查人答:没有听说,我老婆有哥哥弟弟,都挺正常的。

　　律师问:我会见过乌＊风,他让我转告你们要保重身体,不要担心他。你有没有需要转告你儿子的话,或者要带什么生活用品给他?

　　被调查人答:跟他说把事情讲清楚,如果他真杀人了,事情已经这样了,就听天由命吧。

　　律师问:在今天的调查中,律师有没有打骂、威胁、引诱、欺骗你等违法情况发生?

　　被调查人答:没有。

　　律师问:你以上所说的是否属实?

　　被调查人答:都是事实。

　　律师问:今天的调查就到此结束,以上笔录请你阅读并核对。如果记录有遗漏或者错误,请提出补充或者修改;如果确认无误,请在笔录上逐页签名。

　　被调查人答:以上笔录我已看过,与我说的一致。

被调查人:(签名)

20＊＊年4月3日

┃ 八、提交侦查终结意见

1. 基本规定

《刑事诉讼法》第159条规定,在案件侦查终结前,辩护律师提出要求的,侦查机关应当听取辩护律师的意见,并记录在案。辩护律师提出书面意见的,应当附卷。

在侦查终结时,律师提交的法律意见,可以是案件的程序问题,如对案件管辖的意见、案件侦查人员是否应当回避的意见、强制措施是否合法合理以及变更或解除强制措施的意见;也可以涉及案件的实体问题,如对犯罪嫌疑人涉嫌罪名的定性意见,对犯罪嫌疑人是否实施、参与犯罪事实的意见,是否有从轻、减轻或免除处罚情节的意见等等。但是由于侦查阶段律师对案情、证据的掌握并不是很全面,提出实体方面的意见要特别慎重,应根据了解的案件情况,依据法律和专业知识,提出问题供办案机关参考。

2."3·8"案件,律师在侦查阶段会见了犯罪嫌疑人、实施了调查取证等工作,在侦查终结前,前往侦查机关了解案件进展,侦查机关也听取了辩护律师的意见并作了记录。由于无权阅卷,辩护人尚不了解侦查机关的证据收集情况,而且本案尚未发现需要提出的程序问题,所以本案辩护人没有向侦查机关提交详细的书面辩护意见。这里仅说明侦查终结律师意见的写作方法及格式。

表 3-63　律师意见

关于乌＊风案件侦查阶段的律师意见

（20＊＊）＊刑字第　　号

＊＊市公安局刑侦支队：

　　＊＊律师事务所接受＊＊市法律援助中心的指派,由刘＊＊律师担任"乌＊风涉嫌故意杀人罪"的辩护人。接受委托后,辩护人于20＊＊年＊月＊日会见了乌＊风,调查访问了乌＊风的父亲乌＊＊,实地走访了案发现场,和承办民警交换了意见。

　　……（阐述辩护律师了解到的对犯罪嫌疑人有利的事实根据和法律依据）

　　为了全面查明案件的事实,维护犯罪嫌疑人的合法权益,辩护人建议侦查机关采取……侦查措施,及时、全面收集相关证据。

　　根据两院三部《关于依法保障律师执业权利的规定》第21条第2款的规定,辩护律师要求当面反映意见或者提交证据材料的,办案机关应当依法办理,并制作笔录附卷。辩护律师提出的书面意见和证据材料,应当附卷。请办案机关依法办理并将此书面意见附卷。

福建＊＊律师事务所律师:刘＊＊
20＊＊年＊月＊日

第四节　羁押必要性审查

一、羁押必要性审查概述

1. 羁押必要性审查的任务和流程

羁押必要性审查是指人民检察院对被逮捕后羁押的犯罪嫌疑人、被告人涉嫌犯罪的性质、情节以及证据的收集固定情况,犯罪嫌疑人、被告人悔罪态度等方面继续进行审查,对其释放或取保候审、监视居住是否足以防止发生再次犯罪或者妨碍诉讼等社会危险性进行评估,从而决定是否建议有关机关对被羁押的犯罪嫌疑人、被告人予以释放或者变更强制措施。该项制度的设立有利于降低逮捕后的羁押率,转变司法实践中存在的对犯罪嫌疑人、被告人"一捕到底""一押到底"的积弊。

羁押必要性审查工作分为立案、审查、结案三个步骤,具体流程如图3-11：

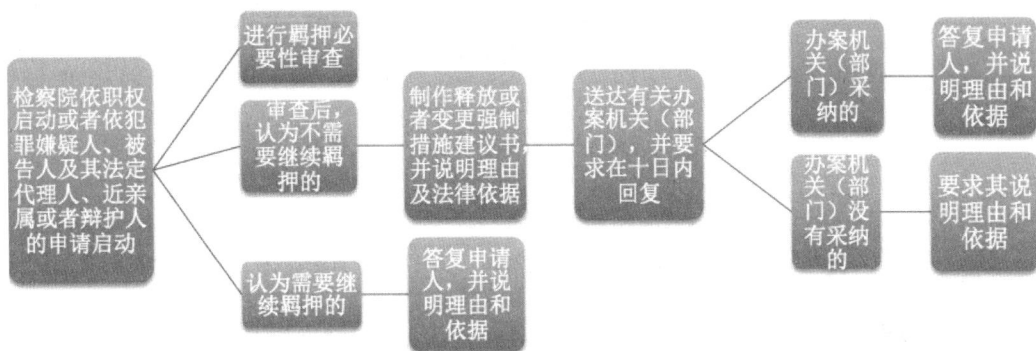

图 3-11

2. 法律依据

羁押必要性审查的法律规定主要有:《刑事诉讼法》第 93 条,《人民检察院刑事诉讼规则(试行)》第 616 条至第 621 条,《公安机关办理刑事案件程序规定》第 156 条,最高人民检察院 2016 年 1 月 22 日发布的《人民检察院办理羁押必要性审查案件规定(试行)》;最高人民检察院刑事执行检察厅 2016 年 7 月 11 日发布的《关于贯彻执行〈人民检察院办理羁押必要性审查案件规定(试行)〉的指导意见》。

二、羁押必要性审查案件的立案

1. 基本规定

根据《人民检察院办理羁押必要性审查案件规定(试行)》第 3 条的规定,羁押必要性审查由办案机关对应的同级人民检察院刑事执行检察部门统一办理。刑事执行检察部门可以依职权或依申请对被逮捕的犯罪嫌疑人、被告人提起羁押必要性审查。

犯罪嫌疑人、被告人及其法定代理人、近亲属、辩护人在犯罪嫌疑人、被告人被逮捕后直至终审判决作出前,均可申请羁押必要性审查,申请时应当说明不需要继续羁押的理由,有相关证据或者其他材料的,应当提供。刑事执行检察部门收到申请材料后,应当进行初审,并在三个工作日以内提出是否立案审查的意见。经初审,认为案件属于本院管辖且申请的材料符合规定的,应当制作立案报告书,经检察长或者分管副检察长批准后予以立案。

羁押必要性审查立案文书格式如下:

表3-64　受理案件登记表

＊＊人民检察院

受理案件登记表

＊检执检受〔20＊＊〕第＊号

<table>
<tr><td rowspan="6">刑事被执行人
基本情况</td><td colspan="2">姓名</td><td></td><td>性别</td><td></td></tr>
<tr><td colspan="2">出生日期</td><td></td><td>联系方式</td><td></td></tr>
<tr><td colspan="2">户籍地</td><td colspan="3"></td></tr>
<tr><td colspan="2">居住地</td><td colspan="3"></td></tr>
<tr><td colspan="2">刑事执行情况</td><td colspan="3">（描述被刑事执行人所处的刑事执行情况,如在看守
所羁押的,可写入所时间,羁押阶段,涉嫌罪名等;被
判刑服刑的,可写服刑场所,罪名,刑罚等）</td></tr>
<tr><td colspan="2" rowspan="2"></td><td colspan="3" rowspan="2"></td></tr>
<tr></tr>
<tr><td rowspan="2">刑事执行单位基本情况</td><td colspan="2">名称</td><td colspan="3"></td></tr>
<tr><td colspan="2">地址</td><td colspan="3"></td></tr>
<tr><td>案件来源</td><td colspan="5">（自行发现,受理控告举报和申诉、移送）</td></tr>
<tr><td>案件基本情况</td><td colspan="5"></td></tr>
<tr><td>承办人意见</td><td colspan="5"></td></tr>
<tr><td>部门负责人意见</td><td colspan="5"></td></tr>
<tr><td>检察长意见</td><td colspan="5"></td></tr>
<tr><td>备注</td><td colspan="5"></td></tr>
</table>

2.“3·8”案件羁押必要性审查的立案

“3·8”案件因犯罪嫌疑人乌＊风实施的是故意杀人的严重犯罪行为,而且造成二死一伤的严重后果,有可能判处十年以上有期徒刑,属于《刑事诉讼法》第79条规定的必捕的情形,所以其本人、家属及辩护人综合案情及证据,没有申请羁押必要性审查。

三、审查

立案后,刑事执行检察部门应指派专门的承办人对犯罪嫌疑人的羁押必要性进行审查。审查以《人民检察院刑事诉讼规则(试行)》第620条规定的方式进行,应当根据犯罪嫌疑人、被告人涉嫌犯罪事实、主观恶性、悔罪表现、身体状况、案件进展情况、可能判处的刑罚和有无再危害社会的危险等因素,综合评估有无必要继续羁押犯罪嫌疑人、被告人。

承办人审查后,应当制作审查报告,报告中应当写明:犯罪嫌疑人或者被告人基本情况、原案简要情况和诉讼阶段、立案审查理由和证据、办理情况、审查意见等。审查报告及全部案件材料报部门负责人审核,部门负责人应当提出审核意见,报检察长决定。

审查报告主要内容和格式如下:

表 3-65　羁押必要性审查报告

＊＊人民检察院

羁押必要性审查报告

一、犯罪嫌疑人(被告人)基本情况

犯罪嫌疑人(被告人)(姓名),(证件类型)(证件号码),(性别),(民族),(出生日期)出生,(受教育状况)文化程度,户籍所在地为(户籍所在地),住(住所地)(住所地详细地址)被逮捕前在(工作单位/所在学校),职务为(职务)。因涉嫌犯(审定案由)、(审定其他案由),于(强制措施采取日期)被(强制措施)。(审结日期)以(逮捕书文号)被(审结处理结果)现羁押于(强制措施地点)。

二、原案简要情况和诉讼阶段

犯罪嫌疑人(被告人)＊＊＊涉嫌犯罪的主要事实是:……。目前案件处于＊＊阶段。

三、审查经过

(一)立案情况

＊年＊月＊日,我院决定对犯罪嫌疑人(被告人)＊＊＊进行羁押必要性立案审查,理由是:……主要证据是:……

(二)审查情况

立案后,我们进行了以下工作:

(包括对犯罪嫌疑人、被告人提出的证明材料进行审查,听取犯罪嫌疑人、被告人及其法定代理人、近亲属、辩护人的意见,听取被害人及其法定代理人、诉讼代理人的意见,了解是否达成和解协议,听取现阶段办案机关的意见,听取侦查监督部门或者公诉部门的意见,调查核实犯罪嫌疑人、被告人的身体健康状况,调查犯罪嫌疑人、被告人在看守所羁押期间的表现,开展公开审查的情况,公开审查过程中各方的一致性意见或者存在的主要分歧,量化评估情况等),形成了以下证据材料:……

四、承办人意见

承办人认为,……(通过对办理该羁押必要性审查案件过程中所取得证据的综合分析和评估,得出犯罪嫌疑人、被告人是否具有继续羁押必要性、是否向办案机关提出释放或者变更强制措施建议的意见)。

以上意见妥否,请示。

承办人:＊＊＊

年　月　日

四、结　案

办理羁押必要性审查案件,应当在立案后 10 个工作日以内决定是否提出释放或者变更强制措施的建议。案件复杂的,可以延长 5 个工作日。办案过程中涉及病情鉴定等专业知识,委托检察技术部门进行技术性证据审查的期间不计入办案期限。

经审查认为无继续羁押必要的,应当报经检察长或者分管副检察长批准,以本院名义向办案机关发出释放或变更强制措施建议书,并要求办案机关在 10 日以内回复处理情况。释放或变更强制措施建议书应当说明不需要继续羁押犯罪嫌疑人、被告人的理由和法律依据。经审查认为有继续羁押必要的,由检察官决定结案,并通知办案机关。

对于依申请立案审查的案件,人民检察院刑事执行检察部门办结后,应当将提出建议和办案机关处理情况,或者有继续羁押必要的审查意见和理由及时书面告知申请人。

文书格式如下:

表 3-66　羁押必要性审查意见书

＊＊＊人民检察院

羁押必要性审查意见书

犯罪嫌疑人(被告人)(姓名),(证件类型)(证件号码),(性别),(民族),(出生日期)出生,(受教育状况)文化程度,户籍所在地为(户籍所在地),住(住所地)(住所地详细地址)被逮捕前在(工作单位/所在学校),职务为(职务)。因涉嫌犯(审定案由)、(审定其他案由)、于(强制措施采取日期)被(强制措施)。(审结日期)以(逮捕书文号)被(审结处理结果)现羁押于(强制措施地点)。

犯罪嫌疑人(被告人)(姓名)涉嫌犯罪的主要事实是:(案情摘要)。目前案件处于(诉讼阶段)。

(立案日期),我院决定对犯罪嫌疑人(被告人)(姓名)进行羁押必要性立案审查。经审查认为,犯罪嫌疑人(被告人)(姓名)具有＊＊＊情形,目前尚不具备变更强制措施或释放的条件,决定不向办案机关提出释放或者变更强制措施建议的意见。

检察官:＊＊＊

年　月　日

表 3-67　对犯罪嫌疑人、被告人变更强制措施建议书

＊＊＊人民检察院

对犯罪嫌疑人、被告人变更强制措施
(予以释放)建议书

检羁审建〔　　〕号

_____:

根据《中华人民共和国刑事诉讼法》第九十三条之规定,我院依法对逮捕后羁押于_____看守所的犯罪嫌疑人(被告人)_____的羁押必要性审查进行了审查。经审查,我院认为,不需

续表

要继续羁押犯罪嫌疑人(被告人)＿＿＿＿＿＿＿，理由是：＿＿＿＿＿＿＿＿＿＿＿＿＿。 　　上述事实有以下证据予以证明：＿＿＿＿＿＿＿＿＿＿＿＿＿＿＿＿＿＿＿＿＿＿＿ ＿＿＿＿＿＿＿＿＿＿＿＿＿＿＿＿＿＿＿＿＿＿＿＿＿＿＿＿＿＿＿＿＿＿＿＿＿＿。 　　根据《中华人民共和国刑事诉讼法》第九十三条之规定,建议你对犯罪嫌疑人(被告人)＿＿＿＿＿ ＿＿＿＿予以释放(变更强制措施)。请你＿＿＿＿收到本建议书后十日以内将处理情况通知我院。未 采纳我院建议的,请说明理由和依据。 　　　　　　　　　　　　　　　　　　　　　　　　　　　　　　　　年　月　日

（说明:本文书共三联;第一联存根统一保存,第二联副本附卷,第三联正本送达办案机关。）

表 3-68　羁押必要性审查结果通知书

＊＊＊人民检察院 　　　　　　　　**羁押必要性审查结果通知书** 　　　　　　　　　　　　（副本） 　　　　　　　　　　　　　　　　　　　检羁审通〔　　〕号 ＿＿＿＿＿＿＿＿＿： 　　你申请对羁押于＿＿＿＿＿＿看守所的犯罪嫌疑人(被告人)＿＿＿＿＿＿＿＿进行羁押必要性审 查一案,经审查,本院认为有(没有)继续羁押必要,理由是：＿＿＿＿＿＿＿＿＿＿＿＿＿＿＿＿ ＿＿ 本院已向＿＿＿＿＿＿＿＿＿＿＿＿,建议已(未)被采纳。 　　特此通知。 　　　　　　　　　　　　　　　　　　　　　　　　　　　　　　年　月　日

（说明:本文书共三联,第一联存根,第二联副本附卷,第三联正本送达申请人。）

第四章　审查起诉阶段

第一节　公诉案件审查起诉概述

一、审查起诉的概念

审查起诉,是指检察机关根据侦查机关的请求,对侦查机关侦查终结的案件进行全面审查,依法决定是否对犯罪嫌疑人提起公诉、不起诉或者撤销案件的诉讼活动。我国《刑事诉讼法》第 167 条的规定:"凡需要提起公诉的案件,一律由人民检察院审查决定。"在我国,侦查机关对案件侦查终结后,会对案件作出侦查终结报告,提出是否起诉的初步意见,然后将案件移送给人民检察院进行审查,并由检察机关审查决定起诉与否。这个阶段我们称之为审查起诉阶段,是一个上承侦查程序,下起审判程序的关键性阶段,是公诉案件必经的程序。

二、审查起诉流程

审查起诉的过程包括受理案件、审查起诉、作出决定三个步骤,具体办案流程如图 4-1。

第二节　受理案件

一、移送审查起诉案件受理的基本要求

根据《人民检察院刑事诉讼规则(试行)》第 153 条的规定,人民检察院案件管理部门受理案件时,应当接收案卷材料,并立即审查下列内容:"(一)依据移送的法律文书载明的内容确定案件是否属于本院管辖;(二)案卷材料是否齐备、规范,符合有关规定的要求;(三)移送的款项或者物品与移送清单是否相符;(四)犯罪嫌疑人是否在案以及采取强制措施的情况。"根据《人民检察院刑事诉讼规则(试行)》第 362 条的规定,各级人民检察院提起公诉,应当与人民法院审判管辖相适应。因此,在审查起诉之前人民检察院公诉部门应当审查公安机关移送起诉的案件审查是否属于本院管辖,公诉部门经审查认为不属于本院管辖的,应当在 5 日以内经由案件管理部门移送有管辖权的人民检察院,经审查认为属于本院管辖,符合《人民检察院刑事诉讼规则(试行)》第 153 条、第 154 条规定的受理条

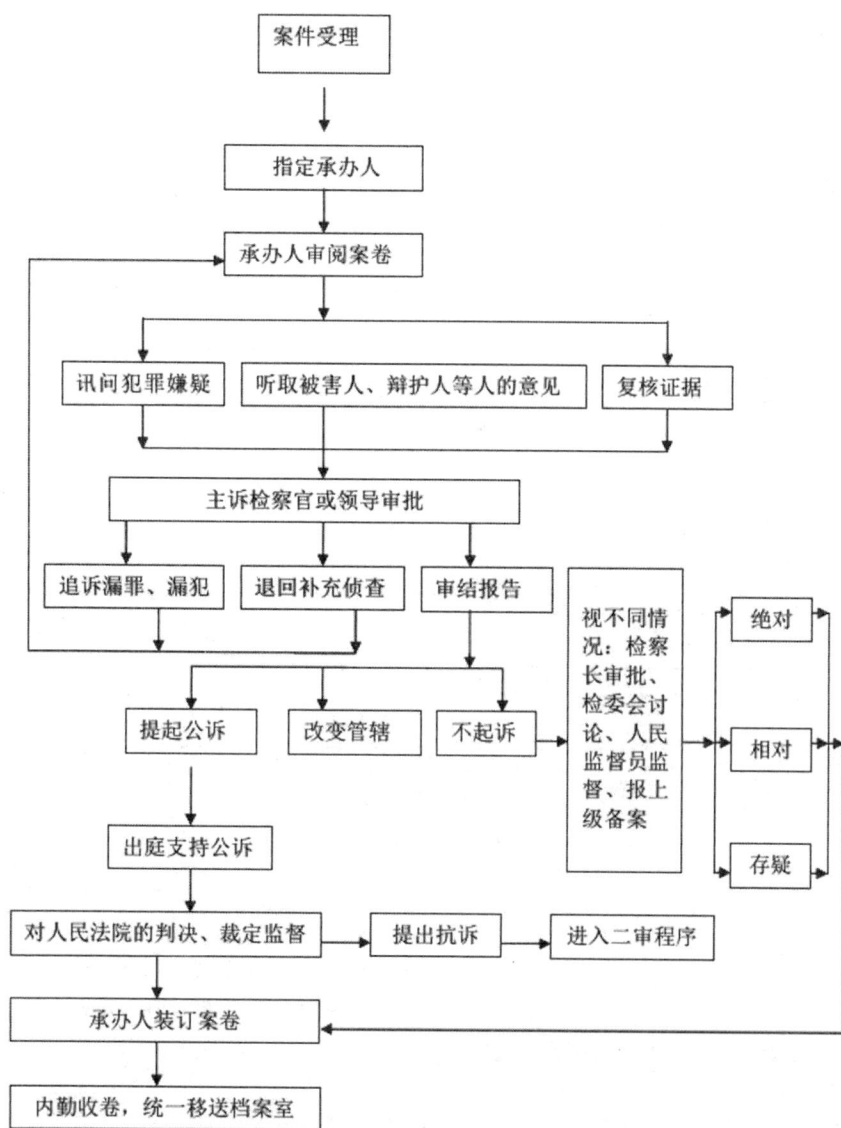

案件受理

↓

指定承办人

↓

承办人审阅案卷

↓

讯问犯罪嫌疑　　听取被害人、辩护人等人的意见　　复核证据

↓

主诉检察官或领导审批

追诉漏罪、漏犯　　退回补充侦查　　审结报告

视不同情况：检察长审批、检委会讨论、人民监督员监督、报上级备案

绝对
相对
存疑

提起公诉　　改变管辖　　不起诉

↓

出庭支持公诉

↓

对人民法院的判决、裁定监督　→　提出抗诉　→　进入二审程序

↓

承办人装订案卷

↓

内勤收卷，统一移送档案室

图 4-1

件的，填写受理审查起诉登记表，这就是移送起诉案件的受理。

二、"3·8"案件的受理移送起诉

"3·8"案件由＊＊市公安局侦查终结，向＊＊市人民检察院移送审查起诉，＊＊市人民检察院经审查，认为属于本院管辖，并且该案案卷材料齐备、规范，移送的款项或者物品与移送清单相符，犯罪嫌疑人亦逮捕在案，符合《人民检察院刑事诉讼规则（试行）》第 153 条规定的受理条件。

"3·8"案件受理移送起诉，形成如下诉讼文书。

表 4-1　受理案件登记表

＊＊市人民检察院

受理案件登记表

统一受案号	＊＊＊＊＊＊＊	案件类别	一审公诉案件		
移送单位	＊＊市公安局	受理日期	20＊＊年5月13日		
主要犯罪嫌疑人/当事人姓名	乌＊风	强制措施	逮捕 20＊＊.3.17	罪名/案由	故意杀人罪
案卷册数	五卷＋光盘15张	承办部门	公诉处		
案管部门意见	经审查,同意受理。 李＊＊ 20＊＊年5月13日				
备注		接收人			

表 4-2　接收案件通知书

＊＊市人民检察院

接收案件通知书

＊检案收〔20＊＊〕＊＊号

＊＊市公安局:

　　你局于20＊＊年5月13日向本院移送的乌＊风故意杀人案一案的法律文书(共__8__份)、案卷材料(卷宗共__5__册、光盘共__15__张)等。经审核,符合《中华人民共和国刑事诉讼法》和《人民检察院刑事诉讼规则(试行)》的相关规定,决定予以接收。

(印章)

20＊＊年5月15日

第三节　审查起诉

▌一、审查起诉的内容

　　根据我国《刑事诉讼法》第168条的规定,我国人民检察院审查案件时,必须查明:1.犯罪事实、情节是否清楚,证据是否确实充分,犯罪性质和罪名的认定是否正确;2.有无遗漏罪行和其他应当追究刑事责任的人;3.是否属于不应当追究刑事责任的;4.有无附带民事诉讼;5.侦查活动是否合法。此外,根据《人民检察院刑事诉讼规则(试行)》第363条,在审查起诉过程中还应当注意审查以下内容:1.犯罪嫌疑人身份状况是否清楚,包括姓名、性别、国籍、出生年月日、职业和单位等;单位犯罪的,单位的相关情况是否清楚。2.证明犯罪事实的证据材料包括采取技术侦查措施的决定书及证据材料是否随案移送;证明相关财产系违法犯罪所得的证据材料是否随案移送;不宜移送的证据清单、复印件、照片或者其他证明文件是否随案移送。3.证据是否确实、充分,是否依法收集,有无应当排除非法证据的情形。4.侦查的各种法律手续和诉讼文书是否完备。5.采取的强制措施是否适当,对于已经逮捕的犯罪嫌疑人,有无继续羁押的必要。6.涉案款物是否查封、扣押、冻结并妥善保管,清单是否齐备;对被害人合法财产的返还和对违禁品或者不宜长期保存的物品的处理是否妥当,移送的证明文件是否完备。

二、审查起诉的方法和步骤

根据《刑事诉讼法》和《人民检察院刑事诉讼规则(试行)》的规定,人民检察院审查起诉时,按照以下的方法和步骤进行:

1. 审阅卷宗材料

办案人员接到卷宗后,应当全面审阅侦查机关移送起诉的所有案卷材料,必要时制作阅卷笔录。以下以"3·8"案件为例说明阅读笔录的制作方法。

表 4-3　阅卷笔录

＊＊市人民检察院

阅卷笔录

犯罪嫌疑人： 乌＊风

案由： 故意杀人案　 立案检察院： ＊＊市人民检察院

立案时间： 20＊＊年 5 月 13 日

强制措施及时间： 20＊＊年 3 月 9 日被拘留同年 3 月 17 日被执行逮捕,现羁押于＊＊市第一看守所。

阅卷人： 李＊　 阅卷时间:20＊＊年 5 月 13—18 日

内容：

五卷卷宗全部看完,犯罪嫌疑人乌＊风杀害两人、轻伤一人案,案件材料完整,案情清楚,支撑的证据如下:

1. 犯罪嫌疑人乌＊风作案时所穿羽绒服、蓝色牛仔长裤、皮鞋、椴翠庵内遗留犯罪嫌疑人乌＊风的鞋印、指纹、烟头、手机充电器等物证;

2.110 接警单详单、犯罪嫌疑人的前科证明、通话清单、银行交易记录、户籍材料、＊＊省立医院病历记录、＊＊市＊宾馆出具的情况说明、消费账单以及侦查机关出具的有关情况说明等书证;

3. 证人喜＊、焦＊德、刘＊甲、刘某乙、刘＊丙、李＊＊、皿＊＊、苏＊＊、翁＊＊、吴＊乙、张＊＊、林＊乙、陈＊＊的证言;

4. 被害人刘＊风的陈述;

5. 犯罪嫌疑人乌＊风的供述和辩解;

6. ＊＊市公安局物证鉴定所出具的鉴定书、检验报告、临床法医学检验鉴定书、法庭科学 DNA 鉴

续表

定书等鉴定意见;

　　7.现场勘验、检查笔录及现场照片;

　　8.＊＊区＊＊公交站监控视频、＊＊镇＊＊小区监控视频、＊＊村登山道口监控视频、＊＊路路口监控视频、＊＊路＊＊便利店监控视频、＊＊市＊＊宾馆监控视频等视听资料。

　　2.应当讯问犯罪嫌疑人

　　这是审查起诉的必经程序和法定方法。讯问犯罪嫌疑人,应当由两名以上办案人员进行,讯问前应当告知其在审查起诉阶段所享有的诉讼权利,讯问按照《刑事诉讼法》第118条至第121条的规定进行。

　　"3·8"案件审查起诉期间对犯罪嫌疑人乌＊风的讯问笔录如下:

表4-4　讯问笔录

＊＊市人民检察院

<h1 align="center">讯问笔录</h1>

时间:20＊＊年 5 月 16 日 9 时 30 分至20＊＊ 年 5 月 16 日 12 时 01 分

地点:＊＊市第一看守所

讯问人:李＊　林＊＊　　　记录人:林＊＊

案由：故意杀人

犯罪嫌疑人(被告人)姓名:乌＊风曾用名：　乌＊头　性别：　　男

年龄:32 岁民族:汉族籍贯:＊＊省＊＊县　受教育状况:大专文化

住　址：　＊＊市＊＊广场＊＊宾馆

工作单位：　无

职务或职业：　无业

联系方式:13＊＊＊＊＊＊＊＊＊

问:我们是＊＊市人民检察院的检察员(出示工作证),现在依法对你进行讯问,根据法律的规定,对于我们的提问,你应当如实回答,不得弄虚作假,但是对于案件无关的问题,你有拒绝回答的权利。以上告知,你清楚了吗?

答:明白了。

问:介绍一下你的基本情况?

答:我叫乌＊风,男,曾用名乌大头,汉族,1985 年 8 月 30 日出生,身份证号码:352＊＊＊＊＊＊＊＊＊＊＊＊＊＊＊,籍贯是＊＊省＊＊县,户籍地＊＊＊＊县＊＊乡＊＊村 123 号,现暂住＊＊市＊＊广场＊＊宾馆,大专文化,无业,没有前科,联系电话:13＊＊＊＊＊＊＊＊＊。

(编者注:包括姓名、曾用名、性别、出生年月日、身份证件种类及号码、民族、籍贯、文化程度、有无党派、是否是人大代表或者政协委员、工作单位、职务级别或者职业、住址、有无前科等)

问:介绍一下你的家庭情况。

(编者注:配偶、子女、父母、兄弟姐妹及其重要家庭成员的年龄、工作单位、住址等)

答:父亲:乌＊＊,男,72 岁,在老家务农,联系电话 059＊＊＊＊＊＊＊;母亲:朱＊＊,女,64 岁,现在老家务农。

问:介绍一下你的个人简历。

(编者注:从中学毕业至今的学习、工作经历)

续表

答:7 岁至 12 岁就读于林山小学;12 岁至 15 岁就读于＊＊中学初中部;15 岁至 18 岁就读于＊＊
一中高中部;18 岁至 21 岁就读于卫校;21 岁至今先后在北京卖过手机、在山东卖过运动鞋、在广东
中山做过二手房中介、在广西南宁办集成吊顶厂;2014 年 12 月到＊＊后一直到现在都无业。

问:你因何事被逮捕?

答:我因涉嫌故意杀人罪被逮捕的。

问:你是如何到案的?

(编者注:主要调查其是否主动投案)

答:我是在 20＊＊年 3 月 8 日晚上 12 点左右在＊＊市金山华居宾馆 345 房间被公安民警抓获的。

问:你之前在公安机关的供述是否属实?

(编者注:主要调查其在侦查阶段是否受到刑讯逼供或者是否作了虚假供述等情况,这是审查起
诉阶段讯问的重点,犯罪嫌疑人供述与公安机关的供述有明显不同的情况,应当针对每个案件不同
情况展开讯问。)

答:属实

问:你有否前科?

答:没有。

问:你有否立功?

(编者注:仅指本案的立功情况)

答:没有。

问:你有否犯罪行为?

(编者注:让犯罪嫌疑人或被告人作有罪供述或者无罪辩护)

答:有的,3 月 7 日上午我想去白云洞拜佛,经过桅翠庵的一个亭子里休息,我看到有一个老太婆
牵着一个小男孩,我就问那个老太婆桅翠庵旁边那条登山道可以去哪里,她告诉我可以去鼓岭、鼓
山,也可以到白云洞,于是我就顺着桅翠庵旁边的那条登山道上山了。下午两三点的时候,我发现身
上只剩下 1.5 元了,又有很多人,觉得那么多人不好意思开口叫人白送给我香和纸钱来拜佛,于是我
就下山准备到人少的桅翠庵那里拜拜佛。当时我是顺着另外一条登山道下山的,等我到桅翠庵的时
候,差不多已经下午四五点到了桅翠庵。没过多久,我就听到有个老太婆的声音,准备过来关门,我
怕被她看到了,于是我就躲在左边那个大殿佛龛后面。后来没人了,我才又出来拜佛。

问:你为什么不直接和那个老太婆说你是来拜佛的?

答:因为我拜佛时要说的话很多,再说天黑了,那个老太婆要关门了,肯定不让我待在里面拜佛。

问:继续讲那天发生的事。

答:那个老太婆把门关上后,我怕她回来,就躲了一段时间,等到没什么动静了,我就在大殿里开
始拜佛了。拜了大概一两个小时,准备走的时候,发现大门都被锁住了,于是我转来转去找出口,后
来我发现右边那个大殿的最右边角落有一扇铁门没有上锁。于是我就从那扇铁门往台阶上走,好绕
到另外一边的台阶上去,从铁门跑出去。正当我走到台阶平台上面的时候,一个老头子就从房间里
出来,看到我就大喊大叫,我也听不懂他在喊什么,那时候他说的不是普通话,而且喊得很大声,外面
的狗也在狂叫,我就很害怕。那个老头子拿了一根很长的木棍朝我打过来,我躲开了,就顺手从左
边纸箱旁拿起一根木棍,闭着眼睛朝那个老头身上乱打。后来,老头倒在地上的时候,嘴里好像还说
着什么。接着我又看到中午见过的那个老太婆正把房间铁门锁上,那时候我心里非常害怕,担心她
会认得我,于是我就想把铁门撞开,没想到,就撞了一下,那整扇铁门就倒下了,我看到那个老太婆手
里正拿着一部黑色的手机,害怕她会打电话报警,就冲上去从她手里把手机抢过来扔到床铺上,我听她

续表

嘴里也是很大声的叫喊着,也不懂说什么,于是我就拿手里那根木棍闭着眼睛往老太婆身上打,后来她也倒在地上了。

问:你怎么知道房间旁边的那个铁门可以出去?

答:我之前在＊＊读书登白云洞的时候,有去过栊翠庵的厕所,知道那个厕所就在房间旁边的铁门外面,我想主人要上厕所,不可能铁门是反锁的,肯定可以从栊翠庵里面把铁门打开出去的。

问:当时你完全可以从旁边的铁门出去了,为何还要把房间的铁门撞倒?

答:当时也慒慒的,脑子一片空白,就追过去了。

问:你把那个老太婆打倒在地上之后呢?

答:当时房间里有个小男孩坐在床铺上一直哭,我就过去把那个小孩抱起来,一只手去捂住他的嘴巴,不让他哭,捂了一会儿,他还在哭,那时候我听到那个老太婆嘴里好像还在说些什么,于是我就抱着那个小孩走过去看,再加上小孩又一直哭,我心里就更害怕了,于是我就把那个小孩放在房间靠近冰箱的地板上,他还哭,然后我到床铺拿了一个枕头过来盖住那个小孩的头部。

问:为什么要用枕头捂那个小孩?

答:当时那个小孩一直哭,外面的狗也一直在叫,我担心被人发现,觉得好危险,所以我就想用枕头把他捂住,不让他出声。

问:你当时是怎么用枕头捂小孩的?

答:刚开始是用双手拿住枕头的两端将枕头盖住小孩的头部,后来小孩一直在哭,于是我就用双手对准小孩的嘴巴和鼻子部位把枕头按下去,刚开始时轻轻地按住,后来又用很大力气按住。

问:你当时双手对准小孩的嘴巴和鼻子部位把枕头按下去,一共按了多长时间?

答:具体多长时间我也不知道,反正那个小孩没有声音了,我才把双手松开。

问:你是否知道这样做会有什么后果?

答:我知道这样做会把人捂死。

问:那你当时为什么要那么做?

答:我当时也没有想太多,反正就想着不要让那个小孩发出声音。

问:你去捂小孩的时候,木棍呢?

答:我记得把木棍靠在什么旁边,但具体靠在什么地方现在不记得了。

问:当时那根木棍是怎么靠的?

答:我记得我手握的一头朝上,另一头朝下,靠在什么物体旁边。

问:当时木棍上有无血迹之类的东西?

答:我不知道,我也没注意。

问:捂完小孩之后呢?

答:那时候我感觉很渴,于是我就把房间里的冰箱打开,冰箱里有好多吃的,没有喝的。可能我翻动得比较快,一些东西落在地上,具体是什么东西我也没有在意,然后我就想去床头旁边的架子上找一件我可以穿的衣服,就看到架子上有一个钱包,看到里面有很多钱,于是我就顺手从钱包抽了几张走,然后我把钱包放在电视旁边的桌面上,之后我就把一件男式棉袄穿在身上,并在房间里拿了一把折叠伞,喝了点房间外面水桶里的水,从房间旁边的铁门出去了。

问:为何想在房间里找衣服?

答:我当时就想下山的时候,穿着别人的衣服,拿着雨伞,可以避开路上的摄像头,这样你们就不容易找到我。

问:那件男式棉袄和折叠雨伞现在何处?

续表

答:我在下山的过程中,就把雨伞扔掉了,具体扔在哪里我也不记得了。那件男式棉袄被我扔在＊＊酒店附近一个小区门口的垃圾桶里了。

问:你说你在找衣服的时候,还找到了一个钱包?

答:是的。

问:当时钱包里有什么东西?

答:我记得钱包里有很多钱,百元面值的有好几张,还有很多零钱。

问:你当时拿了多少钱走?

答:我当时就是顺手一拿,没几张,具体数目也没有数过。

问:为何没有将钱包里的钱都拿走?

答:当时我就是想身上没钱了,拿点钱打车回去,还可以买些东西吃。

问:你后来去了哪里?

答:我下山后,一直走到快到＊＊酒店附近的一个小区门口拦了一辆出租车回到＊＊广场,在＊＊广场附近的一家便利店,我买了两瓶营养快线饮料,在路上的时候,我打电话给＊＊宾馆开房间,到了第二天晚上就被公安抓了。

问:你是否记得当时乘坐出租车的车牌号,颜色记得吗?

答:不记得了。

问:你当时穿什么样的衣服、裤子和鞋子?

答:我当时穿一件军绿色的羽绒服、一条牛仔裤和一双黑色的皮鞋。

问:现在这些衣服、裤子和鞋子在什么地方?

答:我在＊＊宾馆被抓时被公安人员拿走了。

问:你回到宾馆后,有去过其他地方吗?

答:当天下午的时候,我到金山人才储备中心附近的一家五金店买了一把墙纸刀,晚上还和几个网友一起到省图书馆附近的一家店吃火锅,花了160元,吃完晚饭回到宾馆的时候就被抓了。

问:为什么你要去买墙纸刀?

答:我很后悔,想自杀,但我想见父母最后一面,后来我就把墙纸刀扔在路边的垃圾桶里了。

问:你当时拿走的那些钱现在在何处?

答:吃饭花了160元,开宾馆花了300元,还有花掉的一些钱也不记得了,剩下的钱在我被抓的时候都被公安人员拿走了。

问:本次讯问中,有无非法羁押、刑讯逼供、威胁、引诱、欺骗或者以其他非法方法获取口供的情形?

答:没有。

问:你还有何要补充?

答:没有。

问:你以上所讲是否属实?

答:属实

犯罪嫌疑人(被告人):乌＊风　(签名、指印)

20＊＊年5月16日

讯问人:李＊　　林＊＊

3. 应当听取辩护人、被害人及其诉讼代理人的意见,并记录在案。直接听取辩护人、被害人及其诉讼代理人的意见有困难的,可以通知辩护人、被害人及其诉讼代理人提出书面意见,在指定期限内未提出意见的,应当记录在案。询问应当个别进行,并告知其在审查起诉阶段所享有的诉讼权利。犯罪嫌疑人的辩护人或者近亲属以犯罪嫌疑人可能患有精神病而申请对犯罪嫌疑人进行鉴定的,人民检察院也可以依照有关规定对犯罪嫌疑人进行鉴定,鉴定费用由申请方承担。

4. 调查核实其他证据。人民检察院审查案件的时候,对公安机关的勘验、检查,认为需要复验、复查的,应当要求公安机关复验、复查,人民检察院可以派员参加;也可以自行复验、复查,商请公安机关派员参加,必要时也可以聘请专门技术人员参加。人民检察院对物证、书证、视听资料、电子数据以及勘验、检查、辨认、侦查实验等笔录存在疑问的,可以要求侦查人员提供获取、制作的有关情况。必要时也可以询问提供物证、书证、视听资料、电子数据及勘验、检查、辨认、侦查实验等笔录的人员和见证人并制作笔录附卷,对物证、书证、视听资料、电子数据进行技术鉴定。

5. 补充侦查。人民检察院审查案件时,认为犯罪事实不清,证据不足或者遗漏罪行、遗漏同案犯罪嫌疑人等情形需要补充侦查的,应当提出具体的书面意见,连同案卷材料一并退回公安机关补充侦查;人民检察院也可以自行侦查,必要时可以要求公安机关提供协助。对于补充侦查的案件,应当在 1 个月以内补充侦查完毕。补充侦查以 2 次为限。

6. 对扣押、冻结在案财物等的处理

人民检察院在审查起诉期间对于扣押、冻结的犯罪嫌疑人的财务及其孳息,应当妥善保管,以供查核。追缴的财物中,属于被害人的合法财产,不需要在法庭出示的,应当及时返还被害人,并由被害人在发还款物清单上签名或者盖章,注明返还的理由,并将清单、照片附入卷宗。追缴的财物中,属于违禁品或者不宜长期保存的物品,应当依照国家有关规定处理,并将清单、照片、处理结果附卷。

三、作出决定

根据《人民检察院刑事诉讼规则(试行)》第 376 条的规定,办案人员对案件经过一系列的审查活动,查清全部案件事实后,应当制作案件审查报告,根据审查的情况,提出起诉或者不起诉以及是否需要提起附带民事诉讼的意见,报请公诉部门负责人审核,公诉部门负责人对案件进行审核后,应当提出审核意见,报请检察长或者检察委员会决定起诉或者不起诉。

审查报告是检察机关的内部业务文书,是检察机关作出起诉或不起诉决定的依据。其内容既反映案件的基本办理过程,又有对案件事实的认定,以及对证据的分析判断及全案的审查结论。

"3·8"案件检察人员通过查阅案卷材料、讯问犯罪嫌疑人、听取辩护人、被害人的意见等,完成了审查起诉工作。以下以该案为例,说明审查报告的制作方法。

表 4-5　审查报告

关于犯罪嫌疑人乌＊风涉嫌故意杀人案件的审查报告

收案时间:20＊＊年5月13日

案件来源:＊＊市公安局

移送案由:故意杀人

犯罪嫌疑人:乌＊风

强制措施:逮捕羁押于＊＊市第一看守所

＊＊市公安机关承办人:陈＊＊,杨＊＊

＊＊市人民检察院承办人:李＊,林＊＊

承办人意见:乌＊风的行为构成故意杀人罪,应依法提起公诉

　　＊＊市公安局以＊公刑诉〔20＊＊〕099号起诉意见书移送我院审查起诉的犯罪嫌疑人乌＊风涉嫌故意杀人一案,我院于20＊＊年5月13日收到卷宗五册。依照《中华人民共和国刑事诉讼法》第三十三条第二款、第三十六、第四十条第一款、第一百三十七条、第一百三十九条规定,于20＊＊年5月13日已告知犯罪嫌疑人乌＊风依法享有的诉讼权利;已告知被害人、附带民事诉讼原告人刘＊风依法享有的诉讼权利;已依法讯问犯罪嫌疑人,听取被害人刘＊风、辩护人刘＊＊、被害人委托诉讼代理人张＊的意见,并审阅了全部案件材料,核实了案件事实与证据。期间,本院于6月12日提请延长审查起诉期限15日1次,6月13日批准。

　　经上述工作,本案已审查终结,现报告如下:

　　一、犯罪嫌疑人及其他诉讼参与人的基本情况

　　1. 犯罪嫌疑人乌＊风……20＊＊年3月9日因涉嫌故意杀人罪被＊＊市公安局刑事拘留,同月17日经本院批准逮捕,同日由＊＊市公安局执行逮捕。

　　2. 辩护人刘＊＊,＊＊＊律师事务所律师,执业证号:13＊＊＊＊＊＊＊＊＊＊＊＊＊＊＊,电话:13＊＊＊＊＊＊＊＊＊。受＊＊＊律师事务所指派为犯罪嫌疑人乌＊风辩护。

　　3. 被害人焦＊云,男,63岁……和其孙子焦＊＊,男,3岁……被杀死在桄翠庵内,焦＊云的妻子刘＊风,女,58岁……头部轻伤一级。

　　4. 委托代理人张言,＊＊＊＊律师事务所律师,执业证号:13＊＊＊＊＊＊＊＊＊＊＊＊,电话:13＊＊＊＊＊＊＊＊。

　　二、发、破案经过

　　20＊＊年3月8日8时31分,喜＊拨打110电话报警称＊＊市＊＊镇＊＊村山上桄翠庵内发生杀人案件。当日,＊＊市公安局立刻启动命案侦破机制并立案侦查。3月8日23时许,在＊＊市＊＊区＊＊广场＊＊宾馆345房间将犯罪嫌疑人乌＊风抓获归案。

　　三、侦查机关认定的犯罪事实与意见

　　20＊＊年3月7日17时许,乌＊风来到桄翠庵内准备拜佛时,遇被害人刘＊风到庵内打扫卫生,因没带钱,便躲在神像后的夹角内。礼佛完毕于3月8日0时许,发现有铁门虚掩着,便穿过该门行至生活区的天井时,被被害人焦＊云发现,焦＊云大声呼喊,并拿起一根木棍向乌＊风打来,乌＊风在躲避时拿起另一根木棍猛烈殴打被害人焦＊云的头部和身体,直至将其打倒在地。在此过程中,被害人刘＊风闻声走出卧室,看此情景后大声呼喊并退回卧室关上铁门,犯罪嫌疑人乌＊风害怕其会认出自己,便撞开铁门进入屋内,从刘＊风手中夺过手机,持木棍猛烈殴打刘＊风的头部,直至将其打倒在卧室门口,经鉴定,刘＊风为轻伤一级。随后,因卧室床上的被害幼儿焦＊＊哭闹,乌＊风因

续表

未能阻止其哭闹,便将其放在地上并从床上拿起枕头用力捂住其口鼻部,直至其不能动弹。经法医鉴定,被害人焦＊云系他人用棍棒类钝器打击头部致重度颅脑损伤死亡,被害幼儿焦＊＊系他人捂压口鼻导致窒息死亡。

四、相关当事人、诉讼参与人的意见

1. 犯罪嫌疑人的意见

犯罪嫌疑人乌＊风对其在＊＊镇＊＊村山上栊翠庵杀人作案的犯罪事实供认不讳。

2. 被害人意见

被害人刘＊风希望能够对乌＊风判处死刑。

3. 辩护人意见

辩护人刘＊＊认为本案虽然可以证实乌＊风到过案发现场,但是除了口供,没有直接证据表明乌＊风就是本案的作案嫌疑人。尤其是本案的作案工具——木棍、枕头等都没有检测出任何属于犯罪嫌疑人乌＊风的生物样本,还有犯罪嫌疑人逃跑时所穿衣物、雨伞等没找到,现场更没有目击证人证实是乌＊风作案。且就算是乌＊风作案,其动机不明,也不符合常理,要求对乌＊风作精神病鉴定。即便认定乌＊风有罪,在本案中,乌＊风没有明显的预谋,主要是与被害人之间语言不通导致惨案的发生,属于激情犯罪。

4. 被害人委托代理人的意见

要求犯罪嫌疑人乌＊风及其家属赔偿刘＊风的各项损失。

五、审查认定的事实、证据及分析

(一)依法审查后认定的事实

经依法审查查明:20＊＊年3月7日17时许,犯罪嫌疑人乌＊风至＊＊市＊＊镇＊＊村栊翠庵欲礼佛,恰逢栊翠庵管理人员被害人刘＊风打扫庵堂,因担心太晚被请出庵堂,遂藏匿于庵内,直至被害人刘＊风离开栊翠庵主殿后方返殿礼佛。次日0时许,犯罪嫌疑人乌＊风礼佛完毕欲离开栊翠庵,被同在庵内的被害人刘＊风的丈夫被害人焦＊云发现,被害人焦＊云便对其大叫,并持木棍击打乌＊风。乌＊风遂拿起庵内木棍多次击打被害人焦＊云头、胸等处致其倒地。被害人刘＊风见状躲入宿舍。乌＊风因恐事情败露,撞开宿舍铁门后持棍将其打倒在地。因宿舍内的年仅3岁的被害人焦＊＊受惊后哭闹不止,被乌＊风先后用手、枕头捂压被害人焦＊＊鼻部至其无声方止。作案后,乌＊风拿走被害人焦＊云钱包内的部分现金,并为躲避监控,穿着庵内男式棉袄、使用庵内雨伞遮挡身形逃离现场。经鉴定,被害人焦＊云系被他人用棍棒类钝器打击头部致重度颅脑损伤死亡;被害人焦＊＊系被他人捂压口鼻部导致窒息死亡;被害人刘＊风的损伤属轻伤一级。

(二)认定上述事实的证据

第一组证据(物证)

1. 扣押决定书、扣押清单

20＊＊年3月10日＊＊市公安刑事侦查三支队陈＊、杨＊＊在见证人何＊＊见证下,扣押了乌＊风作案时所穿的羽绒服、蓝色牛仔长裤、皮鞋、钱款等财物。摘自侦查卷3P.102、110、113-114。

该组证据证实犯罪嫌疑人乌＊风被抓获的时间、地点及被扣押羽绒服、蓝色牛仔长裤、皮鞋、钱款等物品的位置。

2. 栊翠庵内遗留犯罪嫌疑人乌＊风的鞋印、指纹

20＊＊年3月8日＊＊市公安局刑侦支队技术处李＊、黄＊＊在见证人石＊＊、刘＊＊的见证下在犯罪现场提取。摘自侦查卷1P27-40。

该证据证明犯罪嫌疑人乌＊风在犯罪现场留下犯罪痕迹。

续表

3. 栊翠庵内遗留犯罪嫌疑人乌 * 风的烟头、手机充电器等物品

20＊＊年 3 月 8 日＊＊市公安局刑侦支队技术处李＊、黄＊＊在见证人石＊＊、刘＊＊的见证下在犯罪现场提取。摘自侦查卷 1P27-40。

该证据证明犯罪嫌疑人乌 * 风在犯罪现场留下当时携带的随身物品,与其在供述中所讲一致。

4.……

第二组证据(书证)

1. 110 接警单、受案登记表、立案登记表

20＊＊年 3 月 8 日 8 时 31 分喜＊拨打 110 电话报警称:20＊＊年 3 月 8 日早上,发现栊翠庵地面上有血迹,而平常管理栊翠庵的焦＊云也没看见。20＊＊年 3 月 8 日＊＊市公安局立案侦查。摘自侦查卷 5P1-2。

2. 户籍材料

20＊＊年 4 月 15 日＊＊＊县公安局＊＊派出所出具。摘自侦查卷 3P148。

该证据证实乌 * 风的个人信息,以及无犯罪前科。

3.通话清单

摘自侦查卷 4P147-148。

证实犯罪嫌疑人乌 * 风在案发前后与其他人的相关联系情况。

4.银行交易记录

20＊＊年 4 月 2 日＊＊市公安局请招商银行、建设银行协查乌 * 风的个人财产状况。摘自侦查卷 3P120、122-125。

该组证据证实犯罪嫌疑人乌 * 风存入银行的钱都是小额的钱,且都是随时存入随时取了。

5. ＊＊市＊＊宾馆出具的情况说明、消费账单

20＊＊年 4 月 11 日＊＊市＊＊宾馆出具。摘自侦查卷 3P137-139。

证实犯罪嫌疑人乌 * 风作案后在＊＊宾馆的住宿、消费等情况。

6. 侦查机关出具的有关情况说明

20＊＊年 4 月 26 日＊＊市公安局刑侦支队三大队。摘自侦查卷 3P155-156。

证实本案存在一些无法查实的案件细节情况。

7. ＊＊省立医院病历记录

20＊＊年 4 月 11 日＊＊市公安局向＊＊医院调取的 120 出诊、处置记录,以及刘＊风在该院接受治疗的病历等相关材料。摘自侦查卷 3P142-143。

证实被害人刘 * 凤头部等部位受伤情况。

8.……

第三组证据(证人证言)

1.证人喜某某、刘某甲、刘某乙、刘某丙等人的证言

20＊＊年 2 月 8 日证人石某、刘某甲、刘某乙、刘某丙等人在＊＊市公安局＊＊派出所执法办案区询问室接受侦查人员吴＊、任某询问时所作的证人证言。

摘自侦查卷 4P1-21。

证人喜某某等人在栊翠庵外发现栊翠庵内有血迹并发现被害人焦＊云的现场情况,并随之报警的相关情况。这组证据证实栊翠庵确有命案发生。

2.证人田某某的证言、苏某某的证言

20＊＊年 2 月 12 日证人田某某、苏某某在＊＊市公安局＊＊派出所接受侦查人员陈＊、陈＊＊的询

续表

问时所作的陈述。摘自侦查卷 4P57-63。

证人田长春、苏礼容夫妇为该区域卫生保洁工人,该组证据证实在清理垃圾的过程中,尤其是在清理＊＊区和谐大酒店附近的垃圾桶和道路旁边时并没有特别在意有大衣外套和雨伞。

3.证人焦某1、焦某2、李某的证言

20＊＊年3月8日被害人子女焦某1、焦某2、李某在＊＊市＊＊区樟树林村栊翠庵内接受＊＊公安局刑侦三大队侦查人员林某、黄某的询问室所做的陈述。

该组证实案件被害人焦＊云、谢＊＊以及刘＊风的个人身份情况和财产状况,并对案发前后的情况进行了解。

4.证人翁某某的证言、吴某乙、张某某的证言

20＊＊年3月3日证人翁某某、吴某乙、张某某在＊＊市公安局刑侦支队询问室接受侦查人员杨某某、张某某的询问时所作的陈述。摘自侦查卷 4P65-88。

证实犯罪嫌疑人乌＊风其在案后(3月8日下午)前往＊＊区＊＊路的＊＊KTV及＊＊牛肉火锅店内的活动情况。

5.证人陈某某、林某某、乌某排、乌某和、乌某雄、乌某星、乌某双的证言

20＊＊年4月12日证人陈某某等在＊＊医科大学附属第一医院在＊＊市公安局刑侦支队三大队陈某、陈某某的询问下所作的陈诉。

摘自侦查卷 4P97-136。

该组证据主要是了解犯罪嫌疑人乌＊风的资金来源,生活工作状况,经济状况及家族精神病史等情况。

6.出租车司机林某某、华某某的证言

20＊＊年5月2日出租车司机林某某、华某某在＊＊市公安局＊＊派出所执法办案区询问室接受侦查人员杨某某、任某询问时所作的证人证言。

摘自侦查卷 4P138-146。

该组证据是根据 GPS 出租车轨迹查找的两个出租车司机对3月8日出租车乘客的情况进行了解,但因乘客及出租车等特殊情况,没有了解到犯罪嫌疑人乌＊风的相关情况。

7.……

第四组证据:鉴定意见

1.＊＊市公安局物证鉴定所出具的鉴定摘自侦查卷 5P41-51

检验对象:焦＊云,男,19＊＊年＊月＊日出生,＊＊省＊＊市＊＊区＊＊镇9号

鉴定要求:死亡原因

鉴定开始时间:20＊＊年3月8日14时

鉴定地点:＊＊市公安局法医检验中心

鉴定意见:焦＊云系被他人用棍棒类钝器打击头部致重度颅脑损伤死亡

证实被害人焦＊云的死亡原因。

2.＊＊市公安局物证鉴定所出具的检验报告摘自侦查卷 5P51-62

送检检材/样本:检材一,红梅牌香烟盒外包装塑料膜上的指纹,编号为 20＊＊H0012-1;样本一,嫌疑人乌＊风食指指纹卡一份(身份证号 35＊＊＊＊＊＊＊＊＊＊＊＊＊＊);户籍地:＊＊省＊＊县底乡山村林山 123 号)编号为 20＊＊H0012-2。

鉴定要求:编号为 20＊＊H0012-1 的现场指印与编号为 20＊＊H0012-2 的乌＊风十指指印捺印样

续表

本是否为同一人所遗留。

鉴定开始日期:20＊＊年3月10日

鉴定地点:＊＊市公安局物证鉴定所

鉴定意见:编号为20＊＊H0012-1的现场指印与编号为20＊＊H0012-2的乌＊风指印捺印样本左手拇指指印为同一个人所遗留

证实犯罪嫌疑人乌＊风的指纹与现场所留指纹为同一人所遗留。

3.＊＊市公安局物证鉴定所出具的鉴定书

检验对象:焦＊＊,男,20＊＊年＊月＊日出生,＊＊省＊＊市区＊＊镇9号

鉴定要求:死亡原因

鉴定开始时间:20＊＊年3月8日15时30分

鉴定地点:＊＊市公安局法医检验中心

鉴定意见:焦＊＊系被捂死

证实被害人焦＊＊的死亡原因。

4.临床法医学检验鉴定书

送审材料:＊＊省立医院入院记录各一份,CT片及检查报告单4份。

鉴定要求:人体损伤程度鉴定(初次鉴定)。

鉴定依据:依据2013年8月30日,最高人民法院、最高人民检察院、公安部、国家安全部、司法部联合发布的《人体损伤程度鉴定标准》进行损伤程度鉴定。

鉴定时间:20＊＊年3月16日16时30分

检验地点:＊＊省立医院

检验对象:刘＊凤,女,19＊＊年＊月＊日出生;住址:＊＊省＊＊市＊＊镇9号

鉴定意见:刘＊凤的损伤属轻伤一级

证实被害人刘＊凤的损伤程度为轻伤一级。

5.……

第五组证据:现场勘验、检查笔录、现场照片以及提取的痕迹物证登记表

20＊＊年3月8日11时30分—17时30分＊＊市公安局刑侦支队陈＊＊支队长带领技术处处长唐＊＊,痕检技术员杨＊＊、林＊、黎＊,法医技术员孙＊、洪＊＊、孙＊＊、孔＊,影像技术员董＊、赵＊、柳＊＊,DNA技术员郑＊、李＊、黄＊等侦技人员,在见证人刘＊、喜＊＊的见证下,对＊＊市＊＊镇＊＊村山上的栊翠庵进行现场勘验、检查。摘自侦查卷1P27-4、侦查卷2。

该组证据证明了乌＊风杀害被害人焦＊云、焦＊＊,打伤被害人刘＊凤的案发现场的具体情况以及侦查机关在现场提取的痕迹、物证等。

第六组证据:视听资料

1.＊＊区＊＊公交站监控视频、＊＊镇＊＊小区监控视频、＊＊村登山道口监控视频、＊＊路路口监控视频、＊＊路＊＊便利店监控视频、＊＊宾馆监控视频。摘自附卷光盘。

＊＊市公安局刑事侦查三支队出车GPS行驶轨迹。摘自侦查卷3P150-154。

该组证据主要是与本案相关的道路场所的监控视频和出租车的行驶轨迹,证实犯罪嫌疑人乌＊风案发前后前往和逃离犯罪现场的活动轨迹。

2.……

第七组证据:被害人刘＊凤的陈述

20＊＊年3月23日16:00至16:40＊＊市公安局刑事侦查支队三大队于＊＊、杨＊＊在＊＊市省立

续表

医院对被害人刘＊凤的询问。摘自侦查卷4P42-44。

被害人刘＊凤已经不记得案发时的具体情况,只记得在案发当天在枧翠庵边上的亭子里有见过个子不高、脸比较圆穿带点军绿色大衣的犯罪嫌疑人乌＊风,并且对其印象是不舒服。

第八组证据:犯罪嫌疑人乌＊风对杀害和伤害被害人的供述和辩解,并对犯罪现场和相关人员、物品等辨认材料。

20＊＊年3月9日1时36分至20＊＊年3月9日9时01分犯罪嫌疑人乌＊风在＊＊市公安局执法办案中心5号审讯室接受侦查人员程＊、江＊讯问时所作的供述。摘自侦查卷3P1-13。

20＊＊年3月7日上午9时许,犯罪嫌疑人乌＊风自＊＊市＊＊城市广场乘坐公交车前往＊＊镇＊＊庙拜佛。14时许,乌＊风来到鼓山白云洞,因发现未带够钱购买香火,即决定下山前往半途中人少的枧翠庵独自一人拜佛……(略)

证实:乌＊风无视他人生命,用木棍击打被害人焦＊云头部、身体,致其死亡,并接着木棍击打被害人刘＊凤头部致其轻伤一级。对正在哭的三岁幼儿焦＊＊下手,用枕头捂住其口鼻部,致被害幼儿焦＊＊窒息死亡。

(三)对证据的综合分析论证

1. 对犯罪事实的分析论证

《中华人民共和国刑事诉讼法》第一百三十七条规定的事项已经查清,20＊＊年3月7日17时许,乌＊风来到枧翠庵内准备拜佛时,因没带钱,便躲在神像后的夹角内。礼佛完毕于3月8日0时许,发现有门虚掩着,便穿行至生活区的天井时,被被害人焦＊云发现,便持木棍殴打焦＊云致死,后发现被害人刘＊凤并将其打倒在卧室门口,经鉴定,轻伤一级。又因卧室内被害幼儿焦＊＊哭闹,乌＊风从床上拿起枕头用力捂住其口鼻部致死。犯罪嫌疑人乌＊风的行为构成《中华人民共和国刑法》第二百三十二条规定的故意杀人罪。

2. 对故意杀人犯罪证据的分析论证

综合全案,证实犯罪嫌疑人乌＊风故意杀人案的证据是确实、充分的,常住人口信息表证实犯罪嫌疑人乌＊风系完全刑事责任能力人,犯罪嫌疑人的供述、扣押物品、文件清单、辨认现场、被害人等照片、现场勘验、检查、鉴定意见等能够互相印证;对本案的案发原因,根据犯罪嫌疑人乌＊风的供述,可证实本案系犯罪嫌疑人乌＊风因琐事而引起的血案,对于案发的过程,根据现场勘验、检查、焦＊云的死亡鉴定、焦＊的死亡鉴定、刘＊凤的伤情鉴定、现场所留鞋印、血迹、指纹等鉴定和DNA鉴定以及乌＊风的供述等,可以证实是被害人焦＊云发现犯罪嫌疑人乌＊风后对大叫,并持木棍击打犯罪嫌疑人乌＊风。犯罪嫌疑人乌＊风遂拿起庵内木棍多次击打被害人焦＊云头、胸等处至其死亡。被害人刘＊凤见状躲入宿舍,犯罪嫌疑人乌＊风因恐事情败露,撞开宿舍铁门后持棍将其打倒在地,致其轻伤一级。因宿舍内的年仅3岁的被害人焦＊＊受惊后哭闹不止,犯罪嫌疑人乌＊风先后用手、枕头捂压被害人焦＊＊口鼻部至其窒息死亡。犯罪嫌疑人乌＊风作案后即从枧翠庵逃跑。＊＊区＊＊公交站监控视频、＊＊镇＊＊小区监控视频、＊＊村登山道口监控视频、＊＊路路口监控视频、＊路＊＊便利店监控视频、＊＊宾馆监控视频、出租车GPS行驶轨沿途的监控视频可以证实犯罪嫌疑人乌＊风在前往犯罪和逃离犯罪现场的活动轨迹。

综上,乌＊风故意杀人案的证据之间、证据与案件事实之间的矛盾得到合理的排除,足以得出乌＊风故意杀害焦＊云、焦＊＊,打伤刘＊凤的唯一的排除性结论。

六、需要说明的问题

1. 根据侦查机关的情况说明,本案男式棉袄、折叠雨伞等物证无法查找。

犯罪嫌疑人乌＊风在枧翠庵杀人后为躲避监控拍摄,取走一件男式棉袄大衣和一把雨伞,在下山

续表

后,乌＊风即将折叠雨伞和男式棉袄丢弃。侦查机关未找到乌＊风丢弃的男式棉袄和折叠雨伞。

2. 未能查找到犯罪嫌疑人逃离沿线的目击证人。

犯罪嫌疑人乌＊风杀人后乘坐出租车前往＊＊城市广场,经侦查,＊＊市出租车汽车公司的闽AT＊＊58出租车的GPS轨迹,与乌＊风乘坐的出租车路线较为符合。但闽AT＊＊58出租车当班司机华＊＊无法回忆起当日搭载乘客的情况,也没有辨认出犯罪嫌疑人乌＊风。该出租车内未安装摄像照相设备。

3. 对犯罪嫌疑人乌＊风杀人后从现场取走的现金金额无法认定。

根据乌＊风的供述,其在案发前一天曾把钱放在一网友那里,而案发当天这个网友把钱1200元还给他,因此仅依据其随身扣押的现金,无法确认乌＊风杀人后从现场取走现金的具体金额,乌＊风拒绝提供该网友的信息。侦查机关无法找到该所谓网友,无法核查该1200元还款情节。

4. 该案重要物证,犯罪嫌疑人乌＊风作案使用的木棍上未采集到该人DNA生物检材,乌＊风翻动过的被害人钱包未提取到乌＊风的DNA与指纹信息。

5. 命案现场受害人无法提供目击证词。

被害人刘＊凤人虽然已清醒,但因颅脑损伤严重,目前还有记忆缺失、认知混乱的症状。无法回忆起案发当时的情况,也无法对本案犯罪嫌疑人乌＊风进行指认。

七、承办人意见

本案虽然部分案件细节未能查清,但在案证据足以证明乌＊风因琐事,非法剥夺他人生命,致二人死亡、一人轻伤的犯罪事实,其行为已经触犯《中华人民共和国刑法》第二百三十二条,犯罪事实清楚,证据确实、充分,应以故意杀人罪追究其刑事责任。另外,因犯罪嫌疑人乌＊风具有以下从重量刑情节:1.在殴打被害人焦＊云致其死亡后,为了灭口而追打被害人刘＊风,而且还对仅3岁的被害人痛下毒手;2.寺庙是人们祈福的地方,而自称是来礼佛的乌＊风却在这里大开杀戒。故根据《刑法》第二百三十二条的规定,建议判处犯罪嫌疑人处死刑立即执行,剥夺政治权利终身,并处没收财产。

综上,本案应当根据《中华人民共和国刑事诉讼法》第一百七十二条的规定提起公诉。

承办人:李＊　林＊＊

20＊＊年6月20日

附件:起诉书草稿。

制作审查报告应当注意如下事项:

1. 审查报告的内容分为11个部分:(1)标题;(2)首部;(3)犯罪嫌疑人及其他诉讼参与人的基本情况;(4)发、立、破案经过;(5)侦查机关(部门)认定的犯罪事实与意见;(6)相关当事人、诉讼参与人的意见;(7)审查认定的事实、证据及分析;(8)需要说明的问题;(9)承办人意见;(10)附件;(11)尾部。

2. 首部:如果侦查机关承办人很多,可写明主要的两名承办人;简述案件受理、告知、讯问、听取、审查简况。如有退查、自查应写明提请时间及重新移送时间;有延长审限则注明提请时间及批捕期限。这一段的作用在于通过审阅这一部分,可以及时发现在案件审查过程中出现程序性措施。

3. 犯罪嫌疑人及其他诉讼参与人的基本情况:这部分写明犯罪嫌疑人的姓名、曾用名,性别,出生年月日(还要注明犯罪时年龄＊岁),身份证号码,民族,文化程度,职业(或工作单位及职务),住址,曾受到过行政处罚、刑事处罚的时间、原因、种类、决定机关、释放时间等和强制措施,于何时被谁执行逮捕,羁押于何地看守所(或取保候审,监视居住在何地)。在审查起诉阶段依法改变强制措施的,应在此部分体现,并写明改变强制措施的时间、内容和理由;写明被害人姓名、性别、年龄(系未成年人的,应注明出生年月日)、民族、现住址、被害情况等,被害人情况不清楚的,予以说明。

4. 发、立、破案经过:综合全案证据材料,客观叙写本案发案、立案、破案的时间、经过等情况,特别是犯罪嫌疑人的到案经过。

5. 侦查机关认定的事实:这部分将侦查机关认定的犯罪事实和处理意见全面高度概括叙明,注意内容要忠实于移送起诉意见书,可以进行必要的归纳和概括。

6. 审查认定的事实、证据及分析:

犯罪事实叙写要按照犯罪构成来写,凡是影响定罪量刑的事实、情节都应当叙述清楚,尤其不能遗漏关键的事实、情节。具体包括作案的时间、地点、动机、目的、实施过程、手段、犯罪情节、危害后果,以及犯罪嫌疑人作案后的表现如有无坦白、自首、立功、退赃等事实和情节。对于共同犯罪,各同案人的地位和作用应在事实中得到呈现。注意不要在认定的事实中夹杂一些与定罪量刑无关内容。

证据摘录要注意:(1)在此摘录的证据应当是经过审查复核后查证属实的。对于不能采信的证据在后面综合分析论证时指出。(2)证据要按照先客观性证据即物证、书证、勘验或者检查笔录、鉴定意见、视听资料等,后主观性证据即证人证言、被害人陈述、同案人供述和犯罪嫌疑人供述和辩解等的顺序具体列举,以客观证据为基石构建证据体系。(3)在证据名称后用括号分别注明每份证据的来源和特征,包括取证主体、取证时间、地点、取证程序、证据材料表现形式以及证据与证据之间关联性等。(4)摘录证据既要具体、全面,又要突出关键点,对于言词证据可以进行必要的归纳、概括。(5)摘录每份证据的具体内容后,要对其所证明的事项进行必要的说明,并对证据本身及证据与证据之间是否存在问题以及存在的问题是否影响对案件事实的认定等进行必要的分析,以确认所摘录的证据客观属实。(6)对于分组举证的,还要在每组证据全部摘录和分析后,对该组证据所证明的事项作小结和说明。(7)要兼顾定罪证据和量刑证据的全面收集,为量刑建议打好事实证据基础。

全案证据摘录后,要对全案所有证据的证明力、证据能力以及证据之间能否相互印证,全案证据能否形成完整的证据链条等进行综合分析论证。对于事实不清、证据不足的案件,应当根据案件具体情况,将经审查查清的事实、证据以及未查清的事实、证据都一一写明,并分析事实不清、证据不足的具体情况。

7. 需要说明的问题:此部分主要是审查报告其他部分无法涵盖而承办人认为需要说明或者报告的事项,包括:(1)案件管辖问题;(2)追诉漏罪、漏犯情况;(3)共同犯罪案件中未一并移送起诉的同案人的处理问题;(4)进行刑事和解情况;(5)敏感案件预警或处置情况;(6)侦查活动违法及纠正情况;(7)有碍侦查、起诉、审判的违法活动及解决情况;(8)扣押款物的追缴、保管、移交、处理情况;(9)被害人及附带民事诉讼原告人、犯罪嫌疑人及其亲属以及人民群众对案件的处理有无涉法、涉诉上访问题及化解矛盾情况;(10)结合办案参与综合治理、发出检察建议等相关情况;(11)需要由检察机关提起附带民事诉讼问题;(12)案件经过沟通、协调情况,领导批示情况;(13)承办人认为需要解决的其他问题等。

8. 承办人意见:包括:(1)对全案事实证据情况的意见:结合全案事实、证据情况,对犯罪事实是否清楚、证据是否确实充分提出结论性意见;(2)对案件定性和法律适用的意见;(3)量刑建议。根据犯罪的事实、犯罪的性质、情节和对社会的危害程度,再综合考虑案件从重、从轻、减轻或者免除处罚等各种法定、酌定量刑情节的基础上,依照刑法、刑事诉讼法以及相关司法解释的规定,就适用的刑罚种类、幅度及执行方式等提出量刑建议。对于涉及案件定性、量刑等有争议的问题,如与侦查机关对案件性质的认识不一致,以及是否应当采纳辩护人、被害人、诉讼代理人等对案件定性、量刑的意见等,应当重点分析论证。综上,承办人提出明确具体的起诉、不起诉、建议撤销案件或做其他处理的意见。

9. 附件:包括(1)退回补充侦查提纲或自行补充侦查提纲。(2)起诉书或者不起诉决定书草稿。(3)与案件有关的法律法规、司法解释及行政法规等。

第四节　提起公诉

一、提起公诉的基本规定

人民检察院对案件审查起诉后,可以作出起诉、不起诉和撤销案件的决定。根据《刑事诉讼法》第 172 条的规定,人民检察院认为犯罪嫌疑人的犯罪事实已经查清,证据确实、充分,依法应当追究刑事责任的,应当作出起诉决定,按照审判管辖的规定,向人民法院提起公诉。

对提起公诉的案件,人民检察院应当制作起诉书,连同案卷材料、证据一并移送人民法院。根据《人民检察院刑事诉讼规则(试行)》第 394 条至第 400 条的规定,移送的主要材料包括:1.起诉书移交应当一式八份,每增加一名被告增加起诉书 5 份。2.对于涉及被害人隐私或者为保护证人、鉴定人、被害人人身安全,而不宜公开证人、鉴定人、被害人姓名、住址、工作单位和联系方式等个人信息,虽然已经在起诉书中使用化名替代证人、鉴定人、被害人的个人信息,但是应当另行书面说明使用化名等情况,并标明密级。3.人民检察院对于犯罪嫌疑人、被告人或者证人等翻供、翻证的材料以及对于犯罪嫌疑人、被告人有利的其他证据材料,应当移送人民法院。4.人民法院向人民检察院提出书面意见要求补充移送材料,人民检察院认为有必要移送的,应当自收到通知之日起三日以内补送。5.对提起公诉的案件提出量刑建议的,人民检察院可以制作量刑建议书,与起诉书一并移送人民法院。

二、制作起诉书

起诉书是人民检察院代表国家向人民法院提出追究被告人刑事责任的诉讼请求的重

要法律文书。制作起诉书时,应当遵循《刑事诉讼法》《人民检察院刑事诉讼法律文书格式样本》和《人民检察院刑事诉讼规则(试行)》的相关规定。

起诉书样本有三种,包括普通程序案件适用的起诉书、简易程序案件适用的起诉书、刑事附带民事诉讼案件适用的起诉书。

以下以乌＊风案件为例说明普通程序案件起诉书和附带民事诉讼案件起诉书的制作方法和格式。

表 4-6　起诉书

＊＊省＊＊市人民检察院

起 诉 书

＊检公一刑诉〔20＊＊〕67 号

被告人乌＊风,曾用名乌大头,男,1985 年 8 月 30 日出生,居民身份证号码 35＊＊＊＊＊＊＊＊＊＊＊＊＊＊＊＊＊,汉族,大专文化,无固定职业,住＊＊省＊＊县＊＊乡＊＊村 123 号。20＊＊年 3 月 9 日因涉嫌故意杀人罪被＊＊市公安局刑事拘留,同月 17 日经本院批准逮捕,同日由＊＊市公安局执行逮捕。

辩护人刘＊＊,＊＊＊律师事务所律师,执业证号:13＊＊＊＊＊＊＊＊＊＊＊＊＊,电话:13＊＊＊＊＊＊＊＊。受＊＊＊律师事务所指派为犯罪嫌疑人乌＊风辩护。

本案由＊＊市公安局侦查终结,以被告人乌＊风涉嫌故意杀人罪,于 20＊＊年 5 月 13 日向本院移送审查起诉。本院受理后,于同日已告知被告人有权委托辩护人,同日告知被害人及其近亲属、附带民事诉讼的当事人有权委托诉讼代理人,依法讯问了被告人,审查了全部案件材料。其间,本院于同年 6 月 13 日延长审查起诉期限半个月。

经依法审查查明:20＊＊年 3 月 7 日 17 时许,被告人乌＊风至＊＊市＊＊区＊＊镇＊＊村栊翠庵欲礼佛,恰逢栊翠庵管理人员被害人刘＊风打扫庵堂,因担心时晚被请出庵堂,遂藏匿于庵内,直至被害人刘＊风离开栊翠庵主殿后方返殿礼佛。次日 0 时许,被告人乌＊风礼佛完毕欲离开栊翠庵,被同在庵内的被害人刘＊风的丈夫被害人焦＊云发现,被害人焦＊云便对其大叫,并持木棍击打被告人乌＊风。被告人乌＊风遂拿起庵内木棍多次击打被害人焦＊云头、胸等处致其倒地。被害人刘＊风见状躲入宿舍,被告人乌＊风因恐事情败露,撞开宿舍铁门后持棍将其打倒在地。因宿舍内的年仅 3 岁的被害人焦＊＊受惊后哭闹不止,被告人乌＊风先后用手、枕头捂压被害人焦＊＊口鼻部至其无声方止。作案后,被告人乌＊风拿走被害人焦＊云钱包内的部分现金,并为躲避监控,穿着庵内男式棉袄、使用庵内雨伞遮挡身形逃离现场。经鉴定,被害人焦＊云系被他人用棍棒类钝器打击头部致重度颅脑损伤死亡;被害人焦＊＊系被他人捂压口鼻导致窒息死亡;被害人刘＊风的损伤属轻伤一级。

20＊＊年 3 月 8 日,被告人乌＊风在＊＊市＊＊区＊＊＊广场＊＊宾馆 345 号房间被公安机关抓获归案。

认定上述事实的主要证据如下:

1. 被告人乌＊风作案时所穿羽绒服、蓝色牛仔长裤、皮鞋、栊翠庵内遗留被告人乌＊风的鞋印、指纹、烟头、手机充电器等物证;

续表

2.110 接警单详单、被告人的前科证明、通话清单、银行交易记录、户籍材料、＊＊省立医院病历记录、＊＊市＊＊宾馆出具的情况说明、消费账单、＊＊＊＊牛肉火锅出具的情况说明及侦查机关出具的有关情况说明等书证；

3. 证人喜＊、刘＊、林＊＊、刘＊＊、刘＊清、李＊＊、焦＊＊、田＊＊、苏＊＊、翁某某、吴＊＊、张＊＊、林＊＊、陈＊＊的证言；

4. 被害人刘＊风的陈述；

5. 被告人乌＊风的供述和辩解；

6. ＊＊市公安局物证鉴定所出具的鉴定书、检验报告、临床法医学检验鉴定书、法庭科学 DNA 鉴定书等鉴定意见；

7. 现场勘验、检查笔录及现场照片；

8. ＊＊区＊＊公交站监控视频、＊＊镇＊＊小区监控视频、＊＊村登山道口监控视频、＊＊路路口监控视频、＊＊路＊＊便利店监控视频、＊＊宾馆监控视频、＊＊区＊＊＊KTV监控视频、＊＊区＊＊牛肉火锅店监控视频等视听资料。

本院认为，被告人乌＊风因琐事，非法剥夺他人生命，致二人死亡、一人轻伤，其行为触犯了《中华人民共和国刑法》第二百三十二条，犯罪事实清楚，证据确实、充分，应以故意杀人罪追究其刑事责任。根据《中华人民共和国刑事诉讼法》第一百七十二条的规定，提起公诉，请依法判处。

此致
＊＊市中级人民法院

检　察　员　李＊
代理检察员　林＊＊
20＊＊年 6 月 25 日（院印）

附：
1. 被告人乌＊风现羁押于＊＊市第一看守所。
2. 案卷材料和证据 5 册、光盘 15 张。

说明：起诉书原本应经检察长审查同意后署名，正本和副本都应加盖人民检察院印章。

制作起诉书应当注意如下事项：

1. 起诉书的内容包括六个部分，即首部、被告人的基本情况、案由案件来源和审查过程、犯罪事实和证据、起诉的要求和根据、尾部、附注事项。

2. 对被告人是外国人（包括无国籍人）的，起诉书标题中的制作机关名称前应冠以"中华人民共和国"字样。

3. 发文字号，位于标题的右下方，由制作机关代字、部门（代字）、文书简称、年度及年度发文序号组成，如"＊检刑诉〔2017〕21 号"。因为起诉书是以人民检察院的名义制作的，所以字号中不必加制作部门的发文代字。

4. 被告人的基本情况包括三方面内容：一是从"姓名"到"住址"等一般情况；二是曾受刑事处罚的情况；三是因本案被采取强制措施的情况。应分三个层次写明，如被告人之前没有受过处罚,本次犯罪未被采取强制措施,则第二、三方面情况自然不用写。

第一方面即被告人的一般情况需要注意:(1)按规定的项目依次来写,不得随意增减项目,不得随意排列顺序。(2)被告人的姓名。应当写被告人当前正在使用的正式姓名,通常是户口簿、身份证等法定文件中使用的姓名。如果有曾用名或与案件有关的化名、笔名、绰号等需要用括号注明,与犯罪无关其他名字不写。如果是聋哑人或盲人,要在姓名后用括号加以注明。对于符合起诉条件但不讲真实姓名、住址、身份不明的被告人,根据《刑法》第 128 条规定,可以按其自报的姓名向法院起诉。被告人是外国人的,应在其中文译名后面用括号注明外文姓名。(3)出生年月日。应写公历的出生年、月、日。具体出生日期查不清楚的,在制作起诉书时应以公历计算的周岁写明被告人的年龄。但是,如果涉及已满 14 周岁不满 18 周岁的被告人刑事责任问题时,必须写明被告人准确的出生年、月、日。(4)职业或工作单位、职务。应写明被采取强制措施前所在的工作单位名称及职务;无工作单位的,只写职业名称,从事农业生产者写"务农";从事个体经营的写"从事个体经营";待业人员写"无职业"。(5)住址。一般情况下应写户籍所在地。户籍所在地与经常居住地不一致的,写经常居住地,并注明户籍所在地;对流窜犯等户籍所在地或经常居住地不明的,可以写其暂住地。(6)被告人是外国人时,应当写明其国籍、护照号码和外国居住地。

第二方面即曾受到行政处分、刑事处分时需要注意:(1)被告人受到的行政处罚,如果跟定罪有关,则需要写明,如果跟定罪没有关系,则不写。行政处罚,应写明处罚的时间、种类、处罚单位等有关情况。(2)被告人受到的刑事处分,应当写明刑事处罚的时间、原因、种类、决定处罚的机关、处罚的内容、释放时间等有关情况。

第三方面即因本案被采取强制措施需要注意:要写明采取强制措施的原因、种类、批准或者决定处罚的机关名称和时间,执行机关的名称和时间等。被采取过多种强制措施的,应按照强制措施执行时间先后顺序一一写明。

对共同犯罪的多名被告人一并提起公诉的,起诉书的"被告人身份等基本情况",应当按主犯、从犯、胁从犯的顺序,依次逐人分段写明。关于"采取的强制措施",如果几名被告人是在同一时间,被同一机关批准或决定采取同一种措施的,可以用归纳法,在各被告人基本情况写完以后,另用一自然段,综合写明各被告人被采取强制措施的时间、决定或执行机关、强制措施名称等。

5. 叙写犯罪事实应当注意:(1)凡是写进起诉书的犯罪事实必须是经人民检察院审查认定的犯罪事实,有确实充分的证据予以证明;只有口供没有其他证据或证据不充分的犯罪事实不能写入起诉书;(2)对涉及国家机密和个人隐私的案件,叙事时应注意保密;(3)叙写犯罪事实一般应按时间先后顺序写,一人多罪,应当按照罪行轻重顺序写。重罪先写,轻罪后写。多人多罪的,应当按照主犯、从犯或者重罪、轻罪的顺序,突出主犯、重罪;(4)叙写犯罪事实,要具体写明犯罪时间、地点、经过、手段、动机、目的、危害后果以及被告人案发后的表现等要素,特别注意写明涉嫌某罪的犯罪构成要件以及与定罪量刑有关事实情节;(5)共同犯罪的案件,如有同案犯在逃的,叙事中涉及该犯时,应在姓名后用括号"另案处理"。

6. 列举证据应当注意：采用"一事一证"的方法，即在每一起案件事实后列举能证明该案事实存在的主要证据。对于犯几种不同性质罪行的被告人，叙述时在写明其某种罪行之后，接着就列举认定该犯罪事实的主要证据，然后再叙写其他罪行和相关证据。

7. 论证犯罪的性质，认定罪名要注意：被告人触犯的刑法条款要具体到某条、某款，且与构成的犯罪性质一一对应，多个犯罪性质按由重到轻的顺序排列。共同犯罪分别写明各被告人应负的罪责。对犯罪性质及罪名认定与公安机关不一致的，应在此部分写明。

8. 论证犯罪情节要注意：表明对被告人从重、加重或从轻、减轻处罚的倾向性意见。此种倾向性意见要明确，如写为"请法庭考虑从轻处罚"或者"请法庭考虑减轻处罚"，二者只能选其一，不能含糊地写为"请法庭考虑从轻、减轻处罚"。一案有几个被告人的，犯罪情节各异，应当分别论证。

9. 附注事项包括以下几个方面的内容：(1)被告人的羁押场所或被告人取保候审或者监视居住的处所或未采取强制措施的被告人的住所。(2)全案移送案卷的册数。注明是否有附带民事诉讼提起及主体、附带民事诉讼状的份数和页数、有关涉案财物的情况。(3)证人、鉴定人、需要出庭的专门知识的人的名单，需要保护的被害人、证人、鉴定人名单。根据《人民检察院刑事诉讼规则(试行)》第393条第5款的规定，证人、鉴定人、有专门知识的人的名单应当列明姓名、性别、年龄、职业、住址、联系方式，并注明证人、鉴定人是否出庭。因此，人民检察院在移送起诉书时还要制作证人(鉴定人)名单一并移送，以备公诉时使用。名单填写完后余下的空格应该划掉，并注明"以下空白"字样。需要保护的被害人、证人、鉴定人名单都是同样的格式文本。文书一式两份，一份移送人民法院，一份附卷。

表 4-7　证人(鉴定人)名单

＊＊市人民检察院

证人(鉴定人)名单

检　诉证(鉴)人〔　　　〕号

案　由＿＿＿＿＿＿＿＿＿

被告人＿＿＿＿＿＿＿＿＿

序号	姓名	性别	年龄	民族	职业	通信地址或者工作单位地址、联系方式

(院印)

表 4-8　刑事附带民事起诉状

刑事附带民事起诉状

附带民事诉讼原告人刘＊凤,女,19＊＊年＊月＊日出生于＊＊省＊＊市,汉族,农民,户籍地＊＊省＊＊市＊＊区,住所地＊＊省＊＊市＊＊区。系本案被害人暨被害人焦＊云的妻子。

附带民事诉讼原告人焦＊1,女,19＊＊年＊月＊日出生于＊＊省＊＊市＊＊区,汉族,户籍地＊＊市＊＊区。系被害人焦＊云的女儿。

附带民事诉讼原告人焦＊2,男,19＊＊年＊月＊日出生于＊＊省＊＊市＊＊区,汉族,福建＊＊＊＊有限公司职员,户籍地＊＊市＊＊区,住所地＊＊省＊＊市＊＊区。系被害人焦＊云的儿子,被害人焦＊＊的父亲。

附带民事诉讼原告人李某,女,19＊＊年＊月＊日出生于＊＊省＊＊县,汉族,福建＊＊＊＊有限公司职员,户籍地＊＊省＊＊县,住所地＊＊省＊＊市＊＊区。系被害人焦＊＊的母亲。

上列起诉人的诉讼代理人黄＊＊,福建＊＊律师事务所律师。

附带民事诉讼被告人:乌＊凤,曾用名吴大头,男,1985 年 8 月 30 日出生于＊＊省＊＊县,汉族,大专文化,无业,户籍地＊＊省＊＊县。因涉嫌犯故意杀人罪,于 20＊＊年 3 月 9 日被刑事拘留,同月17 日被逮捕,现羁押于＊＊市第一看守所。

诉讼请求:

一、依法追究被告人乌＊凤犯故意杀人罪的刑事责任,并从重处罚;

二、判令被告人赔偿因故意杀人致焦＊云死亡的死亡赔偿金 553003.2 元(人民币,下同)、丧葬费27117.5 元,计 580120.7 元;焦＊＊的死亡赔偿金 614448 元、丧葬费 27117.5 元,计 641565.5 元;被害人亲属办理丧葬事宜支出费用无票据证明,酌定 15000 元;刘＊凤的医疗费 120630.76 元、误工费28290 元、护理费 17220 元、住院伙食补助费 2000 元、营养费及交通费酌定 10000 元、残疾赔偿金122889.6 元、伤残鉴定费 1500 元,计 302530.36 元。

事实与理由:

20＊＊年 3 月 7 日 17 时许,被告人乌＊凤到＊＊市晋安区鼓山镇埠兴村山上的枕翠庵,并躲藏在庵内隐蔽处至深夜。次日零时许,乌＊凤从躲藏处出来时被枕翠庵管理员被害人焦＊云发现,焦大声喊叫,并持木棍击打乌＊凤,乌＊凤见状持庵内的一根木棍连续击打焦＊云的头、胸等部位致焦倒地。焦＊云的妻子被害人刘＊凤见状躲入宿舍,乌＊凤恐罪行败露,撞开宿舍铁门持木棍将刘＊凤打倒在地。当刘＊凤的孙子被害人焦＊＊在床上啼哭时,乌＊凤即用手、枕头捂压焦＊＊的口鼻至其无声方止。作案后,乌＊凤盗走焦＊云钱包内的部分现金,并经伪装后逃离现场。经鉴定,焦＊云系被他人用棍棒类钝器击打头部致重度颅脑损伤死亡,焦＊＊系被他人捂压口鼻部导致窒息死亡,刘＊凤的损伤属轻伤一级。刑事附带民事原告人认为,被告人乌＊凤已构成故意杀人罪,因其犯罪行为而造成的损失,被告人应予赔偿。

被害人焦＊云、焦＊＊因本案死亡,殁年 63 周岁和 3 周岁,被害人刘＊凤因本案受轻伤。被害人均为农村户籍,但案发前均在城镇生活、工作多年。附带民事诉讼原告人刘＊凤系焦＊云的妻子,附带民事诉讼原告人焦＊1、焦＊2 系焦＊云、刘＊凤的子女,附带民事诉讼原告人焦＊2、李某系焦＊＊的父母。

综上所述,被告人乌＊凤非法剥夺他人生命,致人两人死亡,一人轻伤,其行为已触犯《中华人民共和国刑法》之相关规定,构成故意杀人罪,应依法追究其刑事责任并从重处罚。另外,依据《中华人民共和国刑事诉讼法》第九十九条之规定,被害人由于被告人的犯罪行为而遭受物质损失的,在刑事

续表

诉讼过程中,有权提起附带民事诉讼。被害人死亡或者丧失行为能力的,被害人的法定代表人、近亲属有权提起附带民事诉讼。因此,被告人乌＊风的犯罪行为给原告造成的所有损失应由被告人承担赔偿责任。为维护原告的合法权益,特依法提起诉讼,请给予公正裁决,判如诉请。
 	
    此致
＊＊市中级人民法院
 	
                        刑事附带民事诉讼原告人:刘＊凤、焦＊1、焦＊2
                                        二〇＊＊年六月二十五日

制作附带民事诉讼起诉书应当注意如下事项:

1. 文书分为首部、当事人基本情况、诉讼请求、事实、证据和理由、尾部五个部分。

2. 首部:如果是被害人提起的附带民事起诉书,则首部即为"附带民事起诉书";如果是检察院提起的附带民事诉讼,则由提起附带民事诉讼检察机关的名称、"附带民事起诉书"、附带民事诉讼的案号组成。

3. 当事人的基本情况:主要写明原被告(如果是检察院提起的则无需写原告)的基本情况,包括姓名、性别、年龄、身份号码、民族、职业、工作单位及职务、住址等,是否为刑事案件的被告人。如果是检察机关提起的诉讼,则还要写明被害单位的基本情况,包括被害单位的名称、所有制性质、住所地、法定代表人姓名及职务等。

4. 诉讼请求:要求被告人赔偿的数额应当具体明确。

5. 事实与理由:应写清楚由于被告人的犯罪行为给原告(国家、集体)造成的物质损失的事实,特别是犯罪与损失之间的因果关系应当明确。提出能够证明此种损失及数额的证据,如书证、证人证言等。最后写明附带民事诉讼起诉的诉讼法依据,即《刑事诉讼法》第 99 条第 2 款。

三、制作量刑建议书

根据《刑事诉讼法规则》第 400 条的规定,量刑建议书的主要内容应当包括被告人所犯罪行的法定刑、量刑情节、人民检察院建议人民法院对被告人处以刑罚的种类、刑罚幅度、可以适用的刑罚执行方式以及提出量刑建议的依据和理由等。

2010 年 9 月 2 日,最高人民检察院以[2010]高检诉发 82 号通知印发了《人民检察院量刑建议书格式样本(试行)》,文件中包括量刑建议书的制作说明。量刑建议书的格式样本供地方各级人民检察院对提起公诉的案件拟以专门的量刑建议书的形式向人民法院提出量刑建议时使用(在公诉意见书中提出量刑建议的,格式同公诉意见书样本)。

表 4-9　量刑建议书

＊＊市人民检察院

量刑建议书

被告人:乌＊风

案由:故意杀人

起诉书文号:＊检公一刑诉〔20＊＊〕67 号

被告人乌＊风涉嫌故意杀人一案,经本院审查认为,被告人乌＊风的行为已触犯《中华人民共和国刑法》第二百三十二条之规定,犯罪事实清楚,证据确实充分,应当以故意杀人罪追究其刑事责任,其法定刑死刑。

因其具有以下从重量刑情节:

1. 被告人乌＊风在殴打被害人焦＊云致其死亡后,为了灭口而追打被害人刘＊风,而且还对仅 3 岁的被害人痛下毒手,说明其主观恶性很大。

2. 寺庙是人们祈福的地方,而自称是来礼佛的乌＊风却在这里大开杀戒,造成非常恶劣的影响。

故根据《刑法》第二百三十二条的规定,建议判处被告人死刑立即执行,剥夺政治权利终身,并处没收财产。

此　致

＊＊市中级人民法院

检　察　员　李＊

代理检察员　林＊

20＊＊年 6 月 25 日

（院印）

制作量刑建议书需要注意以下事项:

1. 文书包括首部、被告人姓名、案由、起诉书文号、行为触犯的法律、涉嫌罪名、法定刑、量刑情节、建议的法律依据、建议的主刑种类及幅度、执行方式、附加刑种类、尾部等。量刑建议书一式两份,一份送达人民法院,一份存档。

2. 首部:对涉外案件提起公诉时,人民检察院的名称前均应注明"中华人民共和国"的字样。

3. 法定刑:法定刑为依法应适用的具体刑罚档次。

4. 量刑情节包括法定从重、从轻、减轻或者免除处罚情节和酌定从重、从轻处罚情节。如果有其他量刑理由的,可以列出。

5. 建议的内容:建议的主刑属于必填项,如果主刑是拘役、管制、有期徒刑,则一般应有一定的幅度。执行方式和并处附加刑属于选填项。执行方式指是否适用缓刑。附加刑可以只建议刑种种类。如果建议单处附加刑或免予刑事处罚的,则不再建议主刑、执行方式和并处附加刑。

6. 对于被告人犯有数罪的,应分别指出触犯的法律、涉嫌罪名、法定刑、量刑情节、建议的内容,确有必要提出总的量刑建议的,再提出总的建议。

7. 一案中有多名被告人的,可分别制作量刑建议书。

8. 对于二审、再审案件需要制作量刑建议书的,可以此格式样本为基础作适当调整。

第五节 不起诉

一、不起诉的基本规定

不起诉是指检察机关对侦查机关侦查终结移送审查起诉的案件进行审查后,依法作出的不将案件移交人民法院审判的一种处理决定。根据刑事诉讼法的规定,我国的不起诉有法定不起诉、酌定不起诉、证据不足不起诉以及附条件不起诉四种情形。

人民检察院决定不起诉的案件,可以根据案件的不同情况,对被不起诉人予以训诫或者责令具结悔过、赔礼道歉、赔偿损失。对被不起诉人需要给予行政处罚、行政处分的,人民检察院应当提出检察意见,连同不起诉决定书一并移送有关主管机关处理,并要求有关主管机关及时通报处理情况。人民检察院决定不起诉的案件,对被告人违法所得及其他涉案财产应当依法处理,需要对侦查中查封、扣押、冻结的财物解除查封、扣押、冻结的,应当书面通知作出查封、扣押、冻结决定的机关或者执行查封、扣押、冻结决定的机关解除查封、扣押、冻结。

二、不起诉决定书的制作

人民检察院决定不起诉的案件,应当制作《不起诉决定书》。不起诉决定书的主要内容包括:(1)被不起诉人的基本情况,包括姓名、性别、出生年月日、出生地和户籍地、民族、文化程度、职业、工作单位及职务、住址、身份证号码,是否受过刑事处分,采取强制措施的情况以及羁押处所等;如果是单位犯罪,应当写明犯罪单位的名称和组织机构代码、所在地、联系方式,法定代表人和诉讼代表人的姓名、职务、联系方式;(2)案由和案件来源;(3)案件事实,包括否定或者指控被不起诉人构成犯罪的事实以及作出不起诉决定根据的事实;(4)不起诉的法律根据和理由,写明作出不起诉决定适用的法律条款;(5)查封、扣押、冻结的涉案款物的处理情况;(6)有关告知事项。不起诉决定书自公开宣布之日起生效。被不起诉人在押的,应当立即释放;被采取其他强制措施的,应当通知执行机关解除。

下面以何＊＊交通肇事案为例说明不起诉决定书的写作方法及格式。

表 4-10　不起诉决定书

＊＊省＊＊县人民检察院

不起诉决定书

＊检公诉刑不诉[20＊＊]11 号

被不起诉人何＊＊，男，19＊＊年＊月＊＊日出生，汉族，初中文化程度。因涉嫌交通肇事罪，于 20＊＊年 9 月 22 日被＊＊公安局刑事拘留；于 20＊＊年 9 月 30 日经本院批准，同日被＊＊县公安局逮捕；于 20＊＊年 1 月 24 日被＊＊县公安局取保候审。

辩护人李＊，＊＊省＊＊律师事务所律师。

本案由＊＊县公安局侦查终结，以被不起诉人何＊＊涉嫌交通肇事罪，于 20＊＊年 11 月 28 日向本院移送审查起诉。

经本院依法审查查明：20＊＊年 9 月 8 日 5 时 5 分，被不起诉人何＊＊驾驶无牌摩托车搭乘陈＊、张＊、冷＊、蒋＊＊，从＊＊县国税局经北城干道往东柳方向行驶，当车行至＊＊县北城干道云东加油站支路口处，撞向道路右侧花台后摔倒，致陈＊＊当场死亡，何＊＊、张＊、冷＊＊、蒋＊＊等人受伤，造成重大道路交通事故。20＊＊年 9 月 21 日，＊＊县公安局交通警察大队作出事故认定：何＊＊承担事故的主要责任，张＊承担事故的次要责任，冷＊＊、蒋＊＊、陈＊无责任。20＊＊年 9 月 12 日，经＊＊科技司法鉴定所鉴定：送检无号牌二轮摩托车除转向系事故中受撞损坏外，其余所检项目符合 GB7258—2012《机动车运行安全技术条件》之第 6 条相关要求；制动系前制动器锈蚀，前制动无制动效能，不符合 GB72558—2012《机动车安全技术条件》之第 7、2、3 条相关要求。20＊＊年 9 月 12 日，经＊＊司法鉴定所鉴定：被鉴定人陈＊＊的死亡原因符合车祸致特重型颅脑损伤导致呼吸循环衰竭死亡。

本院认为，被告人何＊＊实施了《中华人民共和国刑法》第一百三十三条规定的行为，其行为已构成交通肇事罪，但本案双方当事人达成和解，取得被害人近亲属的谅解，犯罪情节轻微，根据《中华人民共和国刑事诉讼法》第一百七十三条第二款的规定，决定对何＊＊不起诉。

被不起诉人如不服本决定，可以自收到本决定书后七日内向本院申诉。

被害人近亲属如不服本决定，可以自收到本决定书后七日内向＊＊市人民检察院申诉，请求提起公诉；也可以不经申诉，直接向＊＊县人民法院提起自诉。

20＊＊年 3 月 20 日

＊＊省＊＊县人民检察院

第六节　审查起诉阶段的律师辩护工作

根据《刑事诉讼法》第 37 条第 4 款、第 38 条的规定，自案件移送审查起诉之日起，律师才可以查阅、摘抄、复制本案所指控的犯罪事实的材料（其他辩护人经人民法院、人民检察院许可，也可以查阅、摘抄、复制上述材料），可以向犯罪嫌疑人、被告人核实有关证据，从而提出犯罪嫌疑人、被告人无罪、罪轻或者减轻、免除其刑事责任的材料和意见，维护犯罪嫌疑人、被告人的诉讼权利和其他合法权益。因此,律师在审查起诉阶段的工作主要是查阅、摘抄、复制卷宗并制作阅卷笔录、会见犯罪嫌疑人以及通信、调查取证和提交辩护意见。

一、准备委托手续

律师具体办理委托手续事宜同侦查阶段。如果一并签订了侦查、审查起诉、审判阶段的委托手续,则需要时刻关注案件的进展情况,可以同侦查机关联系,确认案件移送情况,也可以与检察机关的案件管理中心联系。

当案件被移送到人民检察院之后,辩护人应当及时递交委托手续。但律师接受委托后具体应当何时递交委托手续,《刑事诉讼法》《人民检察院刑事诉讼规则(试行)》等相关法律都没有明确规定,中华全国律师协会《律师办理刑事案件规范》也没有规定。一般来说,当辩护人知道案件被移送人民检察院后,应当尽快将委托手续递交人民检察院。委托手续包括律师事务所公函、授权委托书、律师执业证(复印件)。辩护人及时递交委托手续是积极履行法律服务合同的表现,是审查起诉阶段正当行使辩护权的前提。

表 4-11　律师事务所函

**律师事务所函

(20**)年**刑字 99 号

**市人民检察院　:

　　你院受理乌*风故意杀人案一案,本所接受　乌**　委托(指定),指派　刘**律师　为本案犯罪嫌疑人　乌*风　的辩护人。

　　特此函告

**　律师事务所(盖印)

二〇**年*月*日

表 4-12　授权委托书

授 权 委 托 书

　　委托人　乌*夏　根据《刑事诉讼法》第 33 条的规定聘　**　律师事务所　刘**　律师为乌*风故意杀人案犯罪嫌疑人　乌*风　的辩护人。

　　本委托书有效期自即日起至本审判决之日止。

委托人:乌*夏(手印)

二〇**年五月十四日

二、查阅、摘抄、复制案卷材料

阅卷权是辩护律师的一项基本权利,也是案件移送审查起诉之后律师行使辩护权的前提条件,对于保障犯罪嫌疑人或被告人的合法权益以及推进诉讼程序有着极为重要的意义。律师只有通过查阅案件材料,才能确认对犯罪嫌疑人或被告人的指控是否事实清楚、证据确实充分且能够排除合理怀疑,是否具有法定或酌定的量刑情节,适用法律是否正确,才能更加明确为当事人提供辩护的思路和方法,更有目的性地去调查取证。

（一）查阅案件材料的范围

通常情况下,案件材料主要是侦查机关移送人民检察院的侦查卷宗（诉讼卷）和起诉意见书,诉讼卷一般包括诉讼文书卷和证据材料卷。

（二）复制案卷材料的方法

根据《人民检察院刑事诉讼规则（试行）》第49条第3款规定,辩护律师或者经过许可的其他辩护人到人民检察院查阅、摘抄、复制本案的案卷材料,由案件管理部门及时安排,由公诉部门提供案卷材料。因公诉部门工作等原因无法及时安排的,应当向辩护人说明,并安排辩护人自即日起3个工作日以内阅卷,公诉部门应当予以配合。查阅、摘抄、复制案卷材料,应当在人民检察院设置的专门场所进行。必要时,人民检察院可以派员在场协助。辩护人复制案卷材料可以采取复印、拍照等方式,人民检察院只收取必需的工本费用。对于承办法律援助案件的辩护律师复制必要的案卷材料的费用,人民检察院应当根据具体情况予以减收或者免收。

（三）制作阅卷笔录

卷宗材料是律师开展辩护工作的重要依据,只有对卷宗材料了如指掌,才能为犯罪嫌疑人、被告人提供法律服务。制作阅卷笔录有助于律师全面掌握案件事实及证据。

三、会见犯罪嫌疑人

根据《刑事诉讼法》第37条之规定,辩护律师可以同在押的犯罪嫌疑人、被告人会见和通信。辩护律师持律师执业证书、律师事务所证明和委托书或者法律援助公函要求会见在押的犯罪嫌疑人、被告人的,看守所应当及时安排会见,至迟不得超过48小时。自案件移送审查起诉之日起,可以向犯罪嫌疑人、被告人核实有关证据。辩护律师会见犯罪嫌疑人、被告人时不被监听。虽然在侦查阶段就可以会见犯罪嫌疑人,但审查起诉阶段开始,律师才能针对案件中的证据进行核实,才能针对案件事实提出自己的意见。

《律师办理刑事案件规范》（律发通〔2017〕51号）第28条规定:辩护律师会见犯罪嫌疑人、被告人制作会见笔录的,应当交其签字确认。会见笔录是律师工作形成的书面文字记录,办案机关无权要求查阅。但在特定情形下,如案件需要提起非法证据排除时,律师可以将会见笔录提交办案机关,作为非法证据排除的线索。

以下是乌＊风案件审查起诉阶段的会见笔录。

表 4-13　会见犯罪嫌疑人/被告人笔录

会见犯罪嫌疑人/被告人笔录

时间:20＊＊年5月16日

地点:＊＊市第一看守所

会见人:刘＊＊,＊＊＊律师事务所律师,执业证号:135＊＊＊＊＊＊＊＊＊＊＊＊＊,电话:＊＊＊＊＊＊＊＊＊＊＊。

被会见人:乌＊风

涉嫌罪名:故意杀人罪

在场人:刘＊＊

记录人:黄＊＊

会见内容:

律师:你好! 请问你是乌＊风吗?

乌＊风:是。

律师:我是＊＊＊律师事务所刘＊＊律师,我身边这位黄＊＊,是我的助手。根据《中华人民共和国刑事诉讼法》《中华人民共和国律师法》的相关规定接受你近亲属乌＊夏的委托和律师事务所的指派为你提供辩护(出示委托书)。在审查起诉和审判阶段,律师将根据事实和法律为你辩护,维护你的合法权益。对于你近亲属的委托,你是否同意我们律师事务所指派我为你提供帮助和辩护?

乌＊风:愿意。

律师:请你陈述一下你的个人基本信息,包括年龄、籍贯、文化程度、职业、家庭住址及家庭成员等。

乌＊风:我叫乌＊风,男,汉族,1985年8月30日出生,大专文化,籍贯:＊＊省＊＊县,户籍地……

律师:根据《刑事诉讼法》的规定,在司法机关办案期间,你应当履行如实回答问题的义务,另外你享有如下诉讼权利:第一,有权用本民族语言文字进行诉讼;第二,对于公安机关及其司法工作人员不合法、不文明的办案行为和人身侮辱的行为,有权提出控告;第三,侦查人员、公诉人、审判人员、记录人员、翻译人员如果与你有利害关系可能影响公正处理本案的,有权申请他们回避。对于驳回申请回避的决定,还可以申请复议一次;第四,有权为自己辩护,你在接受办案人员讯问时有权为自己辩解;第五,有权聘请律师提供辩护;第六,对你采取的强制措施超过法定期限的,有权要求解除强制措施;第七,对与本案无关的问题,有拒绝回答的权利;第八,有权核对笔录,如果你没有阅读能力,可以要求向你宣读;如果讯问笔录记载有遗漏或差错,可以提出补充或者改正。对讯问笔录、勘查检查笔录、搜查笔录、扣押物品、文件清单以及送达的各种法律文书确认无误后,应当签名或者盖章。以上权利、义务你能听清楚了吗?

乌＊风:听清楚了。

律师:我将你涉嫌的罪名简单向你阐述一下,你认真听一下,以便你了解认识这个罪名(讲解罪名……)。你听懂了吗?

乌＊风:听清楚了。

律师:你在里面生活、身体状况如何,是否有什么疾病?

乌＊风:没有。

律师:你再回忆一下你在公安机关是怎么交代这件事的? 包括时间、地点、人物、经过、结局、被抓获地点等。

续表

乌＊风:(略)

律师:你之前认识被害人吗?

乌＊风:不认识。

律师:那为什么要打他们?

乌＊风:我也不知道怎么啦,回想当时,脑子一片空白。

律师:你打他们用的棍子还记得什么样?

乌＊风:不记得了

律师:那枕头呢?

乌＊风:也不记得了。

律师:下山后是乘坐的出租车吗?

乌＊风:是的。

律师:那出租车车牌还记得吗?

乌＊风:不记得。

律师:你当时拿到的棉袄和雨伞扔哪里了?

乌＊风:就在下山的那个垃圾桶边上。那个垃圾桶边上没什么东西。

律师:出租车乘坐了几辆?

乌＊风:我半路上有下来,后面又打的车。

律师:我了解情况了,等你有需要我时我再找你。你看看笔录,看记得对不对,如果没错,你看完请签字。

乌＊风:好。

被会见人:乌＊风

二○＊＊年五月二十日

第五章　审判阶段

第一节　审判概览

一、概述

审判是国家解决纠纷的一种专门活动,也是一种专门的国家权力。我国的刑事审判,是指人民法院为了解决被告人的刑事责任问题而对刑事案件进行审理并依法作出裁判的诉讼活动。在刑事诉讼中,审判程序居于核心和关键的地位,法院经过审判程序所作出的裁判是国家对刑事案件作出的最终处理,也是整个刑事诉讼程序所产生的法律后果。

刑事审判程序按照所处诉讼阶段和具体任务的不同,分为几个审判程序。按照我国刑事诉讼法的规定,我国的刑事审判程序包括:(1)第一审程序;(2)第二审程序(上诉审程序);(3)审判监督程序(再审程序);(4)死刑复核程序。从诉讼理论的角度,第一审程序和第二审程序合称一般审判程序,再审程序和死刑复核程序合称为特别审判程序。

二、审判程序的流程图

作为实训教程,对审判程序的每个流程做逐一实训,殊无必要。因为虽然审级不同,审判内容不同,但就审判工作而言,它们其实大同小异,有些庭审过程甚而完全一致。故在审判活动的诸多程序中,考虑到公诉案件第一审程序之详尽完备而具有标准示范意义,因而本实训教材以公诉案件的第一审程序为准,详细介绍审判程序,虽管窥亦可知全貌。

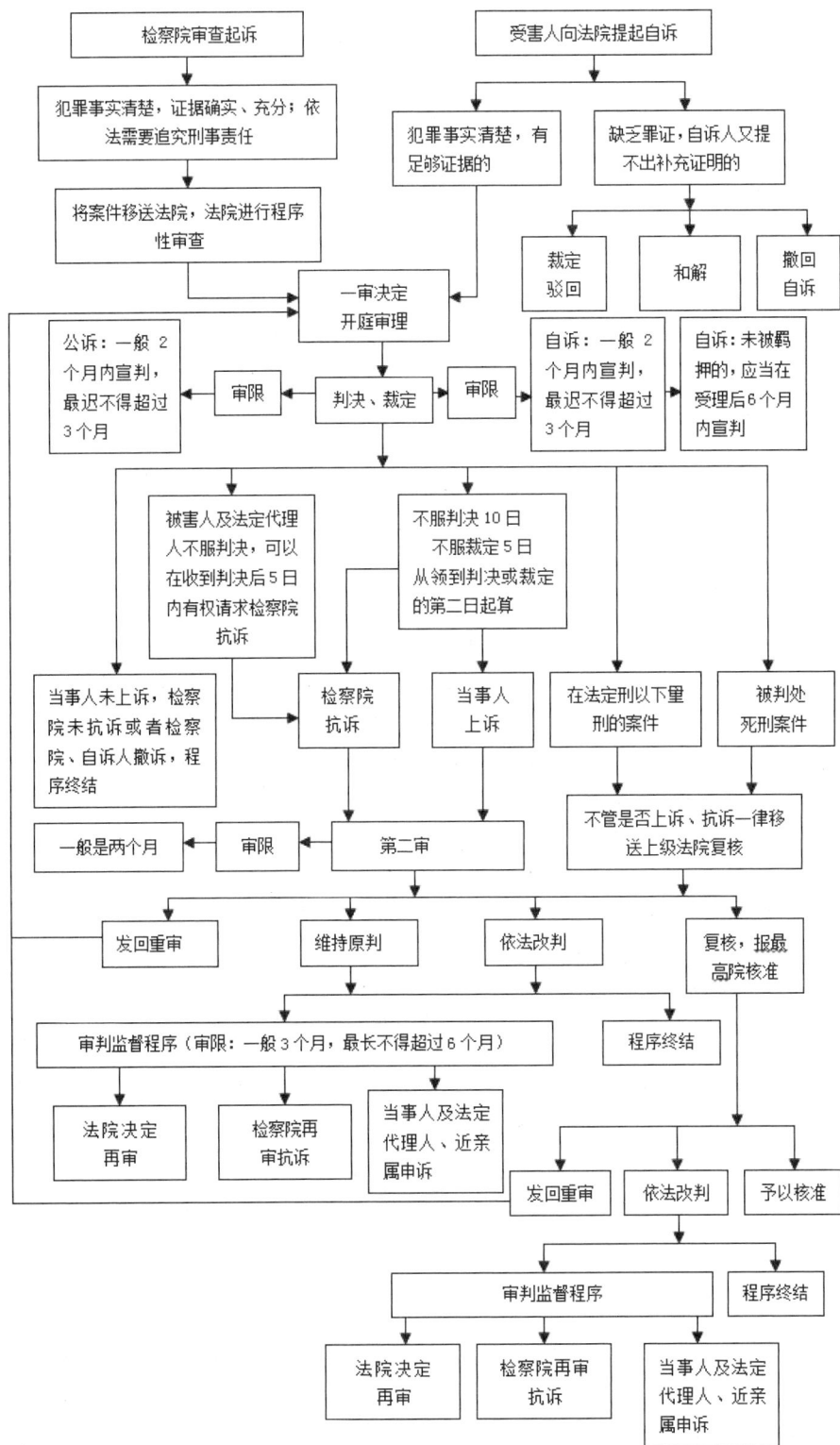

```
┌─────────────────┐                    ┌─────────────────┐
│  检察院审查起诉  │                    │ 受害人向法院提起自诉 │
└────────┬────────┘                    └────────┬────────┘
         │                                      │
┌────────┴────────┐              ┌──────────────┴──────────────┐
│ 犯罪事实清楚，证据确实、充分；依 │    │ 犯罪事实清楚，有 │  │ 缺乏罪证，自诉人又提 │
│ 法需要追究刑事责任 │              │ 足够证据的 │      │ 不出补充证明的 │
└────────┬────────┘              └──────┬──────┘      └──────┬──────┘
         │                              │                    │
┌────────┴────────┐                     │        ┌──────┬────┴───┬────────┐
│ 将案件移送法院，法院进行程序 │          │        │ 裁定 │  和解  │ 撤回 │
│ 性审查 │                              │        │ 驳回 │        │ 自诉 │
└────────┬────────┘                     │        └──────┴────────┴────────┘
         │        ┌──────────────┐      │
         └───────→│ 一审决定 │←───────┘
                  │ 开庭审理 │
                  └────┬─────┘
```

图 5-1

第二节　第一审程序概览

一、概述

第一审程序,也称初审程序,是指人民法院对人民检察院提起公诉或者自诉人提起自诉的案件进行初次审判所必须遵循、经历的步骤、顺序和方式、方法以及手续的总称。根据我国刑事诉讼法的规定,刑事案件经人民检察院提起公诉或者自诉人向人民法院提起自诉并经法院审查受理后,即进入第一审程序。审判第一审案件的人民法院,称为一审人民法院。

第一审程序的任务是,人民法院在公诉人、当事人及其他诉讼参与人的参加下,依照法定的审判程序,客观、全面地审查核实证据,查明案件事实,然后根据刑事实体法和程序法的规定,就被告人是否有罪、罪轻罪重、应否处以刑罚以及处以何种刑罚等作出正确的裁判,从而使犯罪分子受到应有的法律制裁,使无罪的人不受刑事惩罚。

第一审程序又可以分为:(1)公诉案件的第一审程序;(2)自诉案件的第一审程序;(3)简易程序。刑事诉讼法对上述三种程序分别作了规定,其中对公诉案件的第一审程序规定得比较详细、全面;对自诉案件的第一审程序,则根据自诉案件的特点作了一些特殊规定,没有规定的,应当参照公诉案件的第一审程序进行;对简易程序,则从适用的案件范围到具体的程序都作了明确的规定。

二、法律依据

进行刑事案件第一审程序应依照的法律主要有:《刑事诉讼法》第 181 条至第 215 条、最高人民法院《关于适用〈中华人民共和国刑事诉讼法〉的解释》(以下简称最高人民法院《解释》)第 180 条至第 298 条。

三、一审普通程序流程图

（一）庭前程序流程图（见图 5-2）

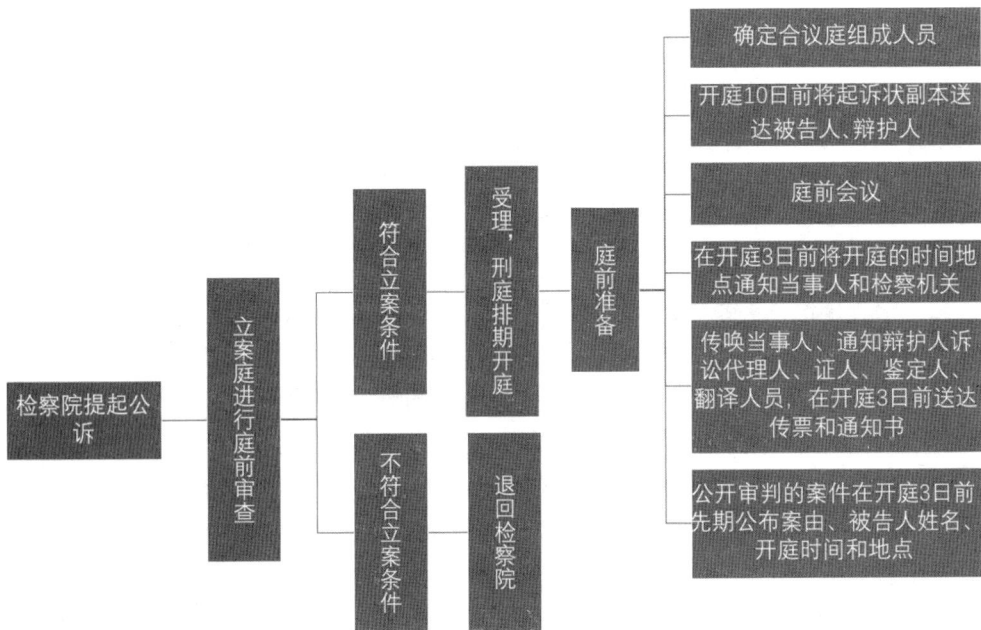

检察院提起公诉 → 立案庭进行庭前审查

立案庭进行庭前审查 → 符合立案条件 → 受理，刑庭排期开庭 → 庭前准备

立案庭进行庭前审查 → 不符合立案条件 → 退回检察院

庭前准备：
- 确定合议庭组成人员
- 开庭10日前将起诉状副本送达被告人、辩护人
- 庭前会议
- 在开庭3日前将开庭的时间地点通知当事人和检察机关
- 传唤当事人、通知辩护人诉讼代理人、证人、鉴定人、翻译人员，在开庭3日前送达传票和通知书
- 公开审判的案件在开庭3日前先期公布案由、被告人姓名、开庭时间和地点

图 5-2　庭前程序流程图

（二）庭审程序流程图（见图 5-3）

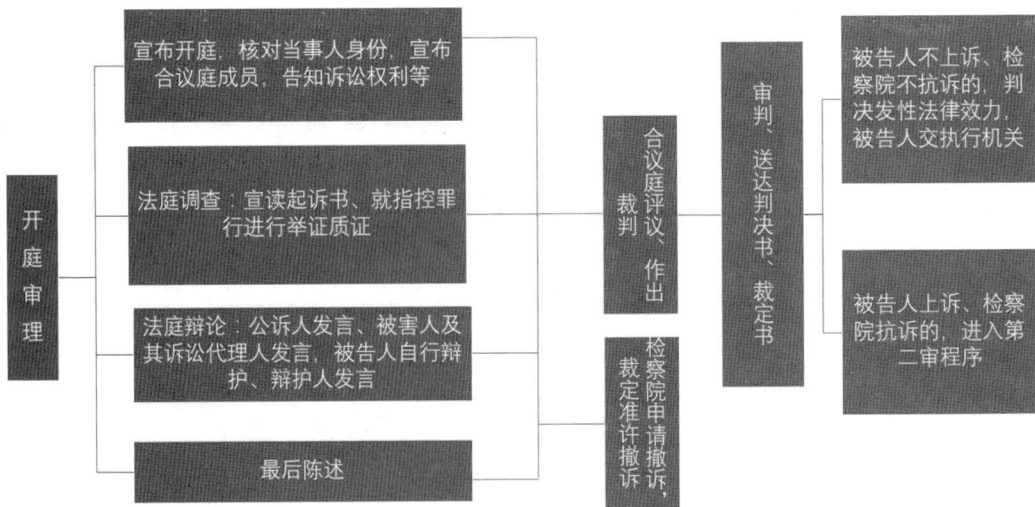

开庭审理：
- 宣布开庭，核对当事人身份，宣布合议庭成员，告知诉讼权利等
- 法庭调查：宣读起诉书、就指控罪行进行举证质证
- 法庭辩论：公诉人发言、被害人及其诉讼代理人发言，被告人自行辩护、辩护人发言
- 最后陈述

→ 合议庭评议、作出裁判

检察院申请撤诉，裁定准许撤诉，

→ 审判、送达判决书、裁定书

- 被告人不上诉、检察院不抗诉的，判决发生法律效力，被告人交执行机关
- 被告人上诉、检察院抗诉的，进入第二审程序

图 5-3　庭审程序流程图

第三节 庭前程序

一、对公诉案件庭前审查

对公诉案件的庭前审查,是指人民法院对人民检察院提交的案件进行审查,以确定是否达到开庭审判条件的专门司法活动。审查公诉案件的目的,主要是查明人民检察院提起公诉的案件是否具备了开庭审判的条件,即起诉书是否符合《刑事诉讼法》第181条规定的要求,是否具备了开庭审理的程序性条件,能否将被告人交付法庭审判的问题。因此,它还不是对案件进行实体审理,并不解决对被告人定罪量刑的问题。

根据最高人民法院《解释》,对提起公诉的案件,人民法院应当在收到起诉书和案卷、证据后,指定审判人员审查以下内容:1.是否属于本院管辖;2.起诉书是否写明被告人的身份,是否受过或者正在接受刑事处罚,被采取强制措施的种类、羁押地点,犯罪的时间、地点、手段、后果以及其他可能影响定罪量刑的情节;3.是否移送证明指控犯罪事实的证据材料,包括采取技术侦查措施的批准决定和所收集的证据材料;4.是否查封、扣押、冻结被告人的违法所得或者其他涉案财物,并附证明相关财物依法应当追缴的证据材料;5.是否列明被害人的姓名、住址、联系方式;是否附有证人、鉴定人名单;是否申请法庭通知证人、鉴定人、有专门知识的人出庭,并列明有关人员的姓名、性别、年龄、职业、住址、联系方式;是否附有需要保护的证人、鉴定人、被害人名单;6.当事人已委托辩护人、诉讼代理人,或者已接受法律援助的,是否列明辩护人、诉讼代理人的姓名、住址、联系方式;7.是否提起附带民事诉讼;提起附带民事诉讼的,是否列明附带民事诉讼当事人的姓名、住址、联系方式,是否附有相关证据材料;8.侦查、审查起诉程序的各种法律手续和诉讼文书是否齐全;9.有无《刑事诉讼法》第15条第2项至第6项规定的不追究刑事责任的情形。

人民法院对提起公诉的案件审查后,应当按照下列情形分别处理:1.属于告诉才处理的案件,应当退回人民检察院,并告知被害人有权提起自诉;2.不属于本院管辖或者被告人不在案的,应当退回人民检察院;3.需要补充材料的,应当通知人民检察院在3日内补送;4.依照《刑事诉讼法》第195条第3项规定宣告被告人无罪后,人民检察院根据新的事实、证据重新起诉的,应当依法受理;5.依照最高人民法院《解释》第242条规定裁定准许撤诉的案件,没有新的事实、证据,重新起诉的,应当退回人民检察院;6.符合《刑事诉讼法》第15条第2项至第6项规定情形的,应当裁定终止审理或者退回人民检察院;7.被告人真实身份不明,但符合《刑事诉讼法》第158条第2款规定的,应当依法受理。

对公诉案件是否受理,应当在7日内审查完毕。符合受理条件的,由立案庭登记立案并制作《立案登记表》(见表5-1),将案件材料移交刑事审判庭。不符合受理条件的,制作《退回案件决定书》(见表5-2),将案件材料退回检察机关。

表 5-1　立案登记表

＊＊＊人民法院

立案登记表

（公诉案件用）

公诉机关			起诉书编号		检 诉〔 〕 号
案由			收到起诉书日期		
被告人姓名	性别	出生日期	居住地或羁押处所		

审查意见：

审查人（签名）：

＊＊＊＊年＊＊月＊＊日

审批意见

审批人（签名）：

＊＊＊＊年＊＊月＊＊日

立案时间：＊＊＊＊年＊＊月＊＊日	案件编号：（　）　字第　　号
移交审判庭日期及接收人： ＊＊＊＊年＊＊月＊＊日	备注：

样式说明：

1.本样式根据《最高人民法院关于适用〈中华人民共和国刑事诉讼法〉的解释》第一百八十一条的规定制订，供第一审人民法院在收到公诉案件起诉书后，指定审判员进行审查时使用。

2.表中"审查意见"栏，要按照上述司法解释规定的内容进行审查，并提出意见，送领导审批。如果需要人民检察院补充材料的，应当另行制作补充材料函；如果决定退回人民检察院的，应当另行制作退回人民检察院决定书；如果决定立案受理的，应当及时立案编号，并移交审判庭审理。

表 5-2　退回案件决定书

<table>
<tr><td colspan="2" align="center">＊＊＊人民法院

退回案件决定书</td></tr>
<tr><td colspan="2" align="right">（＊＊＊＊）＊＊＊字第＊＊号</td></tr>
<tr><td colspan="2">＊＊＊人民检察院：
　　本院＊＊＊＊年＊＊月＊＊日收到＊＊＊人民检察院＊检＊诉〔＊＊＊＊〕＊＊号起诉书（或者抗诉书、申请书）及所附材料。经审查……（写明决定退回人民检察院的理由）。依照……（写明退回案件决定的法律依据）的规定，决定将你院＊检＊诉〔＊＊＊＊〕＊＊号案件退回。
　　附：卷宗材料＊＊册

　　　　　　　　　　　　　　　　　　　　　　　（院印）
　　　　　　　　　　　　　　　　　　＊＊＊＊年＊＊月＊＊日</td></tr>
</table>

样式说明：

1.本样式根据《最高人民法院关于适用〈中华人民共和国刑事诉讼法〉的解释》第一百八十一条第一款第（一）、（二）、（五）、（六）项、第三百八十条第一款、第五百一十一条第一款第（一）项、第五百二十七条第（一）项的规定制订，供第一审人民法院对人民检察院提起公诉、依照审判监督程序提出抗诉、申请没收违法所得、申请强制医疗的案件经审查后决定不予受理并予以退回时使用。

2.决定书正本只送达提起公诉、抗诉、申请没收违法所得或者申请强制医疗的人民检察院。

公诉案件受理审查阶段，法院还应制作以下材料（见表 5-3、表 5-4），以对刑事案件的审判流程进行跟踪管理。

表 5-3　人民法院刑事一审案件立案审查信息表

<table>
<tr><td colspan="2">刑事一审案件立案审查情况</td><td colspan="4">案号：（　）＊刑初字第　　号</td></tr>
<tr><td>立案
案由</td><td></td><td colspan="4">案件来源：新收公诉（　）检察机关重新起诉（　）
自诉（　）发回重审（　）</td></tr>
<tr><td>公诉
机关</td><td></td><td>收到诉状
日期</td><td>年　　月　　日</td><td>起诉书
编号</td><td>检　诉〔　　〕号</td></tr>
<tr><td>自诉人
姓名或
单位名称</td><td></td><td>自诉人居
住地或单
位住所地</td><td></td><td>联
系
电
话</td><td>邮
政
编
码</td></tr>
<tr><td colspan="2">立案审查意见：建议立案</td><td>审查人：</td><td colspan="3">审查日期：　　　年　　　月　　　日</td></tr>
<tr><td colspan="2">立案审批意见：同意立案</td><td>审批人：</td><td colspan="3">审批日期：　　　年　　　月　　　日</td></tr>
</table>

续表

被 告 人 自 然 状 况				
序号				
被告人姓名				
起诉指控罪名				
性别				
出生日期				
作案时年龄				
民族				
身份				
居住地或羁押场所				
联系电话				
邮政编码				
职务				
级别				
政治面貌				
文化程度				
强制措施种类及时间				
审理期间是否在押				
保证金额或保证人				
曾犯罪				
曾劳教				
累犯				
一审收案信息统计在　年　月法综 1 表				备注：

承办人　　　　　　　　　　　　　　　　　　　审判人或庭长：

表5-4 刑事一审案件审判流程管理情况

| 立案日期： 年 月 日 | 移交审判庭日期： 年 月 日 | 审判庭：刑庭 |
| | | 接收人： |

| 适用程序 | 简易（ ） | 审判长或独任审判员 | | 承办人 | 合议庭 | 陪审员（ ） | 书记员 |
| | 普通（ ） | | | | | 陪审员（ ） | |

| 回避申请人： | 申请回避原因： | 申请回避结果： |

| 不公开审判（ ） | 不公开审判的法律依据： |

参加诉讼的辩护人 人,其中律师 人,法律援助律师 人。

| 案件涉外（ ）港（ ）澳（ ）台（ ）侨（ ） | 自诉案件反诉（ ） | 附带民事诉讼（ ） 标的： 元 |

排期日程	庭次	开庭时间	开庭地点	书记员	中止及其他法定扣除审限期间	中止及其他法定扣除审限原因	延期审理期间	延期审理原因	批准延长审限时间	申请延长审限原因

| 简易转普通程序日期： 年 月 日 审批人： | 法定审限：共 日,实际审理 日 |

| 超审限（ ） | 超审限原因： |

| 承办人报批日期： 年 月 日 | 审判长或独任审判员 审签日期： 年 月 日 | 庭长审签日期： 年 月 日 |
| 合议日期： 年 月 日 | | |

| 院长审签日期： 年 月 日 | 审委会讨论决定日期 年 月 日 | 审委会讨论决定后院长签发日期： 年 月 日 |

| 结案方式:判决（ ）调解（ ）检察机关撤诉（ ）自诉人撤诉（ ）驳回自诉（ ）移送（ ） 终止（ ） |

| 当庭宣判:（ ） | 宣判时间： 年 月 日 |

被 告 人 判 处 情 况

序号				
判决确定的罪名				
一审刑事部分主刑判决情况				
判决宣告无罪原因				
附带民诉处理情况				

续表

附加刑种类					
剥夺政治权利期限					
财产刑金额					
单位罚金数额					
犯罪金额					
非法所得金额					
对被告人的裁判是否发生法律效力					

案件案值：　　　万元		判决挽回经济损失：　　　万元			
其中：海洛因　克、鸦片　克,甲基苯丙胺　克,其他毒品　克、支			毒品原植物:罂粟　株,大麻　株		
单位犯罪(　),共同犯罪(　)人,犯罪集团(　)人,涉黑(　)人,涉毒(　)人,涉枪(　)人					
结案日期：	裁决生效日期：		裁判文书送达时间：		
结案案由：		送达人：			
法定期间提出上诉(　)抗诉(　) 其中:仅就附带民事诉讼部分单独提出上诉(　)		上(抗)诉名称：			
收到上(抗)诉诉状日期：		向二审(复核)法院移送案卷材料日期：			
一审结案信息统计在　　年　　月法综1表、5表、31表、32表					
生效情况统计在　　年　　月法综2表、3表、4表、5表、6表					

承办人　　　　　　　　　　　　　　　　　　　　审判人或庭长：

二、开庭前的准备

开庭审理前,人民法院应当进行下列工作:1.确定审判长及合议庭组成人员;2.开庭10日前将起诉书副本送达被告人、辩护人;3.通知当事人、法定代理人、辩护人、诉讼代理人在开庭5日前提供证人、鉴定人名单,以及拟当庭出示的证据;申请证人、鉴定人、有专门知识的人出庭的,应当列明有关人员的姓名、性别、年龄、职业、住址、联系方式;4.开庭3日前将开庭的时间、地点通知人民检察院;5.开庭3日前将传唤当事人的传票和通知辩护人、诉讼代理人、法定代理人、证人、鉴定人等出庭的通知书送达;通知有关人员出庭,也可以采取电话、短信、传真、电子邮件等能够确认对方收悉的方式;6.公开审理的案件,在开庭3日前公布案由、被告人姓名、开庭时间和地点。

通知证人出庭,制作《证人出庭通知书》(见表5-5);通知辩护人、诉讼代理人、有专门知识的人、翻译人员、侦查人员或者其他人员等出庭时,制作《出庭通知书》(见表5-6);各种诉讼文书的送达都应制作《送达回证》(见表5-7);向被告人送达起诉书副本,应制作《送达起诉书副本笔录》(见表5-8)。

表 5-5　证人出庭通知书

***人民法院

证人出庭通知书

（****）***刑*字第**号

：

本院受理的＿＿＿＿＿＿＿＿＿＿＿＿＿＿＿＿＿＿一案,定于****年**月**日　时　分在

＿＿＿＿＿＿＿＿＿＿＿＿＿＿＿＿＿＿＿＿＿＿＿＿＿（填写开庭地点）开庭审理。你是

本案关键证人。根据《中华人民共和国刑事诉讼法》第六十条第一款、第一百八十七条第一款(或者

第二款)、第一百八十八条,特通知你携身份证等有关身份证件于　**年**月**日　时　分到达

＿＿＿＿＿＿＿＿＿＿＿＿＿＿＿(填写等候地点)等候出庭作证。没有正当理由不出庭作证的,本院可依

法强制你到庭。

（院印）

****年**月**日

联系人及联系方式：

（此文书背面）

　　附:《中华人民共和国刑事诉讼法》相应条文

　　第六十条　凡是知道案件情况的人,都有作证的义务。

　　……

　　第一百八十七条　公诉人、当事人或者辩护人、诉讼代理人对证人证言有异议,且该证人证言对

案件定罪量刑有重大影响,人民法院认为证人有必要出庭作证的,证人应当出庭作证。

　　人民警察就其执行职务时目击的犯罪情况作为证人出庭作证,适用前款规定。

　　公诉人、当事人或者辩护人、诉讼代理人对鉴定意见有异议,人民法院认为鉴定人有必要出庭

的,鉴定人应当出庭作证。经人民法院通知,鉴定人拒不出庭作证的,鉴定意见不得作为定案的

根据。

　　第一百八十八条　经人民法院通知,证人没有正当理由不出庭作证的,人民法院可以强制其到

庭……

　　证人没有正当理由拒绝出庭或者出庭后拒绝作证的,予以训诫,情节严重的,经院长批准,处以

十日以下的拘留。……

样式说明：

　　1.本样式为填充式,供人民法院受理刑事案件后,开庭审理前通知证人出庭作证时使用。

　　2.开庭审理前通知鉴定人出庭作证时,将文书名称改为"鉴定人出庭通知书",将文书内容"根据《中

华人民共和国刑事诉讼法》第六十条第一款、第一百八十七条第一款(或者第二款)、第一百八十八条,特

通知你携身份证等有关身份证件于**年**月**日*时*分到达(填写等候地点)等候出庭作证"改

为"根据《中华人民共和国刑事诉讼法》第一百八十七条第三款,特通知你携身份证等有关身份证件、鉴

定意见于**年**月**日*时*分到达(填写等候地点)等候出庭作证"。

表 5-6　出庭通知书

＊＊＊人民法院

出庭通知书

（＊＊＊＊）＊＊刑＊字第＊＊号

＊＊＊：

本院受理　　　　　　　　　　　　　　　　　　一案,定于＊＊＊＊年＊＊月＊＊日＊＊时
分在　　　　　　开庭审理。根据……（写明通知出庭的法律依据）的规定,特通知你作为本案的
　　　时出庭。

（院印）

＊＊＊＊年＊＊月＊＊日

样式说明：

1.本样式根据《中华人民共和国刑事诉讼法》第一百八十二条第三款、第一百九十二条第四款、第五十七条第二款和《最高人民法院关于适用〈中华人民共和国刑事诉讼法〉的解释》第一百八十二条第一款第四项、第五项、第二百一十七条的规定制订,供各级人民法院在决定开庭审理后,通知人民检察院和辩护人、诉讼代理人、有专门知识的人、翻译人员、侦查人员或者其他人员等出庭时使用。

2.根据《中华人民共和国刑事诉讼法》第五十七条第二款通知侦查人员或者其他人员出庭而制作本样式的,通知内容表述为：“特通知你出庭说明情况。”

3.送交本通知书时应使用送达回证。

表 5-7　送达回证

＊＊＊人民法院

送达回证

（刑事案件用）

案由		案号	（　　　　）字第　　　　号	
送达文书 名称和件数				
受送达人				
送达地址				
受送达人 签名或盖章			＊＊年＊＊月＊＊日	
代收人及 代收理由			＊＊年＊＊月＊＊日	
备　注				

填发人　　　　　　　　　　　　　　　　　　　　　送达人

样式说明:

1.本样式根据《中华人民共和国刑事诉讼法》第一百零五条和《最高人民法院关于适用〈中华人民共和国刑事诉讼法〉的解释》第一百六十七条的规定制订,供各级人民法院审理刑事案件送达诉讼文书时使用。

2.如同时送达多种诉讼文书,可在"送达文书名称及件数"一栏中,分别填写文书的名称、件数。

3.人民法院的院印,应加盖在首部的正中处。

4.留置送达的,可在备注栏记明收件人本人或者代收人拒绝接收或者拒绝签名、盖章的事由、日期和送达人邀请他的邻居或者其他见证人到场,说明情况,由送达人、见证人签名或者盖章,并将诉讼文书留在收件人或者代收人住处或者单位后,即视为送达。

5.同时向多人送达的,可以沿用原来的样式。

6.本样式为填充式。

表 5-8　送达起诉书副本笔录

送达起诉书副本笔录

（公诉案件用）

时间:＊＊年＊＊月＊＊日　时　　　　　　地点:

送达人:　　　　　　　　　　　　　　　记录人:

问:被告人　　　　　　　　,我们是＊＊法院的工作人员,现在向你送达起诉书副本,你的身份情况及被采取强制措施种类、日期是否与起诉书所列内容一致?

答:

告知:＊＊＊人民检察院指控你犯＿＿＿＿＿＿＿罪,向本院提起公诉,本院已经受理。根据《中华人民共和国刑事诉讼法》第一百八十二条第一款的规定,现将＊＊＊人民检察院〔　　〕＊＊检刑诉＿＿＿＿号起诉书副本送达给你。本院将于近期开庭审理。除你自己可以行使辩护权外,还可以委托律师等辩护人为你进行辩护。

问:你听清了吗? 你是否已经或要求委托辩护人?（如果要求委托,询问辩护人的联系方式;如果不委托,讯问其原因;符合第三十四条第一款的,告知其可以申请法律援助）

答:

问:你亲友的联系方式?（根据情况,告知其"经通知,如果你的法定代理人不能到庭,将通知合适成年人到庭参加诉讼）

答:

问:你对起诉书指控的事实和罪名有没有异议?

答:

问:侦查、检察人员有无采取刑讯逼供等非法方法对你进行讯问? 是否申请排除非法证据?

答:

问:（如申请排除非法证据的,告知应当以书面方式提出,并提供线索或者材料。如果自诉案件当事人因客观原因不能取得的证据,申请人民法院调取的,应当以书面方式提出,且说明理由,并提供相关线索或者材料。）你听清了吗?

答:

续表

问:(根据情况,告知有关简易程序、速裁程序的规定,并问是否同意适用。)你听清了吗？ 答: 问:(根据情况,告知附带民事诉讼及提交答辩状等事项。)你听清了吗？ 答: 问:你还有什么要说的？ 答: 问:阅看笔录,如无异议签字。   被告人签字: 签字日期:＊＊年＊＊月＊＊日

样式说明:

1.本样式供各级人民法院审理公诉案件向被告人送达人民检察院起诉书副本时使用。括号内情况不存在的,不予询问。

2.对于未委托辩护的,应当询问其原因,并记录在案。

3.本笔录记录完毕,应当交给被告人阅读或者向他宣读。被告人认为记录无误后,应当签名或者盖章。

4.送达人和记录人应当在笔录上签名。

三、庭前会议

(一)庭前会议及其规定

庭前会议是在开庭以前,审判人员可以召集公诉人、当事人和辩护人、诉讼代理人,对回避、出庭证人名单、非法证据排除等与审判相关的问题,了解情况,听取意见的一种会议。

根据刑事诉讼法相关条文以及最高人民法院《解释》的有关规定,在庭前准备阶段可根据案件情况决定是否召开庭前会议。案件具有下列情形之一的,审判人员可以召开庭前会议:1.当事人及其辩护人、诉讼代理人申请排除非法证据的;2.证据材料较多、案情重大复杂的;3.社会影响重大的;4.需要召开庭前会议的其他情形。召开庭前会议,根据案件情况,可以通知被告人参加。

(二)庭前会议规程

为贯彻落实《最高人民法院、最高人民检察院、公安部、国家安全部、司法部关于推进以审判为中心的刑事诉讼制度改革的意见》,完善庭前会议程序,确保法庭集中持续审理,提高庭审质量和效率,最高人民法院依照法律规定,结合司法实际,制定了《人民法院办理刑事案件庭前会议规程(试行)》。该规程对庭前会议的召开及流程作了详细的规定。具体如下:

1.决定

人民法院在开庭审理前可以召开庭前会议,对可能影响庭审集中持续进行的相关问题了解情况,听取意见,并开展必要的庭审准备工作。庭前会议中,人民法院可以依法处理可能导致庭审中断的程序性事项,组织控辩双方展示证据,归纳控辩双方争议焦点,开展开附带民事调解,但不处理定罪量刑等实体性问题。对于证据材料较多,案情疑难复杂,社会影响重大或者控辩双方对事实证据存在较大争议等情形,人民法院可以召开庭前会议。

控辩双方可以申请人民法院召开庭前会议。申请召开庭前会议的,应当说明需要解决的问题。人民法院经审查认为有必要的,应当召开庭前会议;不召开庭前会议的,应当说明理由。被告人及其辩护人在开庭审理前申请排除非法证据,并依照法律规定提供相关线索或者材料的,人民法院应当召开庭前会议。

2.参加人

庭前会议由承办法官或者其他合议庭组成人员主持,根据案件情况,合议庭其他成员可以参加庭前会议。公诉人、辩护人应当参加庭前会议。被告人申请参加庭前会议或者申请排除非法证据的,人民法院应当通知被告人到场。被告人申请排除非法证据,但没有辩护人的,人民法院可以通知法律援助机构指派律师协助被告人参加庭前会议。庭前会议中进行附带民事诉讼调解的,人民法院应当通知附带民事诉讼当事人到场。

3.会议形式

庭前会议一般不公开进行。根据案件情况,庭前会议可以采用视频会议等方式进行,庭前会议可以多次召开。人民法院休庭后,为准备再次开庭,可以在再次开庭前召开庭前会议。

4.会议地点

庭前会议应当在法庭或者其他办案场所召开。有被羁押的被告人参加的,可以在看守所办案场所召开。被告人参加庭前会议,应当有法警在场。

5.准备工作

人民法院应当根据案件情况,综合控辩双方意见,确定庭前会议的主要内容。人民法院应当在召开庭前会议3日前,将会议的时间、地点、人员和主要内容等通知参会人员。通知情况应当记录在案。被告人及其辩护人在开庭审理前申请排除非法证据的,人民法院应当在召开庭前会议3日前,将申请书及相关线索或者材料的复制件送交人民检察院。

6.程序性事项的处理

庭前会议开始后,审判人员应当核实参会人员情况,宣布庭前会议的主要内容和要求。有多名被告人的案件,审判人员可以根据案件情况确定参加庭前会议的被告人。有多名被告人参加庭前会议的,应当采取必要措施防止串供。

庭前会议中,审判人员可以就下列程序性事项向控辩双方了解情况,听取意见:(1)是否对案件管辖有异议;(2)是否申请有关人员回避;(3)是否申请不公开审理;(4)是否申请排除非法证据;(5)是否申请提供新的证据材料;(6)是否申请重新鉴定或者勘验;(7)是否申请调取在侦查、审查起诉期间公安机关、人民检察院收集但未随案移送的证明被告人无罪或者罪轻的证据材料;(8)是否申请向证人或有关单位、个人收集、调取证据材料;(9)是否申请证人、鉴定人、侦查人员、有专门知识的人出庭;(10)与审判相关的其他问题。

对于以上可能导致庭审中断的程序性事项,人民法院应当依法作出处理,在开庭审理前告知处理决定,并说明理由。控辩双方没有新的理由,在庭审中再次提出有关申请或者异议的,法庭应当依法予以驳回。具体处理如下:(1)被告人及其辩护人对案件管辖提出异议,应当说明理由。人民法院经审查认为异议成立的,应当依法将案件退回人民检察院或者移送有管辖权的人民法院;认为本院不宜行使管辖权的,可以请求上一级人民法院处理。人民法院经审查认为异议不成立的,应当依法驳回异议。(2)被告人及其辩护人申请审判人员、书记员、翻译人员、鉴定人等回避,应当说明理由。人民法院经审查认为申请成立的,应当依法决定有关人员回避;认为申请不成立的,应当依法驳回申请。被告人及其辩护人申请回避被驳回的,可以在接到决定时申请复议一次,但不属于《刑事诉讼法》第28条、第29条规定情形的,回避申请被驳回后,不得申请复议。(3)被告人及其辩护人申请不公开审理,人民法院经审查认为案件涉及国家秘密或者个人隐私的,应当准许;认为案件涉及商业秘密的,可以准许。(4)被告人及其辩护人在开庭审理前申请排除非法证据,并依照法律规定提供相关线索或者材料的,人民检察院应当在庭前会议中通过出示有关证据材料等方式,有针对性地对证据收集的合法性作出说明。人民法院可以核实情况,听取意见。人民检察院可以决定撤回有关证据,撤回的证据,没有新的理由,不得在庭审中出示。被告人及其辩护人可以撤回排除非法证据的申请,撤回申请后,没有新的线索或者材料不得再次对有关证据提出排除申请。控辩双方在庭前会议中对证据收集是否合法未达成一致意见,公诉人提供的相关证据材料不能明确排除非法取证情形,人民法院对证据收集的合法性有疑问的,应当在庭审中进行调查;公诉人提供的相关证据材料能够明确排除非法取证情形,人民法院对证据的合法性没有疑问,且没有新的线索或材料表明可能存在非法取证的,可以不再进行调查。(5)控辩双方申请重新鉴定或者勘验,应当说明理由,人民法院经审查认为理由成立、有关证据材料可能影响定罪量刑且不能补正的,应当准许;认为有关证据材料与案件无关或者明显重复、没有必要的,可以不予准许。(6)被告人及其辩护人书面申请调取在侦查、审查起诉期间公安机关、人民检察院收集但未随案移送的证明被告人无罪或者罪轻的证据材料,并提供相关线索或者材料的,人民法院应当调取,并通知人民检察院在收到调取决定书后3日内移交。被告人及其辩护人申请向证人或有关单位、个人收集、调取证据材料,应当说明理由,人民法院经审查认为有关证据材料可能影响定罪量刑的,应当准许;认为有关证据材料与案件无关或者明显重复、没有必要的,可以不予准许。(7)控辩双方申请证人、鉴定人、侦查人员、有专门知识的人出庭,应当说明理由,人民法院经审查认为理由成立的,应当通知有关人员出庭。控辩双方对出庭证人、鉴定人、侦查人员、有专门知识的人的名单有异议,人民法院经审查认为异议不成立的,应当依法驳回异议;认为异议成立的,应当依法作出处理。人民法院通知证人、鉴定人、侦查人员、有专门知识的人等出庭后,应当告知控辩双方负责协助对本方诉讼主张有利的有关人员到庭。

7.证据展示

召开庭前会议前,人民检察院应当将全部证据材料移送人民法院。被告人及其辩护人应当将收集的有关被告人不在犯罪现场、未达到刑事责任年龄、属于依法不负刑事责任的精神病人等证明被告人无罪或者依法不负刑事责任的全部证据材料提交人民法院。人民法院收到控辩双方移送或者提交的证据材料后,应当通知对方查阅、摘抄、复制。

庭前会议中,对于控辩双方决定在庭审中出示的证据,人民法院可以组织展示有关证据的目录,听取控辩双方对在案证据的意见,归纳存在争议的证据。控辩双方申请提供新的证据材料,人民法院可以组织对新的证据材料进行展示。对于控辩双方在庭前会议中没有争议的证据材料,在庭审中可以仅就证据的名称及其证明的事项作出说明。

8.争议和处理

人民法院可以在庭前会议中归纳控辩双方的争议焦点。对控辩双方没有争议或者达成一致意见的事项,可以在庭审中简化审理。人民法院可以组织控辩双方协商确定庭审的举证顺序、方式等事项,明确法庭调查的方式和重点。协商不成的事项,由人民法院确定。

对于被告人在庭前会议前不认罪,在庭前会议中又认罪的案件,人民法院核实被告人认罪的自愿性和真实性后,可以决定适用速裁程序或者简易程序审理。人民法院在庭前会议中听取控辩双方对案件事实证据的意见后,对于明显事实不清、证据不足的案件,可以建议人民检察院撤回起诉。对于人民法院在庭前会议中建议撤回起诉的案件,人民检察院不同意的,人民法院开庭审理后,没有新的事实和理由,一般不准许撤回起诉。

9.笔录和报告

庭前会议情况应当制作笔录(见表5-9),由参会人员核对后签名。

审判人员应当制作庭前会议报告,说明庭前会议的基本情况、程序性事项的处理结果、控辩双方的争议焦点以及就相关事项达成的一致意见等。对于召开庭前会议的案件,在法庭调查开始前,法庭应当宣布庭前会议报告的主要内容。有多起犯罪事实的案件,可以在有关犯罪事实的法庭调查开始前,分别宣布庭前会议报告的相关内容。

宣布庭前会议报告后,对于庭前会议达成一致意见的事项,法庭向控辩双方核实后当庭予以确认;对于未达成一致意见的事项,法庭可以归纳控辩双方争议焦点,听取控辩双方意见,并依法作出处理。控辩双方在庭前会议中就有关事项达成一致意见,又在庭审中提出异议的,除有正当理由外,法庭一般不再对有关事项进行处理。

表 5-9　庭前会议记录

$$** 市中级人民法院$$

庭前会议记录

（20 ＊ ＊）＊刑（初）＊＊ 号

时间:20＊＊年＊月5日9时15分至9时58分

地点:本院会议室

参加人员:审判人员林＊＊、王＊＊、王＊

　　　　公诉人李＊＊

　　　　辩护人刘＊

　　　　诉讼代理人黄＊、陈＊＊

　　　　书记员陈＊坚

被告人乌＊风故意杀人一案,由审判员林＊＊、王＊＊、王＊组成合议庭,由林＊＊担任审判长。书记员陈＊坚担任记录。公诉人、辩护人、诉讼代理人对今天参加庭前会议的合议庭成员有否异议?

公:没有异议。

辩:没有异议。

续表

代：没有异议。

审：最高人民法院《关于适用〈中华人民共和国刑事诉讼法〉的解释》第一百八十四条规定："召开庭前会议,审判人员可以就下列问题向控辩双方了解情况,听取意见:(一)是否对案件管辖有异议;(二)是否申请有关人员回避;(三)是否申请调取在侦查、审查起诉期间公安机关、人民检察院收集但未随案移送的证明被告人无罪或者罪轻的证据材料;(四)是否提供新的证据;(五)是否对出庭证人、鉴定人、有专门知识的人的名单有异议;(六)是否申请排除非法证据;(七)是否申请不公开审理;(八)与审判相关的其他问题。审判人员可以询问控辩双方对证据材料有无异议,对有异议的证据,应当在庭审时重点调查;无异议的,庭审时举证、质证可以简化。被害人或者其法定代理人、近亲属提起附带民事诉讼的,可以调解。庭前会议情况应当制作笔录。"

审：现由辩护人陈述有关申请事项,有多项申请的,逐一进行。

辩：辩护人有两项申请,一是关于被告人的自述材料,从案卷材料中只能看出自述材料的制作时间,而无书写自述材料的地点,以及相关环境,无法了解被告人的自述是否出于自愿,希望公诉人对此作出解释和说明;二是福州市公安局物证鉴定所出具的有关死亡和伤情的鉴定书,辩护人对鉴定意见存在疑问,需要质询鉴定人,希望开庭时公诉人不要仅仅出示、宣读鉴定意见,应通知鉴定人到庭。

审：公诉人对辩护人提出的申请事项发表意见。

公：被告人的自述材料是被告人在被抓当天侦查人员在审讯室讯问结束后自愿书写的,这个过程有完整的审讯录像为证。辩护人如认为有需要,公诉人可要求侦查人员提供录像,证明该证据收集过程的合法性。而且辩护人也应该会见过被告人,被告人的认罪是真实可信的。公诉人认为辩护人的这个申请意义不大。至于鉴定人是否出庭,由合议庭决定。

辩：辩护人撤回第一项申请,但若被告人在法庭上翻供,请合议庭调取审讯录像;辩护人保留第二项申请,请求法庭通知鉴定人出庭作证。

审：合议庭将通知鉴定人出庭作证。

审：诉讼代理人有无申请事项?

代：没有。

诉讼代理人(签名或盖章)

辩护人(签名或者盖章)

公诉人(签名)

审判人员(签名)

书记员(签名)

四、庭审提纲

庭审提纲是审判人员组织庭审程序、掌控庭审节奏的重要手段,也是法庭对案件主要问题所进行的预设性判断,以期在正式庭审过程中提醒审判人员对其进行重点调查和辩论。对于审判经验丰富的审判人员,庭审提纲可制作得简略一些,突出要点即可。而对于参加实训活动的人员而言,审判提纲应制作得越详尽越好,应展现整个庭审过程的每个阶段和衔接,以及对关键问题的重点强调。根据最高人民法院《解释》以及相关文件,庭审提纲一般包括下列内容:(1)合议庭成员在庭审中的分工;(2)起诉书指控的犯罪事实的重点和认定案件性质的要点;(3)讯问被告人时需了解的案情要点;(4)出庭的证人、鉴定人、有专门知识的人、侦查人员的名单;(5)控辩双方申请当庭出示的证据的目录;(6)庭审中可能出现的问题及应对措施。具体内容见表5-10:

表5-10 刑事案件一审普通程序庭审提纲及流程规范

刑事案件一审普通程序庭审提纲及流程规范

一、开庭前的准备

开庭前书记员必须做好下列工作:1.落实法庭并检查审判区和旁听区是否符合要求;2.检查音响、照明设备及视听资料播放设备是否完好;3.检查审判长、审判员、书记员及当事人、委托代理人及其他诉讼参与人的标牌是否齐全、统一;4.检查法槌是否摆放合适;5.检查当事人、证人和其他诉讼参与人是否到齐并收回传票,查验担任诉讼代理人的律师执业证书或其他身份证件;6.通知法警于开庭前五分钟进入审判区值庭;7.安排当事人及其他诉讼参与人就座;8.宣布法庭纪律。

(一)公诉人、辩护人和其他诉讼参与人入庭

书记员:请大家安静。(稍停顿后)请公诉人、辩护人和其他诉讼参与人入庭就座。

(二)宣布法庭纪律:

书记员:下面宣布法庭纪律:

法庭是人民法院代表国家行使审判权,审判案件的场所。为了维护法庭秩序,保障审判活动的正常进行,依据《中华人民共和国人民法院法庭规则》的规定,现将法庭纪律宣布如下:

(1)诉讼参与人,应当遵守法庭规则,维护法庭秩序,不准喧哗、吵闹,未经法庭许可,不得随意发言。在发言中不得进行人身攻击、侮辱、诽谤、威胁或者谩骂。

(2)旁听人员,不准随意走动和进入审判区,不准发言、提问或与诉讼参与人谈话。不准鼓掌、喧哗、哄闹。旁听人员对法庭的审判活动如有意见,可以在休庭以后书面向人民法院提出。

(3)所有人员,请关闭手机,(环视四周,稍停顿后)请大家检查确认关闭手机。(环视四周,稍停顿后)未经法庭许可不准录音、录像、摄影、记录和绘画。不准吸烟、不准随地吐痰以及实施其他妨害审判活动的行为。

对违反法庭纪律的人员,审判人员或者执勤法警将给予口头警告、训诫,不听劝告的,可以暂时扣留或没收手机、录音、录像等器材,责令退出法庭,或者依法予以罚款、拘留,直至追究刑事责任。法庭纪律宣布完毕。

(三)审判人员入庭程序

1.书记员:请全体起立。(稍停顿后)请审判长、审判员(人民陪审员)入庭。

(审判员、代理审判员着法袍与人民陪审员纵队进入法庭)

2.审判长:(审判长座下后)请坐下。

3.书记员:(站立面向审判长)报告审判长,开庭前的各项准备工作已经就绪,请审判长主持开庭。

二、法庭调查前的准备

(一)开庭、核对被告人的人身份

4.审判长:(敲击法槌一下后)××省××市××区人民法院刑事审判庭,现在开庭。

5.审判长:带被告人_____到庭。

(法警押解被告人到庭,解除其戒具并实施看守)

6.审判长:根据最高人民法院《关于执行〈中华人民共和国刑事诉讼法〉若干问题的解释》第190条的规定,法庭现在对被告人的基本情况进行核实。

7.审判长:被告人你的名字?

续表

被告人：_____

8.审判长:有其他名字吗?

被告人：_____

9.审判长:有没有绰号、外号或昵称?

10.审判长:

(1)你的基本身份情况(姓名、出生年月日、民族、出生地、文化程度、职业、住址,或者单位名称、住所地、诉讼代表人的姓名)?

(2)此前有没有受到过法律处分(及处分的种类和时间)?

(3)因为涉嫌本案,你在什么时间、被采取什么强制措施?

(4)收到＊＊人民检察院起诉书副本的日期;有附带民事诉讼的,附带民事诉讼被告人收到民事起诉状的日期。

11.审判长:(如果被告人为未成年人)

核对被告人_____的法定代理人的基本身份情况。

12.审判长:(如果有附带民事诉讼案件)

(1)核对附带民事诉讼原告人的基本身份情况;

诉讼代理人的身份(律师为诉讼代理人的,不得在开庭中核对)及代理权限。

(2)核对附带民事诉讼被告人的基本身份情况。

诉讼代理人的身份(律师为诉讼代理人的,不得在开庭中核对)及代理权限。

(二)宣布案由

13.审判长:根据《中华人民共和国刑事诉讼法》第178条、第183条的规定,今天＊＊省＊＊人民法院刑事审判庭在这里依法公开(不公开)开庭审理由＊＊人民检察院提起公诉的、指控被告人_____犯有_____罪一案。

14.审判长:(若有附带民事诉讼)

依法合并审理附带民事诉讼原告人_____与附带民事诉讼被告人_____,_____损害赔偿纠纷一案。

15.审判长:(若不公开审理)

由于本案是有关:国家秘密的案件\个人隐私的案件\未成年人犯罪的案件,根据《中华人民共和国刑事诉讼法》第183条的规定本案不公开审理。根据《最高人民法院关于适用〈中华人民共和国刑事诉讼法〉的解释》第186条的规定,依法不公开审理的案件,任何公民包括与审理该案无关的法院工作人员和被告人的近亲属都不得旁听。请无关人员退出法庭。

(三)宣布到庭人员的姓名及其身份

16.审判长:下面介绍到庭人员的姓名及其身份:

(1)本案由审判员(代理审判员)_____(就是我本人)担任审判长(并且主审此案)、与审判员(代理审判员、人民陪审员)_____(掌心向上伸出示意)、审判员(代理审判员、人民陪审员)_____(掌心向上伸出示意)共同组成合议庭,书记员_____,(掌心向上伸出示意)担任今天的法庭记录;

(2)＊＊人民检察院指派(代)检察员_____、_____(掌心向上伸出示意)出庭支持公诉;

(3)_____律师事务所律师_____(掌心向上伸出示意),接受被告人_____的亲属委托(接受本院指定),到庭为被告人辩护;

续表

（4）＿＿＿＿＿学校的＿＿＿＿＿担任被告人＿＿＿＿＿的翻译人；

（5）被告人＿＿＿＿的法定代理人＿＿＿＿到庭参加诉讼；

（6）附带民事诉讼原告人＿＿＿＿及其诉讼代理人＿＿＿＿、附带民事诉讼被告人＿＿＿＿及其诉讼代理人＿＿＿＿、等到庭参加诉讼。

（四）告知被告人相关的诉讼权利

17.审判长：现在告知被告人相关的诉讼权利。根据《中华人民共和国刑事诉讼法诉讼》第28条、第29条、第30条、第31条、第185条、第192条、第193条的规定，在法庭审理的过程中，被告人享有下列诉讼权利：

（1）享有申请回避的权利。如果被告人（及其法定代理人）认为刚才宣布的合议庭组成人员、书记员、公诉人、鉴定人、翻译人与本案有利害关系，或者与本案有其他关系，可能影响本案公正审理的，可以提出回避申请。

（2）享有提供证据的权利。可以提出证据，向法庭申请通知新的证人到庭，调取新的证据，申请重新鉴定、勘验或者检查。

（3）享有辩护的权利。被告人可以自行辩护，也可以委托辩护人辩护。

（4）享有最后陈述的权利。被告人可以在法庭辩论终结后作最后的陈述。

18.审判长：（若有附带民事诉讼）

附带民事诉讼当事人还享有的诉讼权利是：请求调解、申请强制执行，双方当事人就民事部分可以自行和解，附带民事诉讼原告人可以放弃或者变更诉讼请求；附带民事诉讼被告人可以承认或者反驳对方的诉讼请求还有权提起反诉。

19.审判长：以上诉讼权利，是否听明白？

被告人：明白。

（五）征询回避

20.审判长：被告人及其法定代理人有申请回避的权利，你对审判人员及书记员、检察员、是否有意见？

被告人：＿＿＿＿

三、法庭调查

21.审判长：法庭调查的准备工作结束，现在开始法庭调查。

（法警值庭应当站立，在法庭调查开始后可以坐下。）

法庭调查按照下面的顺序进行

（一）宣读与陈述

（二）讯问和发问

（三）定罪事实的调查

（四）量刑事实的调查

（五）申请通知新的证人到庭

（六）宣布认证结论

（七）对附带民事诉讼部分进行法庭调查

需要发言的，应当以举手方式提出，是否准许，由审判长决定。

（一）宣读与陈述

（1）审判长：首先由公诉人宣读起诉书；有附带民事诉讼的，再由附带民事诉讼的原告人或者其诉讼代理人宣读民事诉状。

续表

（起诉书指控被告人的犯罪事实为二起以上的，法庭调查时应逐起分别进行；对共同犯罪案件，可以采取被告人分别进行陈述、分别讯问、共同举证质证、分别辩论和最后陈述的方式。）

（2）被告人_____可以就起诉书指控的犯罪事实进行陈述。

（3）被害人可以向法庭陈述被害经过。

22.审判长：（如系共同犯罪案件中的被告人）

根据《最高人民法院关于执行〈中华人民共和国刑事诉讼法〉若干问题的解释》第199条，对于共同犯罪案件中的被告人，应当分别进行讯问。留被告人_____在庭讯问，请法警将其余被告人_____、_____暂押候审室候审。

（二）讯问和发问

23.审判长：下面按照下列顺序依次讯问或者发问被告人：公诉人、被害人及其诉讼代理人；附带民事诉讼原告人及其法定代理人或者诉讼代理人可以就附带民事部分向被告人发问；被告人的法定代理人、辩护人、审判人员。

（1）公诉人有权讯问被告人。公诉人可以就起诉书中指控的犯罪事实讯问被告人。

（2）经审判长准许，被害人及其诉讼代理人，可以就公诉人讯问的情况进行补充性发问。

（3）经审判长准许，附带民事诉讼的原告人及其法定代理人或者诉讼代理人，可以就附带民事诉讼部分的事实向被告人发问。

（4）经审判长准许，被告人的辩护人及法定代理人或者诉讼代理人可以在控诉一方就某一具体问题讯问完毕后向被告人发问。

（5）经审判长准许，控辩双方可以向被害人、附带民事诉讼原告人发问。

（6）审判人员可以讯问和发问。（问明，被告人是否自愿承认有罪？辩护人是做有罪还是无罪辩护？辩护人或是认为不构成公诉人宣读起诉书中指控的犯罪？）

（三）定罪事实的调查

24.审判长：（定罪事实调查举证顺序）鉴于被告人不认罪、辩护人做无罪辩护、辩护人认为不构成公诉人起诉书中指控的犯罪。法庭调查首先调查定罪事实（犯罪事实），然后调查量刑事实。现在针对本案的定罪事实，由控辩双方进行举证、质证。

（1）先由公诉人向法庭宣读、出示证据，并说明该证据所证明的问题，由被告人对上述证据发表质证意见。

（2）经审判长准许，被害人及其诉讼代理人和附带民事诉讼的原告人及其诉讼代理人提出定罪事实和证据，由被告人和辩护人进行质证。

（3）由被告人、辩护人向法庭宣读、出示证据，并说明该证据所证明的问题，由公诉人对上述证据发表质证意见。

（各诉讼参与人逐一对公诉人、被告人及其辩护人出示证据发表质证意见，如有不同意见，由控辩双方进行质辩。）

（4）对附带民事诉讼，先由附带民事诉讼原告人一方举证，再由附带民事诉讼被告人一方举证。

【举证过程中应注意】

（1）物证应当出示原物，并说明证据的来源、证明对象等。不能出示原物的，应当说明理由，并出示相应的照片、复制品等证据材料。

（2）书证应当出示原件，并当庭宣读，说明证据的来源、证明对象等。不能出示原件的，应当说明理由，并出示复印件、抄录件等证据材料。

（3）视听资料应当出示原始载体，并当庭播放，说明证据的来源、证明对象等。不能当庭播放和出

续表

示原始载体的,应当说明理由,并出示抄录件等证据材料。

(4)证人书面证言、被害人陈述的笔录应当出示原件,并当庭宣读,说明证据的来源、证明对象等。如果该证人、被害人提供过内容不同的证言、陈述的,法庭应当要求公诉人提交该证人、被害人的全部证言和陈述笔录一并审查或者传唤其出庭作证。

(5)被告人的供述应当出示原件,并当庭宣读,说明证据的来源、证明对象等。

(6)鉴定意见和勘验检查笔录应当出示原件,并当庭宣读,说明证据的来源、证明对象等。同时应当说明鉴定人、勘验检查人员不能出庭作证的原因。如果鉴定人、勘验检查人员对同一事实有多份内容不同的鉴定意见、勘验检查笔录的,法庭应当要求公诉人提交全部鉴定意见、勘验检查笔录一并审查或者传唤其出庭作证。

25.审判长:传证人_____出庭作证。

(证人到庭后)

现在核实证人身份。请证人讲清你的基本情况(出示证明其身份的证件)。证人与当事人以及本案的关系。

(1)现在告知证人:你应如实提供证言。有意作伪证或隐匿罪证要负的法律责任。你听明白了吗?

(2)请证人在《如实作证保证书》上签名,捺指印(完成后)。

(3)根据法庭所提示的调查事项,由证人就其了解的情况作连贯性陈述。

(4)向证人发问,顺序是:

①先由提请传唤的一方进行。(法庭指示证人答问)

②另一方发问。(法庭指示证人答问)

③由合议庭成员询问。

④控辩双方质辩。

26.审判长:请证人阅读校对笔录,确认无误后签名或盖章。

(证人核对笔录后)

审判长:法律规定,证人不得旁听对本案的审理。请证人退出法庭。

(鉴定人、勘验检查人员、专家出庭作证的具体程序,参照证人出庭作证的程序举行。其中,鉴定人出庭作证时,应当确认当事人是否申请回避。)

(四)量刑事实的调查

27.审判长:现在法庭调查量刑事实。以确定量刑幅度。简称量刑三二一调查:

量刑事实包括三个阶段的事实,两个方面的情节。即犯罪前、犯罪中、犯罪后三个阶段的事实;法定(从重、从轻、减轻或免除刑事处罚)和酌定量刑两个方面的情节。

现在由控辩双方提出事实和证据,并进行质证。(参见上列24)

(五)申请通知新的证人到庭

28.审判长:公诉人、被告人及其他诉讼参与人是否申请通知新的证人到庭、调取新的证据、重新鉴定或者勘验检查?

审判长:逐一进行询问

(如有申请,应提供证人姓名、证据存放的地点并说明所要证明的案件事实或重新鉴定勘验的理由,合议后认为可能影响事实认定的,应当同意,申请并宣布延期审理,不同意的应当庭驳回申请并继续开庭。)

(六)宣布认证结论

审判长:经合议庭评议,对当庭质证的证据作出的认证结论是_____。

续表

（七）对附带民事诉讼部分进行法庭调查。

29.审判长:对附带民事诉讼部分进行法庭调查。

（由双方当事人围绕法庭归纳的争议焦点及诉讼请求进行举证、质证,最后由法庭认证。）

四、法庭辩论

30.审判长:合议庭认为,本案事实已经调查清楚。现在法庭调查结束,下面进行法庭辩论。在法庭辩论阶段,控辩双方先进行定罪辩论;在定罪辩论结束后,进行量刑辩论。

（一）定罪辩论

（被告人认罪,且辩护人做有罪辩护还同意指控罪名的,直接进行量刑辩论。）

31.审判长:鉴于被告人不认罪（或辩护人做无罪辩护,不同意指控罪名的辩护）,控辩双方及被害人应首先围绕本案犯罪事实与定性（罪与非罪、此罪与彼罪）问题进行辩论。

（1）由公诉人就本案犯罪事实与罪名发表公诉意见。

（2）由被害人、附带民事诉讼原告人及其诉讼代理人就本案定罪发表意见。

（3）由被告人发表辩解意见。

（4）由辩护人发表辩护意见。

（如有法定代理人、附带民事诉讼被告人及其诉讼代理人的亦应发表辩论意见。）

（在辩论过程中发现有关案件事实需要进行调查,或者需要对有关证据进行审查,应当宣布:中止法庭辩论,恢复法庭调查。）

（控辩双方意见悬殊的,可进行第二轮辩论,但不得重复上一轮意见。审判长可限定当事人及其诉讼代理人发表意见的时间。）

（二）量刑辩论

（对被告人认罪的案件,可不再进行定罪辩论。）

32.审判长:现在由控辩双方围绕本案量刑进行辩论,发表量刑建议或意见,并说明理由和依据。

（1）由公诉人宣读量刑建议书或发表量刑建议。提出建议对被告人处以刑罚的种类、刑罚幅度、刑罚执行方式及其理由和依据。

（2）被告人和辩护人对公诉人的量刑意见有无答辩意见。

被告人:

辩护人:

法定代理人:

（3）控辩双方再有无新的辩论观点?

（三）刑事部分法庭辩论小结

33.审判长:法庭已经充分听取了公诉人、被害人、被告人、辩护人等辩论各方的意见,并已记录在案。辩论各方如果还有意见,可以在休庭后用书面方式提供给法庭,如果打印,欢迎提供电子文档。现在法庭辩论结束。

（四）附带民事部分的辩论

34.审判长:现在进行附带民事诉讼的辩论。

（1）附带民事诉讼原告人及其诉讼代理人发言;

（2）附带民事诉讼被告人及其诉讼代理人发言。

35.审判长:根据《中华人民共和国民事诉讼》第一百二十七条规定,法庭辩论终结,征询各方最后意见。

（1）附带民事诉讼原告人及其诉讼代理人最后意见;

（2）附带民事诉讼被告人及其诉讼代理人最后意见。

续表

五、被告人最后陈述

36.审判长:《中华人民共和国刑事诉讼》第193条规定:"法辩论终结后,被告人有最后陈述的权利。"《最高人民法院关于运用〈中华人民共和国刑事诉讼法〉的解释》第235条规定:"合议庭应当保证被告人充分行使最后陈述的权利。应当保证被告人充分行使最后陈述的权利。如果被告人在最后陈述中多次重复自己的意见,审判长可以制止;如果陈述内容是蔑视法庭、公诉人、损害他人及社会公共利益或者与本案无关的,应当制止;在公开审理的案件中,被告人最后陈述的内容涉及国家秘密或者个人隐私的,也应当制止。"

被告人_____,关于本案的定罪和量刑,你最后还有什么向法庭陈述的?

(合议庭成员应当全神贯注、耐心地听取被告人陈述,一般情况不宜打断其发言。如果其陈述过于冗长,法庭应当予以引导;陈述的内容简单重复多次的,或者陈述的内容与案件没有直接关联的,法庭以适当的方式予以制止。)

六、休庭评议

(一)定期宣判的情形

37.审判长:今天的法庭审理即将结束。待合议庭评议后将另行定期宣告判决。下面将休庭由合议庭依法进行评议,待合议庭评议后另行定期宣告判决。休庭后,诉讼参与人应当查阅庭审笔录,如果笔录记载有遗漏或者差错,可以要求补充或者更正。确认无误后,应当在笔录上签名并且按捺指印。之后,将被告人继续羁押于看守所。

审判长:现在休庭(敲击法槌一下)。

(下接39)

(二)当庭宣判的情形

38.审判长:下面合议庭将休庭进行评议,评议大约需要_____分钟,在___时_____分继续开庭。现在休庭(可以轻敲法槌一次)。

(三)退庭程序

39.书记员:请全体起立!请审判人员退庭评议。

(审判长率合议庭人员从法官通道纵队退出法庭)

40.书记员:现在散庭。

七、宣判程序

(一)入庭程序

41.书记员:请公诉人、辩护人和其他诉讼参与人入庭,各就各位。

书记员:请全体起立。(稍停顿后)请审判长、审判员(人民陪审员)入庭。

(审判长率合议庭人员从法官通道纵队步入审判台就座)

42.审判长:请坐下。

(二)继续开庭

43.审判长:(轻敲法槌一次后宣布)现在继续开庭。合议庭评议结论已经作出:

(1)认证结论(已宣布的认证结论除外);

(2)裁判理由。

综上所述,根据《中华人民共和国刑法》第____条,最高人民法院《关于……的解释》第____条……之规定,判决如下:

续表

（三）起立宣判
44.书记员：请全体起立。
（合议庭成员和书记员，以及公诉人、诉讼参加人、旁听人员均应起立。）
45.审判长：（宣读判决）
（一）_____；
（二）_____；
（三）_____。
宣判完毕。请坐下。
以上是当庭口头宣告的判决，判决书将在五日内送达公诉机关及诉讼参与人。
如不服本判决，可在判决书送达之日起十日内，通过本院或者直接向＊＊省＊＊市中（高）级人民法院提出上诉，书面上诉的，应当提交上诉状正本一份，副本_____份。
46.审判长：（依次询问公诉人和诉讼参与人）对本判决有何意见？
（将意见记录在案）
47.审判长：诉讼参与人，应当阅看核对庭审笔录。如认为对自己的陈述记录有遗漏或者差错的，有权申请补正。如果不予补正，应当将申请记录在案。确认无误后，应在笔录上签名。
48.审判长：＊＊人民法院_____庭，今天对＊＊人民检察员提起公诉的被告人犯_____罪一案，及附带民事诉讼_____纠纷一案的开庭审理到此结束，现在闭庭！（轻敲法槌一次）。
（四）退庭程序
49.书记员：请全体起立！请审判人员退庭。
（审判长率合议庭人员从法官通道纵队退出法庭。）
50.书记员：现在散庭。
（公诉人、辩护人等退庭。）
八、送达

五、开庭公告

开庭公告是开庭前准备工作的最后一项工作，它表明合议庭对案件审判的准备工作已经就绪，可以择日开庭审判。开庭公告应在开庭3日前公布并张贴，格式及内容见表5-11。

表5-11　公告

＊＊＊人民法院
公　告
本院定于＊＊年＊＊月＊＊日上午（下午）＊＊时＊＊分，在_____审判庭公开开庭审理由＊＊人民检察院提起公诉的_____一案。
（院印）
＊＊＊＊年＊＊月＊＊日

六、强制措施

为保障审判活动的顺利进行，审判人员还需考虑对被告人人身自由进行限制的问题，根据案件的具体情况，给予被告人适宜的人身控制。对于检察机关移送起诉时已经处在羁押状态的被告人，人民法院如认为无羁押的必要，可决定给予监视居住或取保候审；对于审判阶段人身自由未受到限制的被告人，法院也可以根据案件情况的需要，给予被告人拘传、取保候审、监视居住、逮捕，或者限制出境。

这里仅说明较常用的限制出境的文书（见表 5-12、表 5-13）、拘传的文书（见表 5-14、表 5-15）和取保候审的文书（见表 5-16、表 5-17、表 5-18）。

表 5-12　限制出境决定书（审批联）

<table>
<tr><td colspan="8" align="center">＊＊＊人民法院

限制出境决定书（审批联）

（刑事案件用）

 （＊＊＊＊）＊刑＊字第＊＊号 </td></tr>
<tr><td colspan="2" align="center">案　　由</td><td colspan="6"></td></tr>
<tr><td rowspan="8" align="center">被限制出境人</td><td align="center">姓　名</td><td></td><td align="center">性别</td><td></td><td align="center">出生年月日</td><td></td></tr>
<tr><td align="center">民　族</td><td></td><td align="center">出生地</td><td></td><td align="center">文化程度</td><td></td></tr>
<tr><td align="center">国　籍</td><td></td><td align="center">工作
单位</td><td colspan="3"></td></tr>
<tr><td align="center">现居住地</td><td colspan="5"></td></tr>
<tr><td align="center">户籍所在地</td><td colspan="5"></td></tr>
<tr><td align="center">身份证号码</td><td colspan="5"></td></tr>
<tr><td align="center">出入境证件名
称及号码</td><td colspan="5"></td></tr>
<tr><td align="center" colspan="7"></td></tr>
<tr><td colspan="2" align="center">限制出入境起止日</td><td colspan="5"></td></tr>
<tr><td colspan="2" align="center">限制出境事由及法律依据</td><td colspan="6">（写明人民法院受理案件的名称、由来及日期，以及基于何种事由拟对该人限制出境，并写明相关法律依据等情况）

 经办人：
　　年　月　日 </td></tr>
<tr><td colspan="2" align="center">审批
决定</td><td colspan="6">批准人：　　　　　　　　　　年　月　日</td></tr>
<tr><td colspan="8">本联存卷</td></tr>
</table>

表 5-13　限制出境决定书

＊＊＊人民法院

限制出境决定书

（刑事案件用）

（＊＊＊＊）＊刑＊字第＊＊号

　　本院在审理被告人＊＊＊涉嫌犯＊＊＊罪一案中,鉴于……(写明需要限制出境的事由),根据……
(写明法律依据)的规定,决定自即日起限制被告人＊＊＊出境。请予执行。

　　此致
＊＊公安局

（院印）

＊＊＊＊年＊＊月＊＊日

　　附:被限制出境人情况

被限制出境人	姓　名		性别		出生年月日	
	民　族		出生地		文化程度	
	国　籍		工作单位			
	现居住地					
	户籍所在地					
	身份证号码					
	出入境证件名称及号码					

本联送达执行的公安机关

样式说明:

1.本样式根据《最高人民法院关于适用〈中华人民共和国刑事诉讼法〉的解释》第四百零四条的规定
制订,供第一审人民法院按照第一审普通程序审理外国人犯罪的案件需要对被告人限制出境时使用。

2.作出决定的人民法院应当具函通报同级公安机关或者国家安全机关;限制外国人出境的,应当同
时通报同级人民政府外事主管部门和当事人国籍国驻华使、领馆。

3.在审理普通公诉案件和自诉案件时,需要对被告人限制出境或要求证人暂缓出境的,可以参照本
决定书的样式制作。

表 5-14 拘传票（审批联）

＊＊＊人民法院

拘传票（审批联）

（刑事案件用）

（　　）　　字第　　号

被拘传人姓名		性别		出生日期	年　月　日
工作单位 或者住所					
应到时间	年　月　日		应到处所		

拘传原因和理由

　　　　　　　　　　　　　　　审判员
　　　　　　　　　　　　　　　　年　月　日

　　　　　　　　　　　　　　　庭　长
　　　　　　　　　　　　　　　　年　月　日

　　　　　　　　　　　　　　　院　长
　　　　　　　　　　　　　　　　年　月　日

本联存卷

表 5-15 拘传票

＊＊＊人民法院

拘传票

（刑事案件用）

（　　）　　字第　　号

被拘传人姓名		性别		出生日期	年　月　日
工作单位或者住所					
应到时间	年　月　日		应到处所		

执行人宣布：
　　依据《中华人民共和国刑事诉讼法》第六十四条的规定，本院决定对　　　　予以拘传。

年　　　月　　　日
（院印）

本拘传票已于　＊＊年＊＊月＊＊日　时 分向被拘传人出示。

被拘传人

执行拘传情况

执行人

本联执行拘传后存卷

样式说明：

1.本样式根据《中华人民共和国刑事诉讼法》第一百八十二的规定制订，供各级人民法院在审理刑事案件传唤当事人时使用。

2.如有其他事项，可在注意事项栏内续写。

3.人民法院的院印，应当加盖在末行年月日处。

4.本样式为填充式。

表 5-16　取保候审决定书(审批联)

***人民法院

取保候审决定书(审批联)

(刑事案件用)

（＊＊＊＊）＊刑＊字第＊＊号

案　　由					
被告人	姓　名		性别		民族	
	身份证号码		联系方式		
	户籍地		居住地		
保证形式	交纳保证金数额				
	保证人姓名居住地			与被告人关系	
	执行机关		取保候审期限		
取保候审原因	经办人：　　　　年　月　日				
领导审批	批准人：　　　　年　月　日				

本联存卷

表 5-17　取保候审决定书

***人民法院

取保候审决定书

（刑事案件用）

（****）*刑*字第**号

根据（写明决定取保候审的法律依据）的规定，本院决定对被告人采取取保候审的强制措施。取保候审的期限为*个月。取保候审期间，被告人应当遵守以下规定：

一、未经执行机关批准不得离开所居住的市、县；

二、居住地、工作单位和联系方式发生变动的，在二十四小时以内向执行机关报告；

三、在传讯的时候及时到案；

四、不得以任何形式干扰证人作证；

五、不得毁灭、伪造证据或者串供。

（如需根据《中华人民共和国刑事诉讼法》第六十九条第二款的规定要求被告人遵守其他规定，在此处续项写明）

如违反上述规定，依照《中华人民共和国刑事诉讼法》第六十九条第三款、第四款的规定处理。

本决定由公安局执行。

（院印）

****年**月**日

向被告人宣布的时间：

****年**月**日**时

被告人签名：

样式说明：

1.本样式根据《中华人民共和国刑事诉讼法》第六十五条、第六十六条、第六十九条的规定制订，供各级人民法院在审理刑事案件中，对被告人采取取保候审强制措施时使用。

2.保证人与保证金不能同时使用，在决定时应当确定采用何种保证形式。

3.本决定书（审批联）可以根据具体实践情况采用表格式、笔录式。其中，联系方式包括手机号码、微信号、qq号等；被告人为外国人的，身份证号码改为护照号码。解除取保候审决定书、监视居住决定书、解除监视居住决定书文书样式相同。

4.本决定应当向被解除取保候审的被告人宣布，并由被告人在决定书上签名。

5.本样式为填充式。决定书正本一式四份，一份向被告人宣布并签名后存卷；一份交给被告人收执；一份连同取保候审执行通知书送达负责执行的公安机关；另一份送达公诉机关。

表 5-18　取保候审执行通知书

***人民法院

取保候审执行通知书

（刑事案件用）

（****）*刑*字第**号

***公安局：

　　本院决定对被告人***采取取保候审的强制措施。取保候审期限为　　个月,自****年**月**日至****年**月**日。根据《中华人民共和国刑事诉讼法》第六十五条第二款的规定,请你局执行。在取保候审期间,如发现被告人有违反《中华人民共和国刑事诉讼法》第六十九条第一款、第二款规定的情形,请及时告知本院　　　庭。

　　联系人：　　　　　　　　　　联系方式：

　　附：（****）*刑*字第**号取保候审决定书。

（院印）

****年**月**日

被取保候审人有关情况：

案　　由		取保候审期限		个月
被告人	姓　　名		性别		民族	
	身份证号码		联系方式		
	户籍地		居住地		
保证形式	保证人姓名 居住地			与被告人关系	
	交纳保证金数额				

样式说明：

　　1.本样式根据《中华人民共和国刑事诉讼法》第五十一条第二款的规定制订,供人民法院决定对被告人取保候审后,通知公安机关执行时使用。

　　2.被告人为外国人的,身份证号码改为护照号码。联系方式包括手机号码、微信号、qq号等。

　　3.本样式为填充式。使用时一式两份,一份送达执行取保候审的公安机关,另一份存卷备查。

第四节　法庭审判

法庭审判,是指人民法院采取开庭的方式,在公诉人、当事人和其他诉讼参与人的参加下,在控辩双方对案件事实、证据进行调查、举证、质证,对定罪量刑和适用法律问题开展辩论的情况下,依法确定被告人是否有罪,应否处刑以及给予何种刑事处罚的诉讼活动。

我国的法庭审判具有这些基本特点:(1)法庭审判实行控诉、辩护、审判职能分离的制度;(2)强化控、辩双方举证、质证和辩论,通过控辩双方的相互对抗作用调查核实事实、证据;(3)在加强控、辩双方诉讼职能的同时,重视审判职能的作用,保持审判人员在法庭上的主导地位,赋予法院对案件事实、证据的调查权。

法庭审判由合议庭的审判长或者独任审判员主持。合议庭审判案件时,审判长所处的地位和作用十分重要,因为法庭调查、辩论等活动,都由审判长负责指挥,公诉人、当事人、辩护人、诉讼代理人经审判长许可,可以对被告人、证人、鉴定人发问。审判长认为发问的内容与案件无关的时候,应当制止。司法警察和其他值庭人员维持法庭秩序,也受审判长指挥。合议庭的其他成员则应协助审判长,使其能充分发挥法庭审判主持者的作用。诉讼参与人都应当听从审判长的指挥,遵守法庭秩序。

根据刑事诉讼法和最高人民法院《关于执行〈中华人民共和国刑事诉讼法〉若干问题的解释》的相关规定,法庭审理的程序可以分为开庭、法庭调查、法庭辩论、被告人最后陈述、评议和宣判五个阶段。

一、开庭

开庭是法庭审理的开始,它还不是对案件的实体审理,而是为顺利进行审判做好准备。根据《刑事诉讼法》第185条和最高人民法院《解释》的相关规定,开庭阶段的活动程序是:

1.开庭审理前,书记员应当依次进行下列工作:(1)查明公诉人、当事人、辩护人和其他诉讼参与人是否已经到庭。(2)公开审判的案件,书记员应在开庭前向旁听人员宣布法庭规则。(3)请公诉人、辩护人入庭。(4)请审判长和合议庭成员入庭。审判人员入庭时,请全体人员起立。(5)审判人员、全体人员就座后,当庭向审判长报告开庭前的准备工作已经就绪。

2.审判长宣布开庭后,应当宣布案由,并传唤被告人到庭,问明被告人姓名、年龄、民族、籍贯、出生地、文化程度、住址、职业,被告人受过何种法律处分及处分的种类、时间;是否被采取强制措施及种类、时间;是否收到起诉书副本以及收到的日期;如果有附带民事诉讼的,还应查明附带民事诉讼被告人收到民事诉状的日期。上述情况也可以由书记员在开庭前查明,开庭后向审判长报告。

3.审判长宣布案件的来源、起诉的案由、附带民事诉讼原告人和被告人的姓名,案件是否公开审理。对于不公开审理的案件,应当当庭宣布不公开审理的理由。

4.审判长宣布合议庭组成人员、书记员、公诉人、辩护人、鉴定人和翻译人员的名单,并用通俗的语言告知当事人、法定代理人有权对合议庭组成人员、书记员、公诉人、鉴定人和翻译人员申请回避。如果当事人、法定代理人提出申请,审判长应当问明申请回避的理由,合议庭认为符合法定情形的,应当依照刑事诉讼法有关回避的规定处理;认为不符合法定情形的,应当当庭驳回,继续法庭审理;如果申请回避人当庭申请复议,合议庭应当宣布休庭,待作出复议决定后,决定是否继续法庭审理。同意或者驳回回避申请的决定及复议决定由审判长宣布,并说明理由,必要时,也可以由法院院长到庭宣布。申请回避决定书见(表5-19)。

审判长还应当用通俗语言告知被告人、法定代理人在法庭审理过程中享有这些诉讼权利:(1)依法享有辩护权,可以根据事实和法律进行无罪或罪轻的辩解;(2)当事人、法定代理人经审判长许可,可以向证人、鉴定人发问,可以申请通知新的证人到庭,调取新的证据,申请重新鉴定或者勘验、检查;(3)当事人、辩护人可以参加法庭辩论;(4)被告人享有最后陈述的权利。

审判实践中,告知当事人、法定代理人享有的上述权利,有两种做法:一种是在开庭阶段集中告知,然后再询问被告人、法定代理人是否听清楚上述权利,有否申请回避,是否申请通知新的证人到庭、调取新的证据、申请重新鉴定或者勘验、检查。一种是依顺序逐项分别告知,并询问被告人、法定代理人的意见。但是,对于共同犯罪的案件,应当将各被告人同时传唤到庭,查明身份及基本情况后,集中告知上述事项,以避免重复,节省开庭时间。

表 5-19　申请回避决定书

＊＊＊人民法院

申请回避决定书

(刑事案件用)

（＊＊＊＊）＊刑＊字第＊＊号

申请人……(写明提出回避申请的当事人的基本情况,法定代理人的姓名和与当事人的关系,辩护人或者诉讼代理人的姓名、工作单位和职务)

本院在审理＊＊＊人民检察院指控被告人＊＊＊犯＊＊罪(自诉案件写"自诉人＊＊＊控诉被告人＊＊＊犯＊＊罪")一案中,申请人＊＊＊以……(写明申请回避的理由)为由,要求……(写明申请回避的审判人员或者书记员、翻译人员、鉴定人员等的姓名)回避。

本院院长(或者本院审判委员会讨论)认为……(写明准许回避申请或者驳回回避申请的理由)。依照……(写明决定的法律依据)的规定,决定如下:

……【写明决定结果。分三种情况:

第一,驳回申请的,表述为:

"驳回申请人＊＊＊提出的回避申请。"

第二,准许申请的,表述为:

续表

> "……(写明人员类别及姓名)对本案予以回避。"
>
> 第三,部分驳回、部分准许申请的,表述为:
>
> "一、……(写明人员类别及姓名)对本案予以回避;
>
> 二、驳回申请人***提出的其他回避申请。"】
>
> 如不服本决定,可以在接到本决定时向本院申请复议一次(全部准许回避申请的不写此句)。
>
> (院印)
>
> ****年**月**日

样式说明:

1.本样式根据《中华人民共和国刑事诉讼法》第二十八条、第二十九条、第三十条第一款、第三款、第三十一条的规定制订,供各级人民法院书面决定准许或者驳回回避申请时使用。

2.人民法院对申请回避所作的决定,采取口头形式的,应当记录在卷。

3.如系被告人众多的共同犯罪案件,可以只写第一被告人姓名,并在其后加"等"字。但部分被告人或其法定代理人、辩护人、诉讼代理人提出回避申请的,该部分被告人应当逐一列明。

4.如系符合《中华人民共和国刑事诉讼法》第二十九条规定的情形而被决定回避的,应当引用该法条;如系符合《最高人民法院关于适用〈中华人民共和国刑事诉讼法〉的解释》第二十三条、第二十四条、第二十五条规定的情形而被决定回避的,还应当引用该解释的相应条款。

二、法庭调查

法庭调查,是指在审判人员的主持下,在公诉人、当事人和其他诉讼参与人的参加下,当庭对案件事实和证据进行调查、核实的诉讼活动。

法庭调查是案件进入实体审理的一个重要阶段,是法庭审判的中心环节。案件事实能否确认,证据是否被采信以及是否能够证明案件事实,被告人是否承担刑事责任,关键在于法庭调查的结论如何。凡是没有经过法庭调查的证据,都不能作为定案的根据;凡是没有经过法庭调查核实的事实、情节,都不能加以认定。所以,案件的审判质量如何,最终能否做到审判公正,都直接取决于法庭调查的程序和成效。

依照《刑事诉讼法》第186条至第192条的规定,法庭调查阶段包括下列诉讼活动:

(一)宣读起诉书

审判长宣布法庭调查开始后,先由公诉人宣读起诉书;有附带民事诉讼的,再由附带民事诉讼的原告人或者他的诉讼代理人宣读附带民事诉状。如果一案有两名以上被告人,宣读起诉书时可以同时在场,但宣读起诉书后,审问被告人一般应当分别进行,以免互相影响,不利于法庭调查。

(二)被告人、被害人陈述起诉书指控的犯罪事实

公诉人在法庭上宣读起诉书后,在审判长主持下,被告人、被害人可以就起诉书指控的犯罪事实分别进行陈述。被告人若承认起诉书指控的犯罪事实,则应当让他把实施犯

罪行为的经过、情节详细地陈述清楚;被告人若否认起诉书指控的罪行,应当允许他对控诉的事实和证据进行充分的辩解和提出反证。同时被害人也可以根据起诉书对犯罪的指控陈述自己受害的过程及提出有关的诉讼请求。

(三)讯问、询问被告人

1.公诉人讯问被告人

被告人、被害人就指控的犯罪事实发表意见后,由公诉人讯问被告人。这是实质性证据调查的开始,对查明案件事实真相具有十分重要的意义。

在审判长主持下,公诉人可以就起诉书中所指控的犯罪事实讯问被告人。一般应围绕着下列问题进行讯问:(1)指控的犯罪行为是否存在,是否为被告人所实施,被告人是否承认起诉书指控的罪行;承认犯罪的,要进一步讯问其实施犯罪行为的时间、地点、方法、手段、结果,以及犯罪后的表现等等;(2)犯罪集团或者一般共同犯罪的案件,在讯问中应问清楚同案被告人各自在共同犯罪中的地位和作用,以及应负的法律责任;(3)问清被告人有无责任能力,有无实施指控犯罪行为的故意或者过失,查明犯罪行为的动机和目的;(4)查明有无从重、加重或者从轻、减轻以及免除处罚的情节,并注意查明有无依法不应当追究刑事责任的情形;(5)查明犯罪对象、作案工具的主要特征,赃款赃物的来源、数量以及去向;(6)被告人全部或者部分否认起诉书指控的罪行的,要问清否认的根据和理由。

公诉人讯问被告人,可以采用一问一答式。这种讯问方式的优点是直接快捷,可以立即查清案件关键事实和要害问题。缺点是陈述的案件情况容易支离破碎,合议庭往往无法一下子就获得清晰的认识。原则上,只要被告人表达能力不是太差,尽量避免单独采用这种讯问方式。

讯问中,如果被告人否认被指控的犯罪事实,或者其陈述与起诉时不一致,公诉人应当有针对性地提出问题,以充分暴露被告人辩解的矛盾,澄清案件事实。但是,面对被告人的辩解,公诉人应避免简单、粗暴、急躁。原则上,无论被告人的回答是否真实,公诉人都不应当当庭训斥被告人,也不能随意打断被告人的发言,以免给法庭和旁听群众造成公诉人以势压人的印象。

2.向被告人发问

被害人、附带民事诉讼的原告人和辩护人、诉讼代理人,经审判长许可,可以向被告人发问。被害人及其诉讼代理人可以根据公诉人的讯问情况进行补充性发问,通过被害人的发问,可以当庭揭露被告人的虚伪供述,进一步暴露被告人的犯罪行为。附带民事诉讼的原告人及其法定代理人或者诉讼代理人,可以就附带民事诉讼部分的事实向被告人发问,揭露和证实被告人的犯罪行为给自己造成物质的或名誉上的损失,证明被告人应当承担的赔偿责任。被告人的辩护人及法定代理人可以在控诉一方就某一具体问题讯问完毕后向被告人发问,向法庭揭示有利于被告人的事实、情节和证据,以维护被告人的合法权益。通过上述人员多角度地进行发问,可以使案件事实和证据得以全面查清。

特别需要注意的是,审判实践中,辩护人向被告人发问是经常出现的庭审环节,也是辩护人履行辩护职责之必需。审判人员必须切实保障辩护人向被告人发问的权利,不能任意限制或者剥夺辩护人的这一权利。辩护人的发问是为辩护作准备,重点在于问清能够证明被告人无罪、罪轻或者减轻、免除其刑事责任的事实、情节。对于起诉书中指控不清的事实,辩护人也可以发问,以便让被告人澄清事实。但是,一般来说,对于公诉人已问明、问清的事实、问题,原则上辩护人不宜再重复发问或者逐项一一发问。辩护人在发问过程中,不应当纠缠于一些与定罪量刑无关的细枝末节。

3.审判人员讯问被告人

根据《刑事诉讼法》第186条的规定,"审判人员可以讯问被告人"。在公诉人讯问被告人和辩护人等诉讼参与人对被告人发问之后,审判人员对案件事实有疑问的,认为有讯问必要的,可以讯问被告人。

需要强调的是,对被告人讯问和询问,都必须在审判长的主持下进行。为保证控辩双方讯问、发问的有序进行,保证不对被告人诱供、逼供,审判长应注意把握庭审活动的方向与进度,并遵循以下讯问、发问的规则:(1)讯问、发问均应在起诉书指控的犯罪事实范围之内进行,控辩双方均不得使用威吓、诱导性语言进行讯问、发问。(2)起诉书指控的被告人的犯罪事实为两起以上的,法庭调查时,一般应当就每一起犯罪事实分别进行讯问。(3)对于共同犯罪案件中的被告人,应当分别进行讯问,以免互相影响供述或者相互推卸罪责,给查清案件事实带来不利影响。合议庭认为必要时,可以传唤共同被告人同时到庭对质。(4)审判长对于控辩双方讯问、发问被告人、被害人和附带民事诉讼原告人、被告人的内容与本案无关或者讯问、发问的方式不当的,应当及时制止。对于控辩双方认为对方讯问或者发问被告人的内容与本案无关或者讯问、发问的方式不当并提出异议的,审判长应当判明情况予以支持或者驳回。(5)审判人员认为有必要时,可以讯问被告人。

(四)向被害人、附带民事诉讼原告人发问

在法庭调查中,控辩双方经审判长准许,均可以向被害人、附带民事诉讼原告人发问;审判人员认为有必要时,也可以向被害人及附带民事诉讼原告人发问,以求进一步弄清案件事实。

(五)审查核实证据

在讯问被告人以后,应当当庭核查各种证据。也就是,控辩双方必须向法庭进行举证、质证。只有经过法庭调查核实的证据,才能作为人民法院认定事实的根据。控辩双方均有权要求证人出庭作证,向法庭出示物证、书证、视听资料等证据,但必须向审判长说明拟证明的问题后,方可传唤证人或者出示证据。

1.法庭举证和质证的程序

关于审查核实证据的方法,应当严格遵循《刑事诉讼法》第156条至第160条和有关司法解释的规定。其具体程序是:

(1)由控方向法庭举证。即对指控的每一起犯罪事实,公诉人可以提请审判长传唤证人、鉴定人和勘验、检查笔录制作人出庭作证,或者出示证据,宣读未出庭的被害人、证人、鉴定人和勘验、检查笔录制作人的书面陈述、证言、鉴定意见及勘验、检查笔录;被害人及其诉讼代理人、附带民事诉讼的原告人及其诉讼代理人经审判长准许,也可以分别提请传唤尚未出庭作证的证人,鉴定人和勘验、检查笔录制作人出庭作证,或者出示公诉人尚未出示的证据,宣读尚未宣读的书面证人证言,鉴定意见及勘验、检查笔录。

(2)由被告人、辩护人、法定代理人就控诉方提出的证据当庭进行质证、辨认和辩论。

(3)由辩方向法庭举证。即被告人、辩护人、法定代理人在起诉一方举证提供证据后,分别提请传唤证人、鉴定人出庭作证,或者出示证据,宣读未到庭的证人的书面证言、鉴定人的鉴定意见。辩方所举出的证据,应当由控方进行质证、辩论。

(4)由控辩双方依次当庭对各种证据进行质证、辨认和辩论。

上述程序可以理解为,每指控一起犯罪事实都要出示相应的证据,并由控辩双方进行质证、辨认和辩论。这充分体现了"谁主张,谁举证",依次举证、质证、辩论的规则。这样,既增强了起诉方的举证责任,强化了控辩双方的对抗性,也有利于法庭全面调查证据,辨明是非,澄清案件事实。

2.法庭举证和质证程序的几项内容

在法庭调查阶段,控辩双方有权提请法庭调查核实证据。由于每种证据的特点、证明力有所不同,在审查核实证据时应注意区别对待。这里,就有关证据调查的几个问题作些分析、说明:

(1)证人出庭作证、询问证人或者核查证言笔录

证人证言必须经过法庭调查核对,才能作为定案的依据。没有在法庭上调查核实的证人证言,不能作为定案的根据。

对于出庭作证的证人,当其到庭后,审判人员应当先核实证人的身份、证人与当事人以及本案的关系,告知证人应当如实地提供证言和有意作伪证或者隐匿罪证要负的法律责任,并要求证人作证前应当保证向法庭如实提供证言,并在保证书(见表5-20)上签名。要求证人提供证言时,一般应让他就所知道的案件情况自由地加以叙述。有些事实、情节证人没有表述清楚的,询问人可以提出询问,让他陈述清楚,但是不能暗示或者诱导证人如何回答。证人的陈述离开作证的内容时,审判人员应当提醒他就自己知道的案件事实、情节进行陈述,不要离题太远。证人数人出庭作证的,应当个别询问。而且在询问其中一名证人时,其他证人不应在场,以免互相影响。几个证人的证言之间如有矛盾,询问人应当进一步查问清楚。证人作证后,应当让其退庭。

证人原则上都应出庭作证,但在审判实践中,证人有特殊情况,也可以不出庭作证。按照最高人民法院《关于适用〈中华人民共和国刑事诉讼法〉的解释》第206条的规定,证人具有下列情形之一,无法出庭作证的,人民法院可以准许其不出庭:①在庭审期间身患严重疾病或者行动极为不便的;②居所远离开庭地点且交通极为不便的;③身处国外短期无法回国的;④有其他客观原因,确实无法出庭的。具有以上规定情形的,可以通过视频等方式作证。经人民法院通知,证人没有正当理由不出庭作证的,人民法院可以发出《强制证人出庭令》(见表5-21),强制其到庭,但是被告人的配偶、父母、子女除外。证人没有正当理由拒绝出庭或者出庭后拒绝作证的,予以训诫,情节严重的,经院长批准,处以十日以下的拘留(见表5-22)。

表 5-20　保证书

保 证 书

(证人、鉴定人出庭作证用)

姓名　　　性别　　　年龄　　　民族

工作单位

与本案当事人关系

　　我作为本案的证人(或者鉴定人),保证向法庭如实提供证言(或者说明鉴定意见)。如有意作伪证或者隐匿罪证(或者作虚假鉴定),愿负法律责任。

(签名)

年　月　日

(此件由证人或者鉴定人签名后入卷)

样式说明:

1.本样式根据《最高人民法院关于适用〈中华人民共和国刑事诉讼法〉的解释》第二百一十一条的规定制订,供证人或者鉴定人出庭作证或者说明鉴定意见时使用。

2.鉴定人出庭说明鉴定意见适用本样式时,把"证人"改为"鉴定人";"提供证言"改为"说明鉴定意见";"伪证或者隐匿罪证"改为"虚假鉴定"。

表 5-21　强制证人出庭令

＊＊＊人民法院

强制证人出庭令

(刑事案件用)

(＊＊＊＊)＊＊＊刑＊字第＊＊号

　　:

　　本院受理的　　　　　　　案,已依法通知你于　　　＊＊年＊＊月＊＊日出庭作证,你无正当理由未出庭。根据《中华人民共和国刑事诉讼法》第一百八十八条的规定,特派　　　　(执行人员的职务、姓名)强制你于　＊＊年＊＊月＊＊日　时　分前出庭作证。

　　此令。

院长

(院印)

＊＊＊＊年＊＊月＊＊日

证人(签名、捺印)

＊＊＊＊年＊＊月＊＊日

样式说明:

本样式为填充式,供人民法院受理刑事案件后,开庭审理前通知证人出庭作证,证人届时没有正当理由未出庭,人民法院强制其出庭时使用。

表 5-22　拘留决定书

***人民法院

拘留决定书

（刑事案件用）

（****）*刑*字第**号

被拘留人……（写明姓名、性别、出生年月日、民族、文化程度、职业或者工作单位和职务、居住地）。

本院在审理……（写明当事人姓名和案由）一案过程中……（写明被拘留人妨害刑事诉讼的事实和应当予以拘留的理由）。依照《中华人民共和国刑事诉讼法》第一百九十四第一款的规定，决定如下：

对***拘留**日。

如不服本决定，可以在收到决定书后通过本院或者直接向***人民法院申请复议。复议期间不停止本决定的执行。

（院印）

****年**月**日

样式说明：

1.本样式根据《中华人民共和国刑事诉讼法》第一百九十四条第一款的规定制订，供各级人民法院在办理刑事案件中，对妨害刑事诉讼的行为人，依法决定拘留时使用。

2.制作本决定书时，应当写明被拘留人妨害刑事诉讼的具体事实，包括行为的方式、时间、地点、情节和后果等，并应阐明必须予以拘留的理由。

3.本决定书的原本附卷，正本送达被拘留人和执行拘留的公安机关。被拘留人系担任辩护人或者诉讼代理人的律师的，本决定书抄送司法行政机关。

公诉人、当事人和辩护人、诉讼代理人经审判长许可，可以对证人发问。向证人发问，应当先由提请传唤的一方发问；另一方在对方发问完毕后，经审判长准许，也可以发问。审判人员认为有必要时，可以询问证人。

审判长对于控辩双方发问的内容与本案无关或者发问的方式不当的，应当制止。对于控辩双方认为对方发问的内容与本案无关或者发问的方式不当提出异议的，审判长应当判明情况予以支持或者驳回。

按照《刑事诉讼法》第190条的规定，对未到庭的证人的证言笔录或书面证言，应当当庭宣读，并且依次听取公诉人、当事人和辩护人及诉讼代理人的意见。上述人员可以对其提出异议。对于证言内容涉及国家秘密和个人隐私的，应选其可以公开的部分宣读。

（2）询问鉴定人或审查核实鉴定意见

鉴定人应当出庭宣读鉴定意见，但经人民法院事先准许不出庭的除外。人民法院通知鉴定人出庭时，鉴定人应当出庭。鉴定人到庭后，审判人员应当先核实鉴定人的身份、与当事人及本案的关系，告知鉴定人应当如实地提供鉴定意见和有意作虚假鉴定要负的法律责任。鉴定人说明鉴定意见前,应当在如实说明鉴定意见的保证书上签名。向鉴定人发问,应当先由要求传唤的一方进行;发问完毕后,对方经审判长准许,也可以发问。对未到庭的鉴定人的鉴定意见,应当当庭宣读,并且听取控辩双方的意见。法庭认为必要时,可以询问鉴定人,并可以决定重新进行鉴定。公诉人、当事人和辩护人、诉讼代理人可以申请法庭通知有专门知识的人出庭,就鉴定人作出的鉴定意见提出意见。

(3)出示物证、书证并进行辨认、质证

出示物证、书证通常是在法庭审问完每项犯罪事实后进行,也可以集中进行。公诉人、辩护人应当向法庭出示物证、书证,让当事人辨认。出示物证、书证时,应当说明物证的主要特征、内容、获取情况,当事人可以对出示的物证、书证进行辨认并发表意见。控辩双方可以互相质问、辩论。对于一些不便拿到法庭上出示的物证、书证,应当当庭出示原物的复制品或照片。

(4)审查勘验笔录、辨认笔录、侦查实验笔录

勘验笔录和能够证明案件事实的文书证据,都应当当庭宣读,听取公诉人、当事人、诉讼代理人、辩护人的意见,如果他们没有听明白可再宣读和作必要的解释。他们提出疑义的,应当予以认真核查,以判明真伪。

(5)视听资料、电子数据的播放、鉴定

视听资料和电子数据作为刑事诉讼证据在法庭上使用时,必须进行鉴别。举证方可以说明其制作过程及与案件之间的联系,并当庭予以播放、演示;对方可以对视听资料、电子数据所表现的音响、图像、数据、信息提出质疑,控辩双方可以进行质证、辩论。

需要注意的是,在审查核实证据的过程中,当庭出示的证据、宣读的书面证人证言、鉴定意见和勘验、检查笔录等,在出示、宣读后,应当立即将原件交付法庭。对于确实无法当庭移交的,应当要求出示、宣读证据的一方在休庭后3日内移交。

(六)调取新证据和法庭休庭后调查核实证据

在法庭审判中,对于证据的审查核实,有的案件会出现一些特殊情况需要由法庭加以处理。这主要包括:

1.调取新证据

《刑事诉讼法》第192条规定:"法庭审理过程中,当事人和辩护人、诉讼代理人有权申请通知新的证人到庭,调取新的物证,申请重新鉴定或者勘验。"当事人和辩护人等在庭审中申请通知新的证人到庭,调取新的物证,申请重新鉴定或者勘验,是他们在法庭上的诉讼权利,审判人员不应当随意限制或者剥夺。但是,当事人和辩护人等行使这项权利时,应当提供证人的姓名、证据的存放地点,说明所要证明的案件事实,要求重新鉴定或者勘验的理由。法庭根据具体情况,应当作出是否同意的决定(见表5-23)。同意当事人申请的,应当宣布延期审理;不同意的,应当告知理由并继续开庭。

表 5-23 调取证据材料决定书

＊＊＊人民法院

调取证据材料决定书

（刑事案件用）

（＊＊＊＊）＊刑＊字第＊＊号

＊＊＊人民检察院：

　　本院在审理你院提起公诉的……（写明当事人姓名及案由）一案中……（写明需要调取证据材料的理由）。依照……（写明调取证据材料决定的法律依据）的规定，请你院在收到本决定书后三日内，向本院移交下列证据材料：

　　……（写明调取证据材料的名称和件数。调取多种证据材料的，可以分项书写）。

（院印）

＊＊＊＊年＊＊月＊＊日

样式说明：

1.本样式根据《中华人民共和国刑事诉讼法》第三十九条、《最高人民法院、最高人民检察院、公安部、国家安全部、司法部、全国人大常委会法制工作委员会关于实施刑事诉讼法若干问题的规定》第十九条、第二十七条、《最高人民法院关于适用〈中华人民共和国刑事诉讼法〉的解释》第四十九条、第二百二十四条的规定制订，供人民法院在审理刑事案件中，向人民检察院调取证据材料时使用。

2.符合《最高人民法院关于适用〈中华人民共和国刑事诉讼法〉的解释》第二百二十六条规定情形，需要通知人民检察院移送相关证据材料的，可参照本样式制作决定书。

　　2.法庭休庭后调查核实证据

　　按照《刑事诉讼法》第191条的规定，在法庭调查过程中，合议庭对于证据有疑问的，可以宣布休庭，对证据进行调查核实。人民法院调查核实证据时，可以进行勘验、检查、扣押、鉴定和查询、冻结。必要时，可以通知检察人员、辩护人到场。

　　法庭经过上述庭审事实与证据调查，如果认为案情已经查清，证据已经核实，公诉人、当事人和辩护人也没有再提出需要补充调查的事实和证据，即由审判长宣布法庭调查结束，开始法庭辩论。

三、法庭辩论

　　法庭辩论是控诉方与辩护方在审判长的主持下，依据法庭调查已经调查的证据、事实和有关法律规定，就被告人的行为是否构成犯罪，犯罪的性质，罪责轻重，证据是否确实、充分，以及如何适用刑罚等问题，提出自己的意见和理由，并在法庭上进行互相争论和反驳的一种诉讼活动。

　　《刑事诉讼法》第193条规定："经审判长许可，公诉人、当事人和辩护人、诉讼代理人可以对证据和案件情况发表意见并且可以互相辩论。"最高人民法院《解释》第229条对辩论顺序进行了规定。

法庭辩论依法按下列次序进行：①公诉人发言；②被害人及其诉讼代理人发言；③被告人自行辩护；④辩护人辩护；⑤控辩双方进行辩论。

（一）公诉人发言

法庭辩论时，首先由公诉人发言。公诉人在法庭辩论中的首次发言，司法实践中称为公诉词。发表公诉词是公诉人出庭支持公诉的主要形式之一，也是公诉人指控犯罪，证实犯罪的重要载体。

公诉词要以起诉书的内容为基础，以法庭调查查清的事实为依据，以法律为准绳，对犯罪进行更有力的揭露和论证。其内容一般包括：①概括指出法庭调查的结果；②分析并运用经过法庭调查查证属实的证据，说明对犯罪事实的指控以及对罪名的认定；③指明犯罪行为的社会危害性；④明确指出被告人的行为触犯了刑法的哪些规定，并论证被告人的行为具备刑法规定的构成某种犯罪的具体要件；⑤阐明要求法庭对被告人依法从重、加重或者从轻、减轻处理的根据和理由；⑥分析被告人走向犯罪的主客观原因，进行法制教育。公诉词不仅要注意对被告人有罪、罪重的指控，同时也要客观地反映对被告人有利的事实、情节和根据。

这里以乌＊风案件为例，说明公诉词的基本写作方法（见表 5-24）。

表 5-24　公诉词

福建省＊＊市人民检察院

公诉词

起诉书文号：＊检刑诉〔20＊＊〕01 号

被告人：乌＊风
案　由：故意杀人案

尊敬的审判长、审判员（人民陪审员）：

根据《中华人民共和国刑事诉讼法》第一百五十三条、第一百六十条、第一百六十五条和第一百六十九条的规定，我受＊＊市人民检察院的指派，代表本院，以国家公诉人的身份出席今天的法庭，依法支持公诉并履行法律监督职责。为了进一步惩罚犯罪，弘扬法治，维护社会秩序，现对本案的证据和案件情况发表如下意见，请法庭注意。

一、本案犯罪事实清楚，证据确实、充分

在刚刚结束的法庭调查中，公诉人对被告人乌＊风进行了全面讯问，乌＊风当庭陈述了案件发生的前后经过，对其基本犯罪事实，均能够如实供述。起诉书指控被告人乌＊风实施故意杀人的事实有着充分、确实的证据予以证实，在先前的法庭调查环节，公诉人已向法庭出示，在此不再作陈述。公诉人出示的证人证言、鉴定意见、勘查笔录、物证、书证、视听资料等在案证据，均系侦查机关依法取得，具备法律规定的合法性、客观性和关联性，经当庭质证，均具有证明能力，具有真实性，且各证据间能够相互印证，已形成完整的证据链条，足以证明本院起诉书指控被告人乌＊风的犯罪事实清楚，证据确实、充分。

续表

二、应当以故意杀人罪追究被告人乌＊风的刑事责任

被告人乌＊风因欲不买香火进入枕翠庵拜佛,被被害人焦＊云追打,被告人随即以放任的心态将被害人焦＊云打死,因害怕被刘＊风认出,持棍棒击打被害人刘＊风至倒地,又因被害人焦＊＊哭闹不止,即用枕头捂压被害人口鼻,而且明知这么做会导致被害人焦＊＊死亡,最终造成被害人两死一伤的严重后果。根据《中华人民共和国刑法》第十四条之规定,明知自己的行为会发生危害社会的结果,并且希望或者放任这种结果发生的是故意犯罪。其犯罪手段残忍,社会影响恶劣,其行为不仅是对公民人身权利的公然侵害,也是对社会治安秩序的严重破坏;不仅是对国家法律的肆意践踏,也是对人类文明的野蛮摧残。因此,对被告应当依法予以严惩。

三、量刑意见

根据《中华人民共和国刑法》第二百三十二条规定,故意杀人的,处死刑、无期徒刑或者十年以上有期徒刑;情节较轻的,处三年以上十年以下有期徒刑。本案被告人乌＊风无视我国法律和他人生命,以残忍的手段对两名无辜的被害者与一名幼儿使用暴力,致使两死一伤的严重后果。被告人乌＊风的行为不仅使被害人焦＊云,幼儿焦＊＊失去了宝贵的生命,给被害人的家庭也造成了极大的精神创伤。另外,被告人在枕翠庵这样的特殊地点实施杀人行为,破坏善良风俗,在群众中造成了极恶劣的影响。公诉人认为,其行为必须受到法律的严惩;另一方面,被告人乌＊风认罪态度尚好,如实供述了自己的罪行,依法可以考虑予以从轻处罚,这点请法院在量刑时予以注意。请法庭依照《中华人民共和国刑法》第六十一条之规定,根据本案的犯罪事实、犯罪性质以及犯罪情节、被告人的认罪态度、被告人如实供述的情节,以及对于社会的危害程度,给予被告人的犯罪行为公正的判决。

审判长、审判员、人民陪审员,公诉机关指控被告人乌＊风犯有故意杀人罪的事实清楚,证据确实充分,社会影响恶劣。为保障公民的人身权利不受侵犯,维护社会治安秩序,公诉人认为,根据《中华人民共和国刑法》第二百三十二条之规定,应当依法认定乌＊风构成故意杀人罪并追究其刑事责任,提请法院依法予以认定并作出公正的判决!

公诉意见发表完毕。

公诉人:＊＊市人民检察院李＊＊,郑＊＊

20＊＊年3月28日

(二)被害人及诉讼代理人发言

被害人是犯罪活动的直接受害者,而且是诉讼中控诉一方当事人,有权在法庭辩论中控诉和证实犯罪,请求法庭公正地对被告人加以处罚。犯罪如果给被害人造成了物质损失,被害人还可以成为附带民事诉讼的原告人,要求被告人赔偿损失。诉讼代理人是被害人的辅助人,被害人发言后,可以继续为被害人发言。

(三)被告人自行辩护

被告人是公诉案件的主要当事人,是被追究刑事责任的人,其在辩论中的发言既是被告人行使辩护权的表现,也是法庭了解案件事实和被告人主观恶性的一个主要渠道。被告人的发言和辩护,就其内容来说,可以作有罪、罪重的承认,也可以作无罪、罪轻的辩解。

但是,被告人自行辩护仅仅是被告人的辩护手段之一,被告人也可以放弃辩论中的发言权,由辩护人代为辩护。

(四)辩护人辩护

辩护人在法庭辩论阶段有辩论发言的权利。辩护人在法庭辩论中的首轮发言,司法实践中称为辩护词。辩护词是辩护人辩护宗旨、辩护观点的集中体现,也是辩护人履行辩护职能的重要手段。辩护活动的成效,跟所发表的辩护词质量高低有一定关系。辩护人的辩护词应当以事实为依据,以法律为准绳,从维护被告人合法权益的角度出发,提出辩护观点和意见。辩护词的内容一般是提出被告人无罪、罪轻或者减轻、免除刑事责任的材料和意见,切实维护被告人的合法权益。

这里以乌＊风案件为例,说明辩护词的基本写作方法(见表5-25)。

表 5-25　辩护词

辩护词
审判长、人民陪审员:

审判长、人民陪审员:

　　根据《中华人民共和国刑事诉讼法》第三十二条第一项的规定,＊＊律师事务所受本案被告人乌＊风之委托,指派我担任被告人乌＊风的辩护人出庭为他辩护。庭前我们认真调阅了本案案卷材料,多次会见了被告人,结合今天的法庭调查,已经全面了解了案件事实。首先我在此对该案两名遇害死者表示哀悼,对遇害家属表示同情与慰问。根据法律与事实,辩护人对公诉人指控被告人构成故意杀人罪有异议,具体辩护意见如下:

　　一、被告人乌＊风不构成故意杀人罪

　　首先,乌＊风对于焦＊云的死亡应该属于防卫过当,过失致人死亡罪而非故意杀人罪。在本案中,乌＊风到了生活区,正打算离开栊翠庵并不具有不法意图,焦＊云见到他后未加询问便对乌＊风大喊大叫并拿木棍对进行不法侵害,被告人为了保护自己拿起旁边的木棍进行防卫,最后将焦＊云倒在地上。焦＊云突然袭击乌＊风,情况紧急,精神高度紧张的被告人无法清晰判断该不法侵害的危险程度,没有条件准确选择恰当的工具、强度来进行防卫。因此在本案中被告人对于焦＊云的行为是正当防卫,但是防卫超出了必要限度,其对焦＊云的死亡在主观上没有故意,属于应当预见到自己的行为可能发生危害社会的结果,但因为疏忽大意而没有预到。所以对于焦＊云的死亡,应定性为过失致人死亡罪。

　　其次,乌＊风对于焦＊＊的死亡属于过失致人死亡罪而非故意杀人罪。乌＊风与焦＊云搏斗之后,情绪十分慌乱和失控,听到小孩在哭闹加剧了他的心理压力,在主观上乌＊风并没有杀害焦＊＊的故意,如果他想危害幼儿就不会放下手里的木棍,对其进行捂住口鼻只想阻止其哭闹,乌＊风属于应当预见到自己的行为可能发生危害社会的结果,但因为情绪紧张,疏忽大意而没有预见到。所以对于焦＊＊的死亡,乌＊风属于过失致人死亡罪。

　　再次,乌＊风伤害刘＊风的行为应认定为故意伤害罪,不应认定为故意杀人罪。从犯罪的主观方面来看,被告人乌＊风是为了制止刘＊风报警而采取的打击行为,且在刘＊风又清醒过来发出喊叫声后,并未采取任何加害行为,可见其不具有杀人的目的,只是想让刘＊风失去行动能力,因此,被告人对刘＊风是故意伤害而不是故意杀人(未遂)罪。

　　故本案依重罪吸收轻罪原则,应定性为故意伤害罪。

续表

> 本案被告人存在以下依法从轻和酌定从轻处罚的量刑情节：
>
> 　　1.被告人对焦＊云的行为属于防卫过当。根据《刑法》第 20 条第 2 款的规定，防卫超过必要限度造成重大损害应当负刑事责任，但是应减轻或免除处罚。
>
> 　　2.本案被告人如实交代犯罪事实，可以从轻处罚。
>
> 　　在讯问笔录中可以看出，乌＊风被抓后，认罪态度良好，很快坦白交代了罪行，诚心悔过。根据《刑法修正案八》第八条的规定可以从轻处罚。
>
> 　　3.本案被告人认罪悔罪态度好
>
> 　　被告人乌＊风在本次犯罪之前，无任何前科劣迹，其在公安机关的讯问过程中和法院审理过程中，多次明确表示对自己的罪行感到后悔，感到对不起被害人和他们的家属。
>
> 　　综上所述，本案完全是在被告人情绪失控状态下导致的悲剧，本案被告人没有事前预谋，犯罪的主观恶性和社会危害性与普通的犯罪案件有区别，而且认罪悔罪态度良好。辩护人希望合议庭从轻判决，尤其不宜判处极刑，给被告人一个改过的机会。
>
> 　　以上辩护意见，望法庭采纳。
>
> 辩护人:刘＊

（五）控辩双方进行辩论

法庭辩论中，控辩双方可以互相争论、辩驳。实践中，控辩双方的发言以"轮"计。第一轮，控辩双方主要集中表述自己指控或者辩护的基本观点和意见。之后，第二轮发言中，控辩双方可以就存在分歧、争议的问题互相辩论，进一步阐明各自的观点和理由。辩论的次序一般是自控方发言始，至辩方发言止为一个回合，反复辩论，直至双方均表示不再发言。在辩论中，控辩双方发言机会均等，只要控诉方发言，就应当允许辩护方辩驳，每一轮发言都应当完整。需要说明的是，有附带民事诉讼的案件，附带民事诉讼部分的辩论一般都在刑事部分的辩论结束后进行。先由附带民事诉讼的原告人和他的诉讼代理人发言，然后由附带民事诉讼的被告人和他的诉讼代理人答辩，之后双方可以展开互相辩论。

法庭辩论（包括法庭调查中的"小辩论"），应当特别注意以下几点：(1)审判长是法庭辩论的主持者，他有责任和权利引导辩论沿着正确、有序的方向进行，使辩论始终集中在与定罪量刑有关的实质问题上。如果在法庭辩论中出现了不应该出现的情况，比如控辩双方的争辩与正确处理案件无关，纠缠于枝节问题或者语言失误，或者双方互相指责甚至进行人身攻击，应当及时制止。对于违反法庭秩序而又不听制止的诉讼参与人或者旁听人员，可以强行带出法庭。情节严重的，可以依法给予相应处罚；构成犯罪的，要依法追究刑事责任。在法庭辩论时，其他审判人员的作用是认真听取双方的论证和辩驳，弄清双方发言的基本宗旨，以形成自己对事实认定和法律运用的正确认识。(2)法庭辩论要紧紧围绕案件事实和有关法律问题理智地、有秩序地进行。无论是控方，还是辩方，都要摆事实、讲道理，以理服人。不允许意气用事，相互指责，甚至进行人身攻击等。(3)在法庭辩论过程中，如果发现某些主要事实尚未查清或者提出了有关本案定罪量刑的新事实时，审判长应当宣布暂停法庭辩论,恢复法庭调查,待事实查清后再恢复法庭辩论。如果恢复调查仍未查清的,应当宣布休庭,延期审理。

经过一轮或几轮辩论,合议庭认为控辩双方均已提不出新的意见,没有继续辩论必要时,审判长即终止双方发言,宣布辩论终结。

四、被告人最后陈述

《刑事诉讼法》第193条规定,审判长在宣布辩论终结后,被告人有最后陈述的权利。

所谓"被告人最后陈述",是指被告人在法庭调查与辩论结束之后,就自己被指控的罪行进行最后辩护和最后陈述的活动。这是法律赋予被告人的一项重要权利,从程序上讲还是法庭审理的一个独立的诉讼环节。

被告人是案件当事人,案件的判决关系到被告人的切身利益。在合议庭评议、作出判决前再给他一个陈述的机会,听取他对案件的意见,既可以让被告人独立完整地叙明自己的意见,强化合议庭对辩护的印象,也可以弥补在法庭调查和法庭辩论中辩护的不足之处。这对于法庭准确认定案件事实、正确适用法律具有十分重要的意义。因此,审判人员应当切实保障被告人的最后陈述的权利,只要被告人的陈述不超出本案范围,不违反法庭纪律,就要让其充分陈述,既不能剥夺或变相剥夺、随意限制被告人行使最后陈述的权利,也不能一概将"最后陈述"演变成被告人在法庭上"悔罪""悔过"的程序。

在被告人作最后陈述的阶段,被告人可以利用这个机会陈述他对全案的意见和看法,包括自己是否有罪、罪行轻重,自己犯罪的原因,对犯罪的认识,以及对量刑方面有什么要求等。

如果被告人在最后陈述中,提出了新的事实或新的证据,合议庭认为可能影响正确裁判的应当恢复法庭调查;如果被告人提出新的辩解理由,合议庭认为确有必要的,可以恢复法庭辩论。无论出现哪种情况,法庭审理都必须以被告人最后陈述告终。

五、评议和宣判

在被告人最后陈述后,审判长即可宣布休庭,合议庭进行评议,然后作出判决。

(一)合议庭评议

评议,也称合议,是指合议庭的组成人员,对法庭审理情况进行讨论、评定,根据法庭审理查明的事实、证据和有关的法律规定,共同解决被告人有罪还是无罪、罪重还是罪轻等实体问题,并对案件作出处理决定的诉讼活动。

根据《刑事诉讼法》第195条的规定,合议庭评议的任务是,根据法庭审理查明的事实、证据,依照刑事法律的规定,确定被告人有罪或者无罪,犯的什么罪,应否处以刑罚,判处何种刑罚,刑罚执行方法,有无从重或者从轻、减轻以至免除刑罚的情节,附带民事诉讼如何解决,赃款、赃物如何处理等,并作出处理决定。

评议由审判长主持,合议庭组成人员有同等的权利。评议应先经过讨论,然后用表决的方式对认定事实和适用法律作出决定。合议庭进行评议的时候,如果意见分歧,应当按多数人的意见作出决定,但是少数人的意见应当记入笔录。评议笔录由合议庭的组成人员签名。

评议案件一律秘密进行。即评议的过程和评议笔录对外一律不公开,不允许当事人、其他诉讼参与人和其他人旁听、查阅。

合议庭经评议后,根据已经查明的事实、证据和有关的法律规定,作出判决。《刑事诉讼法》第 195 条规定:"在被告人最后陈述后,审判长宣布休庭,合议庭进行评议,根据已经查明的事实、证据和有关的法律规定,分别作出以下判决:(1)案件事实清楚,证据确实、充分,依据法律认定被告人有罪的,应当作出有罪判决;(2)依据法律认定被告人无罪的,应当作出无罪判决;(3)证据不足,不能认定被告人有罪的,应当作出证据不足、指控的犯罪不能成立的无罪判决。"

最高人民法院《解释》第 241 条规定了人民法院应当根据案件的具体情况分别作出裁判的情形:(1)起诉指控的事实清楚,证据确实、充分,依据法律认定被告人的罪名成立的,应当作出有罪判决;(2)起诉指控的事实清楚,证据确实、充分,指控的罪名与人民法院审理认定的罪名不一致的,应当作出有罪判决;(3)案件事实清楚,证据确实、充分,依据法律认定被告人无罪的,应当判决被告人无罪;(4)证据不足,不能认定被告人有罪的,应当以证据不足,指控的犯罪不能成立,判决宣告被告人无罪;(5)案件事实部分清楚,证据确实、充分的,应当依法作出有罪或者无罪的判决;事实不清,证据不足部分,依法不予认定;(6)被告人因不满 16 周岁,不予刑事处罚的,应当判决宣告被告人不负刑事责任;(7)被告人是精神病人,在不能辨认或者不能控制自己行为的时候造成危害结果,不予刑事处罚的,应当判决宣告被告人不负刑事责任;(8)犯罪已过追诉时效期限,并且不是必须追诉或者经特赦令免除刑罚的,应当裁定终止审理;(9)被告人死亡的,应当裁定终止审理;对于根据已查明的案件事实和认定的证据材料,能够确认被告人无罪的,应当判决宣告被告人无罪。

在宣告判决前,人民检察院要求撤回起诉的,人民法院应当审查人民检察院撤回起诉的理由,并作出是否准许的裁定。人民法院在审理中发现新的事实,可能影响定罪的,应当建议人民检察院补充材料或者变更起诉;人民检察院不同意的,人民法院应当就起诉指控的犯罪事实,依法作出裁判。

(二)宣判

合议庭评议结束并作出裁判后,进入法庭宣判阶段。

宣判,即宣告判决,是指人民法院将判决的内容公开宣布,告知当事人、其他诉讼参与人和群众的诉讼活动。

根据《刑事诉讼法》第 196 条第 1 款的规定,宣告判决一律公开进行。即不管案件是否公开审理,都应当将判决公开宣告,公之于众。

宣告判决有两种方式,即当庭宣判和定期宣判:

1. 当庭宣判。是指法庭审理过程中,合议庭评议并作出判决后,在继续开庭时由审判长口头宣告判决的主文或主要内容。根据《刑事诉讼法》第 163 条第 2 款的规定,当庭宣告判决的,应当在 5 日以内将判决书送达当事人、辩护人、诉讼代理人和提起公诉的人民检察院。

2. 定期宣判。是指法庭审理后休庭,另定日期宣告判决。实践中,定期宣判较为常见。根据《刑事诉讼法》第 196 条第 2 款的规定,定期宣告判决的,应当在宣告后立即将判决书送达当事人和提起公诉的人民检察院。判决书应同时送达辩护人、诉讼代理人。此外,定期宣判的,合议庭应当在宣判前,先期公告宣判的具体时间、地点、案由,以便关心本案处理结果的公民旁听;法庭应当传唤当事人,通知公诉人和被害人、辩护人。这也是公开宣判的必要形式。

地方各级人民法院和专门人民法院在宣告第一审判决时,无论是当庭宣判还是定期宣判,都应当明确告知当事人及其法定代理人,如果不服本裁判,有权提出上诉,并说明上诉的法定期限、方式、程序和法院。至于当事人是否上诉,应当以他们在上诉期限届满前最后一次的意思表示为准。

这里以乌 * 风案件为例,说明庭审笔录(见表 5-26)和判决书(见表 5-27)的制作方法和格式。

表 5-26　法庭笔录

法庭笔录(第一次)

(刑事案件用)

时　　间:20＊＊年3月28日9时10分至11时45分

地　　点:＊＊市中级人民法院刑事审判第一庭

是否公开审理:公开　　　　　　　　旁听人数:若干

审判人员:林＊＊、王＊＊、王＊

书记员:陈＊

审判长宣布开庭审理乌＊风故意杀人一案。

记录如下:

宣布开庭

书记员:请旁听人员保持安静,现在宣布法庭纪律。根据《中华人民共和国人民法院法庭规则》规定,
法庭审理过程中,诉讼参与人、旁听人员必须遵守下列纪律:

(1)未经法庭允许不准录音、录像和摄影。

(2)不准随意走动和进入审判区。

(3)不准发言、提问。

(4)不准鼓掌、喧哗、哄闹和实施其他妨害审判活动的行为。

(5)关闭无线通信工具。

(6)对于违反法庭纪律的人,审判长给予口头警告、训诫;没收录音、录像和摄影器材,责令退出法庭或者经院长批准予以罚款、拘留。对严重扰乱法庭秩序的人,依法追究刑事责任。

(7)旁听公民通过旁听案件的审判,对法院的审判活动有意见或建议的,可以在闭庭以后书面向法院提出。

以上法庭规则,旁听人员必须认真遵守。请公诉人、辩护人入庭。全体起立! 请审判长、审判

续表

	员入庭。
审判长:	请坐下。
书记员:	报告审判长,本案的公诉人、诉讼参与人均已经到庭,被告人乌＊风已在候审室羁押候审,庭前准备工作就绪,请开庭。
审判长:	请就座,准备记录。
审判长:	＊＊市中级人民法院刑事审判第一庭现在开庭。传被告人乌＊风到庭。
审判长:	你的姓名、年龄(出生年月)、民族、籍贯、文化程度、职业、单位住址及户籍所在地、暂住地。
被告人:	1985年8月30日出生于福建省＊＊县,汉族,大专文化,无固定职业,户籍地福建省＊＊县坑底乡＊＊村123号。
审判长:	在此之前,你是否受到过刑事处分或处罚?
被告人:	没有。
审判长:	这次你何时因何事被拘留、逮捕?
被告人:	忘记了。
审判员:	你是20＊＊年3月9日被刑事拘留,3月17日被逮捕的,你清楚了吗?
被告人:	清楚了。
审判长:	你收到＊＊市检察院的起诉书副本没有? 什么时候收到了?
被告人:	收到十几天了。
审判长:	起诉书指控你什么罪?
被告人:	故意杀人罪。
审判长:	本院在起诉前,向被告人送达了起诉书副本,并且告诉了被告人有权委托辩护人。现在开庭符合法律规定。根据《中华人民共和国刑事诉讼法》第183条、第184条、第185条的规定,今天在这里依法公开开庭审理由＊＊市人民检察院提起公诉的被告人乌＊风故意杀人一案。这是第一审普通程序刑事公诉案件。
审判长:	合议庭由＊＊市中级人民法院刑事审判庭审判员林＊＊担任审判长,与审判员王＊＊、张＊＊组成,书记员陈＊＊担任法庭记录,＊＊市人民检察院检察员李＊＊、郑＊＊出庭支持公诉。由＊＊＊＊(＊＊)律师事务所律师刘＊＊担任辩护人。
审判长:	根据《中华人民共和国刑事诉讼法》第一百八十五条的规定,当事人及其法定代理人、辩护人、诉讼代理人有申请回避的权利。也就是说,如果认为合议庭的组成人员、书记员、公诉人与本案有利害关系,可能影响本案公正审理的有权申请上述人员回避。被告人和辩护人你们对上述人员申请回避吗?
被告人:	不申请。
辩护人:	不申请。
审判长:	根据《中华人民共和国刑事诉讼法》第十一条的规定,被告人享有辩护的权利。除了你所委托的辩护人有权为你辩护外,你也有权自己辩护。你听清楚了吗?
被告人:	听清楚了。
审判长:	根据《中华人民共和国刑事诉讼法》第一百九十二条的规定,当事人和辩护人、诉讼代理人有权申请提出新的证据、申请通知新的证人到庭,调取新的证据,申请重新鉴定。以上权利听清楚了吗?
被告人:	听清楚了。

续表

辩护人	听清楚了。
审判长	根据《中华人民共和国刑事诉讼法》第一百九十三条的规定,被告人在法庭辩论结束后,对案件有什么意见和要求,有作最后的陈述的权利,你听清楚了吗?
被告人	听清楚了。

法庭调查

审判长	现在进行法庭调查。 在法庭调查阶段,控辩双方应该遵守以下规则: 1. 发问、询问、陈述及举证须向法庭提出申请; 2. 举证应围绕起诉指控的事实、情节进行; 3. 禁止提出具有提示性、诱导性倾向的问题; 4. 不得威胁证人,不得损害证人的人格尊严。 如果违反上述规定,控辩双方均可申请制止。
审判长	现在由公诉人宣读起诉书(略)。
审判长	被告人,公诉人刚才宣读的起诉书的内容听清楚了吗?
被告人	听清楚了。
审判长	与你们收到的起诉书内容一致吗?
被告人	一致。
审判长	被告人你对起诉书指控的事实有什么意见吗?
被告人	我没意见。
审判长	下面你就起诉书指控的事实向法庭作简要的陈述。
被告人	那天傍晚,我到＊＊市＊＊镇拜佛。到庵时,天已经快黑,看到枒翠庵里一个老妇女打扫庵堂,因担心太晚被请出庵,就藏在庵内,直到她离开枒翠庵主殿后我才进殿拜佛。我在殿里祷告了几个小时。大概十二点多,我要离开枒翠庵时,被庵内的一个老头发现,他对我大叫,并持木棍打我。我拿起庵内木棍反击,多次击他的头、胸等处,把他打倒在地。那女的躲进了宿舍,我害怕事情败露,就撞开宿舍铁门后拿棍把她打倒在地。宿舍床上有一个二岁左右的小孩哭闹不止,我先后用手、枕头捂压被他的嘴巴和鼻子,直到他没有声音。后来,我看到一个钱包,拿了点钱就逃走了。
审判长	现在由公诉人就起诉书指控的事实对被告人进行发问。
公诉人	被告人乌＊风,公诉人现在对你进行讯问,根据法律的规定,你有权作有罪供述或无罪辩解,但是你要如实回答,你听清楚了吗?
被告人	听清楚了。
公诉人	你在侦查阶段所作供述是否是事实?
被告人	是。
公诉人	你当时是怎么打被害人焦＊云的,就是那个男的?
被告人	他朝我大喊,并拿着棍向我冲来,我躲了两下,也抄起一根木棍向他打去。
公诉人	你打了几下,打他哪里?
被告人	主要是打头,打了有十几下吧。
公诉人	他当时有什么状况?

续表

被告人:	打了几下他就躺地上了。
公诉人:	你是怎么打被害人刘＊凤的,就是那个女的。
被告人:	老太婆见到我打人,大叫一声躲进宿舍,我撞开铁门,用木棍朝她身上和头上打了几下,她就不动了。
公诉人:	你是怎么捂小孩的?
被告人:	我打老太婆的时候,小男孩坐在床上哭。老太婆没动静以后,我抱住小孩捂住他嘴想安抚他。他还是哭不停。这时老太婆又醒过来发出声音,我紧张起来,便把小男孩放倒在地板上,从床上拿了一个枕头盖住男孩的头部,先用双手拿住枕头的两端盖男孩的头部,但男孩还在哭,声音还很刺耳,我越来越紧张,就用双手对准男孩的嘴、鼻将枕头按下去,一直按到男孩没有声音了才把手松开。
公诉人:	你捂了他多长时间?
被告人:	大概有五六分钟吧。
公诉人:	那么小的孩子你这样捂他,可能会导致他死亡,你知不知道?
被告人:	当时管不了那么多了,只想不要被发现,赶快逃离。
公诉人:	审判长,我的话问完了。
审判长:	辩护人有无问题问被告人?
辩护人:	有。被告人,你是怎么和被害人焦＊云打起来的?
被告人:	他拿着木棍喊我,冲过来打我,我就拿木棍反击他了。
辩护人:	你打他时是想打倒他还是想把他打死?
被告人:	想打倒他,至于死不死没有想那么多。
辩护人:	审判长,辩护人暂时没问题了。
审判长:	现在针对本案的定罪事实,由控辩双方进行举证质证。考虑到本庭已开过庭前会议,控辩双方对证据已交换过意见,故本庭将适当简化证据展示和质证过程,主要对双方具有疑问的证据进行质证。
审判长:	首先由公诉人向法庭宣读、出示证据,并说明该证据所证明的问题。
公诉人:	下面公诉人针对起诉书指控的事实进行举证。现在出示第一组证据,是本案侦查人员在＊＊市公安局和＊＊市第一看守所向被告人乌＊风提取的三份口供,收集程序合法,内容与被告人刚在法庭的供述相符,证实的是被告人故意杀人的行为和事实。请法庭质证。
审判员:	被告人你对上述证据是否有异议?
被告人:	没有异议。
审判员:	辩护人对上述证据是否有异议?
辩护人:	没有异议。
审判员:	下面公诉人继续举证。
公诉人:	第二组证据为本案多名证人的证人证言及其辨认笔录,证明案发前后的现场情形以及案发前后被告人的行为。为证实公诉人起诉书中指控的事实,需要证人喜＊出庭作证,请传证人喜＊到庭。
审判长:	传证人喜＊到庭。(待证人入庭后)请坐。证人喜＊,请讲一下你的姓名、年龄、职业、工作单位、住址。
证　人:	姓名喜＊,42岁,农民,住＊＊市＊＊镇69号。

续表

审判员:	证人喜＊，根据我国法律规定，证人有如实向法庭作证的义务，如有意作伪证或者隐匿罪证，要承担法律责任。你听清楚了吗？
证　人:	听清楚了。
审判员:	请你在《证人如实作证保证书》上签字。
证　人:	（签好字后交给法警）
审判员:	保证书交给书记员。
	下面首先由公诉人对证人进行发问。
公诉人:	证人你与被害人是什么关系？
证　人:	邻居。
公诉人:	证人你是什么时间到达案发现场的？
证　人:	20＊＊年3月8日早上8点多。
公诉人:	你把当时的情况在法庭上做个陈述。
证　人:	20＊＊年3月8日8时多，我到枕翠庵附近的养鸡场，过了一会儿到枕翠庵玩的几个老人叫我赶紧过去看看，我见枕翠庵门关着，门内有很多血，我就立刻打电话给枕翠庵的总理事张＊＊，接着又打110报警。半小时后，张＊＊赶到，他叫我爬到树上看看庵内的情况，我在树上见老焦（焦＊云）倒在庵内地板上一动不动，身边有血，不久警察和120救护车都来了。我到庵内卧室见老焦的老婆坐在床上，老焦的孙子也躺在卧室的地板上，之后老焦的老婆被送往医院。
公诉人:	审判长，暂时没有别的问题了。
审判员:	被告人，你对证人的证言有什么意见吗？
被告人:	没有。
审判员:	辩护人，你们对证人有发问的吗？
辩护人:	没有。
审判长:	请证人退庭。
	请公诉人继续向法庭举证。
公诉人:	因剩余证人未能出庭作证，故公诉人当庭宣读他们的证人证言和辨认笔录。
	宣读。（略）
审判员:	（每宣读完一份证据，都做此发问）被告人，你对以上证据有什么意见吗？
被告人:	没有。
审判员:	辩护人对上述证据是否有异议？
辩护人:	没有异议。
审判员:	公诉人继续举证。
公诉人:	第三组证据为本案的物证、书证。计有： （1）110接警单、接处警情况登记表、受案登记表及回执、立案决定书及告知书，证明20＊＊年3月8日8时许公安机关接到群众报警，称＊＊市＊＊镇＊＊村山上枕翠庵内地面有血迹，庵管理人员焦＊云不见踪影疑出事了。警方出警后对本案立案侦查。 （2）拘传证、拘留证及通知书、变更羁押期限通知书等文件，证明本案的强制措施、变更羁押期限、解剖尸体、鉴定等行为均依法进行。 （3）乌＊风照片、户籍与前科材料，证明被告人乌＊风出生于1985年8月30日，户籍地福建省＊＊县，作案时已年满十八周岁，具有完全刑事责任能力。无犯罪前科。

续表

(4)常住人口信息表,证明被害人焦＊云、焦＊＊、刘＊风的年龄、身份及住所地等基本情况。
(5)＊＊市公安刑侦支队出具的到案经过,证明20＊＊年3月8日,公安机关接群众报警后赶赴枙翠庵现场,通过现场遗留的手机充电器、烟头等物证,结合大量摸排,最终锁定乌＊风为作案嫌疑人,并于当日23时在＊＊广场＊＊宾馆345房间抓获乌＊风。
(6)(被告人乌＊风的自述材料,证明乌＊风被抓获后,于20＊＊年3月9日手书一份请求,内容:①不要将其所犯罪行告知其父母、朋友;②希望加快加重对其定罪判刑让其早日解脱、死者安息;③想要写信给受害人家属表示忏悔;④希望捐赠其器官和尸体。
(7)扣押决定书、扣押物品文件清单、提取及人身检查笔录,证明20＊＊年3月8日23时许,警方在＊＊宾馆345房间,提取到乌＊风军绿色羽绒服1件、蓝色牛仔长裤1条、黑色皮鞋1双、宾馆住宿登记凭证1张、现金人民币461元,房卡押金162元;在办案中心采集乌＊风十指指纹、指甲、掌纹、血样;在作案时所穿羽绒服内发现小额人民币281.4元,揉成小团的黑色电工胶带4个、红梅牌香烟烟头3枚、招商、建行及邮政储蓄银行卡各1张、福利彩票1张、疑似裁纸刀黑色盖帽1个及电话卡1张。经人身检查,乌＊风四肢和躯干无明显伤痕,其头颈部除右内眼角有轻微红肿外未见明显伤痕。
(8)＊＊市＊＊宾馆出具的情况说明,证明20＊＊年3月11日,警方到宾馆拷贝了同年3月8日13:00—14:00期间的两段监控录像,监控时间与北京时间一致。
(9)＊＊市＊＊宾馆消费账单,证明20＊＊年3月8日3时许,乌＊风入住该宾馆。
(10)＊＊省立医院病历记录,证明被害人刘＊风于20＊＊年3月9日10时30分入该院治疗的具体情况。
(11)银行交易记录,证明乌＊风的银行账户交易情况。
(12)20＊＊.3.8故意杀人案监控录像截图说明,证明20＊＊年3月7日上午,乌＊风身穿羽绒服和蓝色牛仔裤从＊＊镇＊＊村步行往＊＊登山道;次日1时41分手持雨伞身穿棉袄从登山道离开,2时31分乘坐的士抵达＊＊路口下车,并进入便利店买饮料;3时抵达＊＊宾馆入住;15时23分到＊＊路＊＊KTV会友;20时27分结账离开。
(13)乌＊风手机通话清单,证明被告人乌＊风尾数为9X＊＊的手机,于20＊＊年3月7日21—22时基站位置在＊＊镇＊＊村附近。
(14)＊＊市公安局刑侦支队三大队出具的情况说明,证明未找到被告人乌＊风取走的雨伞和棉袄;未找到载其离开的出租车司机;无法认定乌＊风从现场取走多少现金;被害人刘＊风头部受伤无法回忆案发时的情况;死亡证明材料未作出。

审判员:请法警协助将这些证据向法庭展示,再呈上本庭。

审判员:被告人你对上述证据是否有异议?

被告人:没有。

审判员:辩护人对上述证据是否有异议?

辩护人:没有异议。

审判员:下面公诉人继续举证。

公诉人:下面要出示的是第四组证据,现场勘验检查笔录及现场照片。证明20＊＊年3月8日10时30分,＊＊市公安局刑侦支队技术处对＊＊市＊＊村山上的枙翠庵进行了现场勘查,现场有二具男性尸体,并提取到多处血迹、钱包一个、木棍一根、烟头3个、指纹一枚、足迹一枚、康佳手机充电器等物证及多处可疑斑迹。证明案发的现场及情形。

续表

审判员:请法警将该证据交由被告人和辩护人质证,再呈上本庭。
审判员:被告人你对上述证据是否有异议?
被告人:没有。
审判员:辩护人对上述证据是否有异议?
辩护人:没异议。
审判员:公诉人继续举证。
公诉人:现在出示最后一组证据,为本案的鉴定意见,计有:

(1)＊＊市公安局物证鉴定所出具的＊公鉴〔20＊＊〕3＊＊-1 号鉴定书及＊公鉴〔20＊＊〕3X＊号检验报告,证明被害人焦＊云尸体头面部布满血迹,有 6 处创口、1 处擦伤、1 处挫伤;右肋部有 1 处挫伤;四肢有 4 处挫、擦伤。创口创缘不整齐,创口不规则,创角钝。解剖发现颅骨广泛性、凹陷性、粉碎性骨折,脑组织外溢,硬脑膜破裂,颅底及下牙槽骨骨折。死者内脏未检出安定、敌敌畏和对硫磷成分。鉴定为,焦＊云系被他人用棍棒类钝器打击头部致重度颅脑损伤死亡。

(2)＊＊市公安局物证鉴定所出具的＊公鉴〔20＊＊〕3＊＊-2 号鉴定书,证明被害人焦＊＊尸体表面无明显损伤,但口唇发绀,下颌部皮肤、上唇及下唇黏膜见皮下出血,鼻腔内见少量血性液体。死者内脏未检出安定、敌敌畏和对硫磷成分。鉴定认为,焦＊＊系被他人捂压口鼻部导致窒息死亡。

(3)＊＊市公安局物证鉴定所＊公刑技法临字〔20＊＊〕2＊＊号临床法医学检验鉴定书,证明被害人刘＊风左额顶部有 4 处愈合创口,左颞枕部头皮有 2 处愈合创口,头部多处骨折。鉴定认为,刘＊风的损伤属轻伤一级。

(4)＊＊市公安局物证鉴定所出具的＊公鉴〔20＊＊〕2＊＊号鉴定书,证明鉴定人员对作案现场椓翠庵伽蓝殿西南侧过道地面上鞋印一枚及乌＊风所穿鞋一双进行检验,认定现场鞋印系送检的乌＊风所穿鞋所留。

(5)＊＊市公安局物证鉴定所出具的＊公鉴〔20＊＊〕3＊＊号鉴定书,证明鉴定人员对作案现场椓翠庵内提取到的红梅香烟外包装塑料膜上的指纹及乌＊风的指纹进行检验,认定现场指印与乌＊风左手拇指指印同一人所遗留。

(6)＊＊市公安局物证鉴定所＊公鉴〔20＊＊〕3＊＊号法庭科学 DNA 鉴定书,证明送检的帝君洞东侧门口路面 1-3 号血迹、香炉西侧地面血迹、房门口的方桌与香炉之间地面 1-3 号血迹、焦＊云尸体南侧地面及房门南侧地面血泊、铁门上 1-2 号血迹、房间地面上镀锌管上血迹、房间门口地面毛巾上血迹为刘＊风所留的似然比率为 8.44×10^{22};送检的伽蓝殿佛台西侧地面烟头 1-2、佛台上烟盒上的烟头、乌＊风左手拇指指甲、左手食指指甲、左手小指指甲、右手中指指甲及右手小指指甲上的 DNA 是乌＊风所留的似然比率为 1.99×10^{18};送检的斜靠在房间桌子的木棍擦拭物、焦＊＊左手拇指指甲和左手中指指甲上的 DNA 是焦＊＊所留的似然比率为 5.66×10^{22};送检的焦＊云右小腿上血迹、左大腿上血迹和乌＊风左脚皮鞋上血迹是焦＊云所留的似然比率为 2.47×10^{19};送检的房间门口地面上红色帽子和斜靠在桌子上的木棍上的血迹 DNA 经检验均获得混合 STR 分型,不排除为刘＊风和焦＊云混合所留。其余检材未获得 STR 分型。

送检的伽蓝殿佛台西侧地面烟头 1-2、佛台上烟盒上的烟头、乌＊风左手拇指指甲、左手食指指甲、左手小指指甲、右手中指指甲及右手小指指甲上的 DNA 是乌＊风所留的似然比率为 1.99×10^{18}。

续表

送检的斜靠在房间桌子的木棍擦拭物、焦＊＊左手拇指指甲和左手中指指甲上的 DNA 是焦＊＊所留的似然比率为 $5.66*10^{22}$。 送检的焦＊云右小腿上血迹、左大腿上血迹和乌＊风左脚皮鞋上血迹是焦＊云所留的似然比率为 $2.47*10^{19}$。

审判员:被告人你对上述证据是否有异议?

被告人:没有。

审判员:辩护人对上述证据是否有异议?

辩护人:辩护人对其他鉴定意见无异议,但需要询问 3＊＊-1 号鉴定书的鉴定人几个问题。

审判长:传鉴定人吴＊＊到庭。(待鉴定人入庭后)请坐。鉴定人吴＊＊,请讲一下你的姓名、年龄、职业、工作单位、住址。并向法庭出示你的鉴定资格证。

鉴定人:姓名吴＊＊,38 岁,＊＊市公安局物证鉴定所工作人员。住＊＊区＊＊路＊＊号。这是我的鉴定资格证。

审判员:请法警将资格证交法庭查验。

审判员:鉴定人吴＊＊,根据我国法律规定,鉴定人应向法庭如实说明鉴定结论。如作虚假鉴定,要承担法律责任。你听清楚了吗?

鉴定人:听清楚了。

审判员:请你在《鉴定人如实作证保证书》上签字。

鉴定人:(签好字后交给法警)

审判员:保证书交给书记员。

　　　下面首先由公诉人对鉴定人进行发问。

公诉人:请鉴定人宣读鉴定意见。

鉴定人:(宣读)略

审判员:辩护人有什么问题需要质询鉴定人?

辩护人:根据鉴定意见的描述,被害人身上有多处钝器击打的伤痕,多数都是普通挫伤。其肋部的挫伤可有导致肋骨骨折?

鉴定人:没有。

辩护人:四肢上的四处挫伤可有导致其骨折?

鉴定人:没有。

辩护人:造成被告人死亡的是头部颅骨的粉碎性骨折而致的脑损伤。和肢体处的挫伤相比,这处击打的力量大小如何? 是不是一样的力量,受体不同,损害结果也不一样?

鉴定人:肢体在运动过程中的受力情况会非常复杂,施力一方力量的大小也很难精确地计算。同样的施力,上前迎面受力和躲闪受力的结果会相差非常大。但就本案的颅骨损伤而言,所受之力是相当大的,因为它造成的是颅骨广泛性、凹陷性、粉碎性骨折,还有脑组织外溢,硬脑膜破裂。这样的损伤需要用本案中的木棍极其用力而且多次击打才能造成。

辩护人:我没其他问题了。

审判长:请鉴定人退庭。

公诉人:公诉人举证完毕。

审判员:被告人的辩护人有证据向法庭提交的吗?

辩护人:没有。

续表

审判员:双方是否申请通知新的证人到庭、调取新的物证、申请重新鉴定或者勘验?
公诉人:没有。
辩护人:没有。
审判长:合议庭认为本案事实现在已经调查清楚,法庭调查结束。下面进行法庭辩论。先请公诉人发表公诉意见。
公诉人:(宣读公诉意见书)略
审判长:被告人可以自行辩护。
被告人:由律师为我辩护吧。
审判长:下面由辩护人发表辩护意见。
辩护人:(发表辩护意见)略
审判长:公诉人可以对辩护人刚才的辩护意见进行辩论。
公诉人:辩护人认为被告人是故意伤害而非故意杀人,是错误的。本案的关键点是犯罪构成要素中的主观方面。主观方面不是由法庭上被告人的一面之词来判定的,而应该根据其客观行为来判定被告人当时的心理状态。从现场勘查的情形以及被害人的死亡鉴定来看,被告人乌＊风在主观上具有明显的非法剥夺他人生命的故意,用木棍多次并猛烈击打被害人焦＊云的要害部位致其死亡,又用枕头用力捂住两岁幼儿口鼻部长达数分钟而导致其窒息死亡。这些过程和结果表明乌＊风明知自己的行为可能发生致被害人死亡的结果,希望或放任这种结果发生,实施了足以致被害人死亡的行为。因此属于故意杀人而非故意伤害致死。
审判长:辩护人可以针对刚才公诉人所说的进行答辩。
辩护人:辩护人认为,被告人是基于被害人焦＊云对其实施侵害行为而进行防卫反击的,并没有杀人的故意,只是惊慌失措,用力过猛而致其死亡。至于另一被害人的死亡,被告人在深夜打晕刘＊风后,精神高度紧张,又恰好卧床上的被害幼儿焦＊＊哭闹,被告人害怕惊吵周围的人,所以先是选择用手捂被害人的嘴。其并没有杀害被害人的本意,只是想让他停止哭闹。从乌＊风放下手中的棍子,选择将其抱起用手捂住嘴就可以看出在如果被告人有意杀害焦＊＊,那么在当时手上有木棍的情况下完全可以直接对焦＊＊直接实施杀害行为,而不是用手去捂嘴。在事后,被告人也不知被害人已身亡,不具备放任心态。因此不是故意杀人,而是过失致人死亡。对刘＊风,被告人更没有杀害的故意,在刘＊风又清醒过来喊叫时,他并没有继续加害刘＊风,他的目的只是不想让刘＊风报警,所以应定性为故意伤害罪。
审判长:公诉人还有新的辩论意见吗?
公诉人:辩护人提出的问题,公诉人已充分注意到,但是公诉人认为这个问题在刚才的公诉意见中已经阐明了立场,也对被告人的行为心理状态做了具体分析,这里将不就此事展开辩论。
审判长:辩护人还有新的辩护意见吗?
辩护人:没有了。
审判长:合议庭认为,本案的事实已调查清楚,现在由控辩双方针对本案的量刑部分展开辩论。首先由公诉人发表意见。
公诉人:公诉人认为被告人乌＊风的行为构成故意杀人罪,其行为触犯《中华人民共和国刑法》第二百三十二条之规定,应以故意杀人罪追究其刑事责任。其手段残忍、情节恶劣,应判处死刑立即执行。
审判长:辩护人对此有何意见?

续表

辩护人:	辩护人认为,被告人不构成故意杀人罪,而是故意伤害罪,应根据刑法第二百三十四条定罪量刑。且被告人乌*风具有酌定刑罚裁量的情节:1.从犯罪动机来看,被告人与被害人并无纠纷,其在案发前也不认识本案被害人,并无犯罪预谋,也没有进行犯罪计划。2.从犯罪起因来看,被告人是因为寺庙大门被锁,寻找出口时被被害人焦*云用木棍击打,而进行反抗而实施犯罪的,被害人焦*云也具有过错。3.从犯罪手段来看,被告人对被害人焦**是用枕头捂住,想让被害人停止哭闹,并没有用手中木棍凶器杀害被害人,不具备公诉人所说的手段恶劣、残忍。4.被告人的主观恶性较轻,社会危害性较小。被告人是为了烧香拜佛才来到栊翠庵,事件的发生并不在其预料之内,与那些单纯以杀人为目的的暴力犯罪是不同的,对社会群体没有敌意,不会对公共安全造成威胁,其主观恶性较轻,社会危害也较小。5.被告人系初犯,平日生活中表现一贯尚好,未有前科劣迹,认罪态度良好。建议合议庭在量刑时对以上意见予以考虑。
审判长:	公诉人还有何意见要发表?
公诉人:	关于被告人的定罪,公诉人在公诉意见书中已充分做了阐述,这里不再进行。被告人乌*风无视我国法律和他人生命,以残忍的手段对两名无辜的被害者与一名幼儿使用暴力,致使两死一伤的严重后果,侵犯了公民的人身权、生命权。被告人乌*风的行为不仅使被害人焦*云、幼儿焦**失去了宝贵的生命,给被害人的家庭也造成了极大的精神创伤,与此同时,其行为还严重破坏了社会秩序,给社会造成极其不良的影响,是对法律的无情践踏,如不依法从严惩处,将不利于树立司法权威。因此,辩护人提出的酌量情节不足以达到减轻处罚的程度。以上意见,请法庭在量刑时予以充分考虑。
审判长:	辩护人还有补充意见吗?
辩护人:	没有了。
审判长:	法庭已经充分听取了公诉人、被告人、辩护人各方的意见。现在法庭辩论结束。根据《中华人民共和国刑事诉讼法》第一百九十三条的规定,法庭辩论终结后被告人有最后陈述的权利。
审判长:	被告人乌*风你站起来。
审判长:	关于本案的定罪量刑,你最后还有什么向法庭陈述的?
被告人:	我对不起被害人也对不起我的家人。我愿意接受法律的制裁。
审判长:	你陈述完了吗?
被告人:	是的。
审判长:	当庭出示的证据在休庭后交给法庭。现在休庭,由合议庭对本案进行评议,评议大约需要20分钟。现将被告人带出法庭。(敲锤)
书记员:	全体起立,请审判人员退庭评议。
	(退庭评议二十分钟)
书记员:	全体起立,请公诉人、辩护人和其他诉讼参与人入庭就座;请审判长、审判员入庭。
审判长:	请坐下。**市中级人民法院刑事审判第一庭,现在继续开庭。提被告人乌*风到庭。
审判长:	通过刚才的法庭审理,本法庭听取了被告人乌*风的供述、辩解以及最后陈述。公诉人提请出庭的证人、鉴定人当庭作了证,公诉人向法庭宣读出示了有关的证据材料。上列证据均经当庭举证、质证,符合证据的客观性、关联性、合法性,且能够相互印证,可以作为定案依据,本院予以采纳。控辩双方在法庭辩论阶段充分阐述了各自的辩论意见。关于辩护人提出被告人乌*风的行为应定性为故意伤害罪的辩护意见,经查,被告人乌*风擅自滞留栊翠庵被发

续表

	现后,因害怕行为暴露与抵抗管理人员焦*云的攻击,持木棍击打焦*云夫妇致其双双受伤倒地,随后又对正在现场受惊吓哭闹的焦*云年仅3周岁的孙子,以手捂、枕压口鼻方法致幼童无声方止,被告人乌*风明知该行为可以导致幼童丧命,仍持放任态度,其行为符合故意杀人犯罪构成。故辩护人该辩护意见理由不能成立,不予采纳。
审判长:	因此,本院认为,被告人乌*风因细故,非法剥夺他人生命致二人死亡,一人轻伤,其行为已构成故意杀人罪。公诉机关指控罪名成立。被告人乌*风犯罪手段残忍,情节恶劣,后果严重,应依法惩处。依照《中华人民共和国刑法》第二百三十二条、第五十七条第一款、第三十六条第一款、第六十四条,判决如下:
书记员:	全体起立!
审判长:	被告人乌*风犯故意杀人罪,判处死刑,剥夺政治权利终身! 宣判完毕,请坐下。 以上是当庭口头宣告的判决,判决书将在五日内送达公诉机关及诉讼参与人。如不服本判决,可在判决书送达之日起十日内,通过本院或者直接向福建省高级人民法院提出上诉,书面上诉的,应当提交上诉状正本一份,副本两份。
审判长:	被告人你听清了吗?
被告人:	听清楚了。
审判长:	公诉人对本判决有何意见?
公诉人:	没有。
审判长:	被告人对本判决有何意见?
被告人:	我听辩护人的吧。
审判长:	辩护人对本判决有何意见?
辩护人:	辩护人和被告人商量后再作决定。
审判长:	庭审笔录请诉讼参与人在庭审结束后至书记员处查看,核对无误后签名。如认为对自己的陈述记录有遗漏或者差错的,有权申请补正。如果不予补正,应当将申请记录在案。
审判长:	**市中级人民法院刑事审判庭一庭,今天对**市人民检察院提起公诉的被告人犯故意杀人罪一案的开庭审理到此结束。现在闭庭!(轻敲法槌一次)。
书记员:	请全体起立!请审判人员退庭。
书记员:	现在散庭。
	审判长:林** 审判员　王** 审判员　王* 20**年3月11日 书记员　陈*

表 5-27 刑事判决书

福建省 * * 市中级人民法院

刑 事 判 决 书

（20**）* 刑初字第 107 号

公诉机关福建省**市人民检察院。

被告人乌*风,曾用名乌大头,男,1985 年 8 月 30 日出生于福建省**县,汉族,大专文化,无固定职业,户籍地福建省**县*乡*村林山 123 号。20**年 3 月 9 日因涉嫌犯故意杀人罪被**市公安局刑事拘留,同年 3 月 17 日被逮捕。现羁押于**市第一看守所。

辩护人陈*,福州**律师事务所律师。

市人民检察院以*检公一刑诉(20)58 号起诉书指控被告人乌*风犯故意杀人罪一案,于 20**年 6 月 28 日向本院提起公诉。本院依法组成合议庭,公开开庭进行了审理。**市人民检察院指派代理检察员林**、李*出庭支持公诉。被告人乌*风及其辩护人**市法律援助中心指派律师刘*到庭参加诉讼。现已审理终结。

市人民检察院指控,20年 3 月 7 日 17 时许,被告人乌*风至**市**镇**村枕翠庵欲礼佛,恰逢枕翠庵管理人员被害人刘*风打扫庵堂,因担心时晚被请出庵,遂藏匿于庵内,直至被害人刘*风离开枕翠庵主殿后方返殿礼佛。次日 0 时许,被告人乌*风礼佛完毕欲离开枕翠庵,被同在庵内的被害人刘*风的丈夫被害人焦*云发现,被害人焦*云便对其大叫,并持木棍击打被告人乌*风。被告人乌*风遂拿起庵内木棍多次击打被害人焦*云头、胸等处致其倒地。被害人刘*风见状躲入宿舍,被告人乌*风因恐事情败露,撞开宿舍铁门后持棍将其打倒在地。因宿舍内的年仅 3 岁的被害人焦**受惊后哭闹不止,被告人乌*风先后用手、枕头捂压被害人焦**口鼻部至其无声方止。作案后,被告人乌*风拿走被害人焦*云钱包内的部分现金,并为躲避监控,穿着庵内男式棉袄、使用庵内雨伞遮挡身形逃离现场。经鉴定,被害人焦*云系被他人用棍棒类钝器打击头部致重度颅脑损伤死亡;被害人焦**系被他人捂压口鼻部导致窒息死亡;被害人刘*风的损伤属轻伤一级。

20**年 3 月 8 日,被告人乌*风在**市**广场**宾馆 345 号房间被公安机关抓获归案。

针对上述指控,公诉人当庭宣读、出示了相关证据予以证明。公诉机关认为,被告人乌*风因琐事,非法剥夺他人生命,致二人死亡、一人轻伤,其行为触犯了《中华人民共和国刑法》第二百三十二条,应以故意杀人罪追究其刑事责任。

被告人乌*风对公诉机关指控的犯罪事实及罪名不持异议。

辩护人意见:被告人乌*风对焦*云的行为,属防卫过当行为,应认定构成过失致人死亡罪;被告人乌*风对焦**没有杀害的故意,是因为不敢让焦**哭啼而捂其口鼻,应认定为过失致人死亡罪;被告人乌*风对也没有杀人的故意,只是担心罪行败露慌乱中实施的伤害行为,其行为应认定构成故意伤害罪,依重罪吸收轻罪原则,本案应定性为故意伤害罪。被告人主观恶性较小,社会危害性较低,且有认罪、悔罪表现,建议不判处极刑。

经审理查明,20**年 3 月 7 日 17 时许,被告人乌*风到**市**镇**村枕翠庵礼佛,恰逢被害人刘*风已开始打扫庵堂清场,被告人乌*风因担心时间已晚被请出庵堂,遂藏匿于庵内隐蔽处,直至确认被害人刘*风已离开主殿后方出来礼佛祷告。次日 0 时许,被告人乌*风礼佛完毕欲离开枕翠庵时发现庵门均已上锁,正当其寻找出口时被庵管理员刘*风的丈夫被害人焦*云发现,焦*云

续表

大声喊叫,并持木棍击打被告人乌＊风。被告人乌＊风惊慌中也随手拿起庵内木棍连续击打被害人焦＊云头、胸等处致谢倒地。被害人刘＊风见状躲入宿舍,被告人乌＊风恐罪行败露撞开宿舍铁门持木棍捋刘＊风打倒在地。宿舍内年仅3周岁的被害人孙子焦＊＊见状惊吓哭闹不止,被告人乌＊风遂用手、枕头捂压焦＊＊的口鼻处至其无声方止。作案后,被告人乌＊风拿走被害人焦＊云钱包内的部分现金,并为躲避监控穿着庵内男式棉袄,使用庵内雨伞遮挡身形逃离现场。经鉴定,被害人焦＊云系被他人用棍棒类钝器打击头部致重度颅脑损伤死亡;被害人焦＊＊系被他人捂压口鼻处导致窒息死亡;被害人刘＊风的损伤属轻伤一级。

认定上述事实的证据

1.物证、书证

(1)110接警单、接处警情况登记表、受案登记表及回执、立案决定书及告知书,证明20＊＊年3月8日8时许公安机关接到群众报警,称＊＊市＊＊镇＊＊村山上桄翠庵内地面有血迹,庵管理人员焦＊云不见踪影疑出事了。警方出警后本案立案侦查。

(2)拘传证、拘留证及通知书、变更羁押期限通知书等文件,证明本案的强制措施、变更羁押期限、解剖尸体、鉴定等行为均依法进行。

(3)乌＊风照片、户籍与前科材料,证明被告人乌＊风出生于1985年8月30日,户籍地福建省＊＊县,作案时已年满十八周岁,具有完全刑事责任能力。无犯罪前科。

(4)常住人口信息表,证明被害人焦＊云、焦＊＊、刘＊风的年龄、身份及住所地等基本情况。

(5)＊＊市公安刑侦支队出具的到案经过,证明20＊＊年3月8日,公安机关接群众报警后赶赴桄翠庵现场,通过现场遗留的手机充电器、烟头等物证,结合大量摸排,最终锁定乌＊风为作案嫌疑人,并于当日23时在＊＊广场＊＊宾馆345房间抓获乌＊风。

(6)被告人乌＊风的自述材料,证明乌＊风被抓后,于20＊＊年3月9日手书一份请求,内容:①不要将其所犯罪行告知其父母、朋友;②希望加快加重对其定罪判刑,让其早日解脱、死者安息;③想要写信给受害人家属表示忏悔;④希望捐赠其器官和尸体。

(7)扣押决定书、扣押物品文件清单、提取及人身检查笔录,证明20＊＊年3月8日23时许,警方在＊＊宾馆345房间,提取到乌＊风军绿色羽绒服1件、蓝色牛仔长裤1条、黑色皮鞋1双、宾馆住宿登记凭证1张、现金人民币461元、房卡押金162元;在办案中心采集乌＊风十指指纹、指甲、掌纹、血样;在作案时所穿羽绒服内发现小额人民币281.4元、揉成小团的黑色电工胶带4个、红梅牌香烟烟头3枚、招商、建行及邮政储蓄银行卡各1张、福利彩票1张、疑似裁纸刀黑色盖帽1个及电话卡1张。经人身检查,乌＊风四肢和躯干无明显伤痕,其头颈部除右内眼角有轻微红肿外未见明显伤痕。

(8)＊＊市＊＊宾馆出具的情况说明,证明20＊＊年3月11日,警方到宾馆拷贝了同年3月8日13:00—14:00期间的两段监控录像,监控时间与北京时间一致。

(9)＊＊市＊＊宾馆消费账单,证明20＊＊年3月8日3时许,乌＊风入住该宾馆。

(10)福建省立医院病历记录,证明被害人刘＊风于20＊＊年3月9日10时30分入该院治疗的具体情况。

(11)＊＊市汕头杨记牛肉火锅店出具的情况说明,证明该店监控设备显示时间比北京时间慢12分钟。

(12)银行交易记录,证明乌＊风的银行账户交易情况。

(13)20＊＊.3.8故意杀人案监控录像截图说明,证明20＊＊年3月7日上午,乌＊风身穿羽绒服和蓝色牛仔裤从＊＊镇＊＊村步行往＊＊登山道;次日1时41分手持雨伞身穿棉袄从登山道离开,2时

续表

31 分乘坐的士抵达 ＊＊路口下车,并进入便利店买饮料;3 时抵达 ＊＊宾馆入住;15 时 23 分到 ＊＊路＊＊KTV 会友,20 时 27 分结账离开。

(14)乌＊风手机通话清单,证明被告人乌＊风尾数为 9＊＊＊的手机,于 20＊＊年 3 月 7 日 21—22 时基站位置在 ＊＊镇＊＊村附近。

(15)＊＊市公安局刑侦支队三大队出具的情况说明,证明未找到被告人乌＊风取走的雨伞和棉袄;未找到载其离开的出租车司机;无法认定乌＊风从现场取走多少现金;被害人刘＊风头部受伤无法回忆案发时的情况;死亡证明材料未作出。

2.证人证言

(1)证人喜＊的证言,证明 20＊＊年 3 月 8 日 8 时许,他到桄翠庵附近的养鸡场,过了一会儿到桄翠庵玩的十几个老人叫他赶紧过去看看,他见桄翠庵门关着,门内有很多血他立刻打电话给桄翠庵的总理事张＊＊,接着又打 110 报警。半小时后,张＊＊赶到叫他爬到树上看看庵内的情况,他在树上见老焦(焦＊云)倒在庵内地板上一动不动,身边有血,不久警察和 120 救护车都来了。他到庵内卧室见老焦的老婆坐在床上,老焦的孙子躺在卧室的地板上,之后老焦的老婆被送往医院。老焦是桄翠庵的管理人员。

(2)证人张＊＊的证言,证明桄翠庵重修后,他被推荐管理桄翠庵事务,大家称他为"总理"。几年前,老焦(焦＊云)来本地求职,他便安排他到桄翠庵负责日常管理,以少量工资及香火钱作为报酬。老焦夫妇平时住在庵内,偶尔其子女会来看看,案发前老焦的孙子也住在庵内。

(3)证人林＊＊、刘＊＊的证言,证明 20＊＊年 3 月 8 日上午,他和刘＊＊、王＊＊等人相约到桄翠庵打牌,但庵门没开,焦＊云的电话也无法接通。刘＊＊透过门缝发现庵内地面有血,遂叫附近养鸡的喜＊过来查看,喜＊爬到树上查看发现焦＊云倒在庵内地上,随即报警。警察到现场后发现焦＊云及其孙子已经死亡,焦＊云的妻子刘＊风被抬出来时还会动,他不清楚发生了什么事情。

(4)证人李＊＊的证言,证明她公公焦＊云在桄翠庵看庙多年,她婆婆刘＊风偶尔会带她儿子焦＊＊到桄翠庵住几天,案发当天她儿子焦＊＊在桄翠庵遇害。

(5)证人焦＊德的证言及辨认笔录,证明他父母在桄翠庵当管理员约有 9 年,并常住在庵里,有稳定的经济收入。20＊＊年 3 月 2 日,他母亲刘＊风带他儿子焦＊＊到桄翠庵住几天,后来警方通知他发生了本案。辨认了他父亲焦＊云和他儿子焦＊＊的尸体,还对桄翠庵的住处及其父亲所用的钱包进行指认。

(6)证人田＊＊的证言,证明他是 ＊＊环卫公司清洁工,主要负责 ＊＊内河清洁及 ＊＊酒店一带沿路清洁和垃圾清理,未在本案发生后发现有丢弃的男式大衣或雨伞之类的物品。

(7)证人苏＊＊的证言,证明她负责 ＊＊酒店附近的垃圾清理工作,未在案发后发现被丢弃的大衣之类的外套。

(8)证人翁＊＊的证言及辨认笔录,证明他和乌＊风是网友,偶尔会在一起吃饭、唱歌。20＊＊年 3 月 8 日下午,他和"西西"小吴(吴＊＊)相约到 ＊＊路 KTV 唱歌,其间乌＊风打电话问他在干什么,后也来到 KTV 包厢唱歌、喝酒,"西西"唱了一会先走了。当天没发现乌＊风有异常行为。他和乌＊风没有经济往来。对乌＊风的照片及 KTV 监控图像中乌＊风的截图进行指认。

(9)证人吴＊＊的证言及辨认笔录,证明了翁＊＊的说法。他和乌＊风没有经济往来。对乌＊风的照片及 KTV 监控图像中乌＊风的截图进行指认。

(10)证人张＊＊的证言及辨认笔录,证明她网名叫西西,佐证了翁＊＊的说法。她和乌＊风没有经济往来。辨认出乌＊风。

续表

（11）证人林＊＊的证言及辨认笔录，证明他与乌＊风是福建＊＊大学的同学，20＊＊年年底乌＊风曾三次向他借钱共计4100元，至今未还，据他所知乌＊风还有向其他同学借钱。乌＊风在校是学生会主席，方方面面表现都挺不错的，毕业实习时乌＊风突然决定辍学去做生意，结果连毕业证都不要就离开学校。他没觉得乌＊风平时有烧香、买彩票的嗜好，也没发现有特别的言行。辨认出乌＊风。

（12）证人陈＊＊的证言及辨认笔录，证明乌＊风是他的同学，经济比较拮据，曾多次向他借钱，最后一次是20＊＊年年底向他借了3000元，至今未还。乌＊风在校表现很好，但没毕业就退学去做生意，听说其卖过鞋子，做过房产中介和装修。他不清楚乌＊风有没有烧香的嗜好。辨认出乌＊风。

3.被害人刘＊风的陈述及辨认笔录，证明她记不清受伤时发生了什么事情，只记得那天在枞翠庵旁边亭子附近见过一名男青年，那天她和孙子到枞翠庵边上的亭子处，见有个男青年在那附近，她看到那陌生男子心里就不舒服，之后就带着孙子进了枞翠庵，进庵后她就去佛前烧香，她只记得这些，记不清打她的人长什么样子。刘＊风辨认了她在枞翠庵的卧室及焦＊云的钱包，但对被告人乌＊风和庵内木棍无印象。

4.鉴定意见

（1）＊＊市公安局物证鉴定所出具的＊公鉴〔20＊＊〕3＊＊-1号鉴定书及＊公鉴〔20＊＊〕3＊＊号检验报告，证明被害人焦＊云尸体头面部布满血迹，有6处创口、1处擦伤、1处挫伤；右肋部有1处挫伤；四肢有4处挫、擦伤。创口创缘不整齐，创口不规则，创角钝。解剖发现颅骨广泛性、凹陷性、粉碎性骨折，脑组织外溢，硬脑膜破裂，颅底及下牙槽骨骨折。死者内脏未检出安定、敌敌畏和对硫磷成分。鉴定为，焦＊云系被他人用棍棒类钝器打击头部致重度颅脑损伤死亡。

（2）＊＊市公安局物证鉴定所出具的＊公鉴〔20＊＊〕3＊＊-2号鉴定书，证明被害人焦＊＊尸体表面无明显损伤，但口唇发绀，下颌部皮肤、上唇及下唇黏膜见皮下出血，鼻腔内见少量血性液体。死者内脏未检出安定、敌敌畏和对硫磷成分。鉴定认为，焦＊＊系被他人捂压口鼻部导致窒息死亡。

（3）＊＊市公安局物证鉴定所＊公刑技法临字〔20＊＊〕2＊＊号临床法医学检验鉴定书，证明被害人刘＊风左额颞顶部有4处愈合创口，左颞枕部头皮有2处愈合创口，头部多处骨折。鉴定认为，刘＊风的损伤属轻伤一级。

（4）＊＊市公安局物证鉴定所出具的＊公鉴〔20＊＊〕2＊＊号鉴定书，证明鉴定人员对作案现场枞翠庵伽蓝殿西南侧过道地面上灰尘鞋印一枚及乌＊风所穿鞋一双进行检验，认定现场鞋印系送检的乌＊风所穿鞋所留。

（5）＊＊市公安局物证鉴定所出具的＊公鉴〔20＊＊〕3＊＊号鉴定书，证明鉴定人员对作案现场枞翠庵内提取到的红梅香烟外包装塑料膜上的指纹及乌＊风的指纹进行检验，认定现场指印与乌＊风左手拇指指印为同一人所遗留。

（6）＊＊市公安局物证鉴定所＊公鉴〔20＊＊〕3＊＊号法庭科学DNA鉴定书，证明送检的帝君洞东侧门口路面1-3号血迹、香炉西侧地面血迹、房门口的方桌与香炉之间地面1-3号血迹、焦＊云尸体南侧地面及房门南侧地面血泊、铁门上1-2号血迹、房间地面上镀锌管上血迹、房间门口地面毛巾上血迹为刘＊风所留的似然比率为8.44×10^{18}。

送检的伽蓝殿佛台西侧地面烟头1-2、佛台上烟盒上的烟头、乌＊风左手拇指指甲、左手食指指甲、左手小指指甲、右手中指指甲及右手小指指甲上的DNA是乌＊风所留的似然比率为1.99×10^{18}。

送检的斜靠在房间桌子的木棍擦拭物、焦＊＊左手拇指指甲和左手中指指甲上的DNA是焦＊＊所留的似然比率为5.66×10^{22}。

续表

送检的焦＊云右小腿上血迹、左大腿上血迹和乌＊风左脚皮鞋上血迹是焦＊云所留的似然比率为 2.47＊10^{19}。

送检的房间门口地面上红色帽子和斜靠在桌子上的木棍上的血迹 DNA 经检验均获得混合 STR 分型,不排除为刘＊凤和焦＊云混合所留。其余检材未获得 STR 分型。

5.现场勘验检查笔录及现场照片,证明 20＊＊年 3 月 8 日 10 时 30 分,＊＊市公安局刑侦支队技术处对＊＊市＊＊村山上的桄翠庵进行了现场勘查,现场有二具男性尸体,并提取到多处血迹、钱包一个、木棍一根、烟头 3 个、指纹一枚、足迹一枚、康佳手机充电器等物证及多处可疑斑迹。警方对现场进行绘图、拍照固定证据。

6.被告人乌＊风的供述及辨认笔录,供认 20＊＊年＊月他来＊＊找工作,工作没找着,钱却因买彩票等花得差不多了,他有烧香拜佛求好运的习惯。20＊＊年 3 月 7 日 10 时许他从＊＊城市广场乘坐公交车准备去＊＊庙拜佛。11 时许,他在远洋公交车站下车沿小路穿过三环到了＊＊村,再顺着＊＊山庄围墙边的登山道上山,路过桄翠庵边小亭子时,见一老太婆牵着一名小男孩,他停下与老太婆搭讪后又顺着登山道上山。下午一二时许,他到达＊＊寺庙墙角准备进去吃素面时发现身上钱只剩下1.5 元,并听到＊＊庙里有很多人的声音,觉得人多不好意思开口叫别人白送香火钱给他拜佛,就打算下山到人少的桄翠庵拜佛。下午 4 时许,他到桄翠庵后听到庵后传来老太婆和小孩的声音,害怕被人发现就躲到左边大殿的佛龛后,听声音老太婆像在打扫收拾庵堂。晚 6 时许,老太婆关灯、关门后回到庵后面去了,他担心老太婆还会下来就在佛龛后面又躲了一段时间才出来拜佛。当时,庵内两个大殿只有他一个人,他约拜了二个小时,只想把心里想说的话慢慢在佛前诉说。印象中他在佛龛后面至少躲了一个多小时,身上二三根红梅香烟都抽完了,烟蒂顺手扔在佛龛后面的地板上,烟盒不记得扔到哪儿。当天,他随身携带一部康佳牌手机、一个黑色手机充电器、打火机和一包纸巾。

当夜 12 时许,他准备离开桄翠庵时发现所有的门都被锁了,于是他就在大殿里寻找出口,发现右边大殿角落有一扇铁门,门下角有个缺口头可以伸出去,他打算从缺口钻出去,结果身子过不去,他将身子往回抽时铁门也跟着往里开了,这才发现门没上锁。这扇门能通往桄翠庵后半部,他想顺台阶上去从上面房间旁的铁门出去,但见那房间的灯还亮着,担心被发现便绕到另外一边的台阶上去,打算快速从房间门口跑出去不容易被发现。正当他走到台阶平台上时,一个老头从房间里出来并发现了他,随即大声喊叫,并拿了根木棍朝他冲来。他听不懂老头喊什么,心里特别紧张担心被抓住。老头冲到他面前拿棍子朝他打来,他躲避后本能地顺手也拿起一根一米多长,四五厘米粗的木棍,朝老头的头部、身上使劲打,不知打了多少下,直至老头倒地大声呻吟。此时,老太婆从房间里出来见到他大叫一声,然后马上关上房门,他感觉自己的安全再次受到威胁便不管老头了,提着棍子直冲到房门前,用肩膀用力撞开房门,见老太婆躲在门后手里拿着手机很害怕地看着他,嘴里不停喊叫,小男孩坐在靠窗户的床上哭。他从老太婆的眼神中看出,她已认出他就是白天遇见的那个人,再看到她手上的手机,想到她会报警,加上小孩哭声、狗叫声,他感觉自己处在一个非常危险的环境中,不管用什么方法,都要消除这个危险。于是,他将老太婆的手机抢过来扔在床上,然后拿起棍子使劲地打她的头部和身体,很快老太婆就被打倒在地没了动静,老太婆头部附近的地板上流了很多血。老太婆倒地后,他慢慢冷静了些,将棍子放在房间的角落,然后对着小男孩,小男孩还在不停地哭。他想去安抚小男孩,就把其抱起来,一只手托着男孩,一只手去捂其的嘴,不让其发出声音。这时,本已没动静的老太婆又开始喊叫起来,身体动了几下试图爬起来,他情绪一下又紧张起来,便把小男孩放倒在地板上,从床上拿了一个枕头盖住男孩的头部,先用双手拿住枕头的两端盖住男孩的头部,但男孩还在哭,声音还很刺耳,他情绪越来越紧张,就用双手对准男孩的嘴、鼻处将枕头按下去,一直按

续表

到男孩没有声音了才把手松开,再把枕头扔到床上。他知道这样做会把男孩捂死,但当时只想脱离险境,不让男孩发出声音。之后,他到冰箱里找水喝,冰箱里的东西被翻落一地,接着又到床头架上找衣服,发现架子上有一只长款钱包,里面有许多钱,就顺手抽了几百元又将钱包放在电视机旁的桌面上。他拿了一件男式棉袄穿在身上,从地上拿了一把折叠伞便走出房间,因口渴还到房门外饭桌上水桶里喝了几口水,然后从房间旁边的椊翠庵后门出去,沿着上午登山的原路返回。凌晨1时许,他下山走到 ＊＊ 小区附近,随手把那件男式棉袄丢在垃圾桶后坐一辆出租车到 ＊＊ 城市广场,到一家便利店买了两瓶营养快线饮料后,又拦了另一辆出租车去 ＊＊ 广场,在路上他打电话给 ＊＊ 宾馆订房。3月8日下午一二时许,他到金山人才储备中心附近的一家五金店买了一把裁纸刀,下午和晚上他与几名网友在一起唱歌、吃饭。9日凌晨被警方抓获。随后指认了作案现场、入住宾馆,并对作案时所穿的衣服、裤子、皮鞋及钱包内的现金、开房凭证、彩票、外套口袋内的烟头、搓成小团的电工胶带、意图用于自杀的裁纸刀的刀盖以及作案时随身携带的手机、香烟,作案时所使用的木棍、枕头和遗留在现场的手机充电器、烟头进行指认。还对他在登山道、宾馆走廊、宁化路口、KTV和火锅店监控视频截图及被害人进行辨认。

7.视听资料、电子数据,包括了乌 ＊ 风案发时段上下山的监控视频、案发后到 ＊＊ KTV的监控视频、110接警及现场处置视频、抓捕和搜证录像、 ＊＊ 路监控视频及到案后的审讯同步录音录像、辨认现场录像。证明被告人乌 ＊ 风在案发时段曾逗留在作案现场附近,案发后和网友唱歌、吃饭的事实;公安机关接处警、抓捕、搜证、询问、辨认均依程序进行。

上列证据均经当庭举证、质证,证据来源合法,且能够相互印证,可以作为定案依据,本院予以确认。

关于辩护人提出被告人乌 ＊ 风的行为应定性为故意伤害罪的辩护意见,经查,被告人乌 ＊ 风擅自滞留椊翠庵被发现后,因害怕行为暴露与抵抗管理人员焦 ＊ 云的攻击,持木棍击打焦 ＊ 云夫妇致其双双受伤倒地,随后又对正在现场受惊吓哭闹的焦 ＊ 云年仅3周岁的孙子,以手捂、枕压口鼻方法致幼童无声方止,被告人乌 ＊ 风明知该行为可以导致幼童丧命,仍持放任态度,其行为符合故意杀人犯罪构成。故辩护人该辩护意见理由不能成立,不予采纳。

本院认为,被告人乌 ＊ 风因琐事,非法剥夺他人生命致二人死亡,一人轻伤,其行为已构成故意杀人罪。公诉机关指控罪名成立。辩护人关于被告人乌 ＊ 风的行为应定性为故意伤害罪的辩护意见,理由不能成立,不予采纳。被告人乌 ＊ 风犯罪手段残忍,情节恶劣,后果严重,应依法惩处。依照《中华人民共和国刑法》第二百三十二条、第五十七条第一款、第三十六条第一款、第六十四条,《中华人民共和国民法通则》第一百一十九条,最高人民法院《关于审理人身损害赔偿案件适用法律若干问题的解释》第十七条、第十九条、第二十七条、第二十九条的规定,判决如下:

一、被告人乌 ＊ 风犯故意杀人罪,判处死刑,剥夺政治权利终身。

二、公安机关扣押在案的被告人乌 ＊ 风的财物予以没收。如不服本判决,可在接到判决书的第二日起十日内,通过本院或者直接向福建省高级人民法院提出上诉。书面上诉的,应当提交上诉状正本一份,副本二份。

审 判 长 林 ＊＊

代理审判员 王 ＊

代理审判员 张 ＊

二〇 ＊＊ 年三月十一日

书 记 员 陈 ＊

续表

附主要法律条文： 《中华人民共和国刑法》 　　**第二百三十二条**　故意杀人的，处死刑、无期徒刑或者十年以上有期徒刑；情节较轻的，处三年以上十年以下有期徒刑。 　　**第五十七条第一款**　对于被判处死刑、无期徒刑的犯罪分子，应当剥夺政治权利终身。 　　**第三十六条第一款**　由于犯罪行为而使被害人遭受经济损失的，对犯罪分子除依法给予刑事处罚外，并应根据情况判处赔偿经济损失。 　　**第六十四条**　犯罪分子违法所得的一切财物，应当予以追缴或者责令退赔；对被害人的合法财产，应当及时返还；违禁品和供犯罪所用的本人财物，应当予以没收。没收的财物和罚金，一律上缴国库，不得挪用和自行处理。